KB202154

작은책 스타가 바라본 세상

왜 80이 20에게
지배당하는가?

작은책 스타가 바라본 세상

왜 80이 20에게 지배당하는가?

제1판 제1쇄 발행일 2007년 9월 18일
제14쇄 발행일 2014년 1월 11일

글쓴이 | 박준성 · 안건모 · 이임하 · 정태인 · 하종강 · 홍세화

기획 | 책도둑(김민호, 김위종, 박정훈) · 월간〈작은책〉
기획에 도움을 주신 분들 | 김기철 · 김기옥
사진 | 최상천, 심장원 외
디자인 | 한수원(표지) · 김효중(본문)
펴낸이 | 김은지
펴낸곳 | 철수와영희
등록번호 | 제319-2005-42호
주소 | 서울시 마포구 월드컵로 65, 302호(망원동, 양경회관)
전화 | (02) 332-0815
팩스 | (02) 6091-0815
전자우편 | chulsu815@hanmail.net

ⓒ 월간〈작은책〉, 박준성, 안건모, 이임하, 정태인, 하종강, 홍세화 2007

*이 책 내용의 일부 또는 전부를 재사용하려면 반드시 저작권자와 철수와영희
양측의 동의를 얻어야 합니다.
*이 책 인세의 일부는 저자들이 월간〈작은책〉에 기부하기로 했습니다.
*잘못된 책은 출판사나 구입하신 서점에서 바꾸어 드립니다.

ISBN 978-89-958338-4-1 03300

철수와영희 출판사는 '어린이' 철수와 영희, '어른' 철수와 영희에게 도움 되는
책을 펴내기 위해 노력하고 있습니다.

작은책 스타가 바라본 세상

왜 80이 20에게 지배당하는가?

박준성

—

안건모

—

이임하

—

정태인

—

홍세화

—

하종강

철수와영희

80의 진보를 이야기하자

작은책 12주년 기념 겸 노동자 7, 8, 9월 대투쟁을 기념해서 만든 여섯 개의 강좌를 꾸리는 게 어렵지는 않았습니다. 강사 선생님들은 모두 작은책을 좋아하시는 분들이고, 작은책 편집위원이거나 아니면 작은책에 원고를 기고하시는 분들이어서 금방 계획을 잡을 수가 있었지요. 강연 포스터도 〈작은책 스타〉라고 해서 〈라디오 스타〉 포스터를 패러디해서 만들었습니다. 그 표지에서 하종강 선생님 모습은 보는 사람들 눈이 휘둥그레질 정도였죠. "아니, 하 선생님을 이렇게 망가뜨려 놔도 돼? 이거 허락받은 거야?" 하는 사람도 있었지요. "허락은 뭐, '노동과 꿈' 사이트에도 올려달라고 하면서 좋아하시던데?" 하고 대답하니 모두들 고개를 끄덕거렸습니다. 하 선생님이 더 가깝게 느껴지는 듯 했습니다. 그런데 나중에 책으로 낼 때 철수와영희 대표가 그 포스터를 책 표지로 하려고 〈라디오 스타〉 영화 기획사에 문의했지만 허락하지 않았습니다. 뭐 영화가 '희화화된다' 나 어쩐대나요. 다 지나가 버린 영화 가지고 근엄한 척 하기는……

맨 처음 이 강좌들을 묶어서 강연을 한 내용을 그대로 말로 풀어서 책으로 내자는 말을 들었을 때 그게 될까? 하는 생각이 들었습니다. 그런데 강연을 녹음해서 풀어 놓은 걸 읽어 봤더니 어라, 정말 재미있었습니다. 강연 때 놓친 것도 다시 볼 수 있었고 말로 하는 것보다 글로 보니 내용이 더 자세하게 들어왔습니다.

역사, 노동, 교육, 여성, 경제, 철학 이렇게 여섯 가지로 강좌를 만들어 보려고 했습니다. 그런데 역사학 연구소 박준성 선생님이 노동자들이 자기 역사를 쓸 수 있어야 한다고 글쓰기 강좌를 하나 넣으라고 권해서서 제가 들어가게 됐지요. 나중에 제 강의한 내용을 풀어서 보니 괜히 들어갔나 싶으면서도 봐 줄 만하더군요.

우여곡절 끝에 드디어 책이 나오게 됐습니다. 그리고 저는 대표로 이 책의 서문을 쓰게 됐습니다.

이 책은 철학 부문이 없어서 아쉽지만 완벽합니다. 하 선생님 강의는 이 세상 주인이 왜 노동자가 되어야 하는지, 왜 노동조합이 꼭 필요한지에 대해서 환하게 알 수 있는 글입니다. 앞으로 얼마동안 하 선생님은 쉬셔야 하는데, 강의를 듣고 싶은 분들은 이 강의안으로 대신해서도 됩니다. 사진이 별로 없지만 아무 문제 없지요.

역사 부문에 박 선생님은 "과거를 기억하지 못하는 역사는 되풀이된다"는 한마디로 역사를 왜 알아야 하는지 밝힙니다. 지금 알고 있는 것을 그때도 알았다면 나는 어떻게 행동했을까 하는 것이 강의 핵심이지요. 그러니까 과거, 역사는 그저 지나간 것이 아니라 오늘 내가 하는 행동을 결정해 주는 잣대가 된다는 말입니다.

이임하 선생님은 여성 이야기를 하셨습니다. 일제시대부터 여성들은 이중 삼중으로 억압받아왔습니다. 그러면서도 이 세상을 만들어 온 기둥이었습니다. 여성 노동자들은, 서북청년단원들 같은 극우 단체들이 식칼로 겁을 주고 옷을 찢으면서 온갖 방해를 했어도 노동조건을 개선하기 위한 투쟁을 끊임없이 벌이면서 살아왔습니다. 그런데 이랜드 여성 노동자들의 투쟁을 보듯이 아직까지도 그런 싸움을 계속할 수밖에 없습니다. 왜 이렇게 세상은 느리게 변하는지 답답합니다.

홍세화 선생님은 더 설명할 필요가 없을 겁니다. 남민전 사건에 연루되어 프랑스로 망명했다가 2002년 귀국한 이야기는 다 알고 있는 이야기입니다. 나는 처음에 홍 선생님이 쓴 《나는 빠리의 택시 운전사》라는 책을 보고 같은 운전사로서 진한 동료 의식을 느꼈습니다. 사실 이 책 제목 왜 80이 20에게 지배당하는가? 라는 문구는 홍 선생님 강의 내용이었습니다. 저도 배워서 다른 강의 때 쓰곤 하는데요 어떻게 이 말을 제가 한 걸로 되어 있네요.

홍 선생님 강의 초점은 그것 말고도 또 있습니다. '불확실한 미래 때문에 저당 잡힌 오늘' 이라는 거죠. 제가 다른 말로 쉽게 풀어 보자면 '한 번만 맞으면 된다' 는 로또를 사면서 미래를 꿈꾸면서 고통스러워도 참고 산다는 거죠. 또 홍 선생님은 민중들이 의식화되어야 하는 게 아니라 '탈의식화' 되어야 한다고 주장합니다. 자기가 노동자면서 자본가 의식을 갖고 있는데 그 의식을 버려야 된다는 거죠. 그날 강의를 받는 사람들은 그래도 조금 진보 성향이 있는 사람들이었는데 홍 선생님은 그 사람들조차도 자본가 의식이 있다고 꼬집었습니다. 그 증거로 강의를 받는 분들 가운데 핸드폰이 011, 게다가 삼성 제품을 갖고 있는 사람이 아마 가장 많을 거라고 하면서, 무노조 경영이 원칙이라고 하는 삼성 것이 좋다고 그것만 고집하는 사람들의 의식이 자본가 의식에 젖어 있는 게 아니냐고 열변을 토하더라구요. 정말 가슴이 철렁했습니다.

마지막으로 정태인 선생님 이야기입니다. 정 선생님은 엊그제 고생길로 접어들었어요. 아니 청와대경제비서관 하실 때 한미 FTA를 반대하면서부터 걱정(?)이 되더군요. 그 편한 자리에 있으려면 유시민처럼 우향우로 홱 돌아야 하는데 정 선생님은 진실을 밝히는 길을 걸었지요. 그 결과 결국 경제비서관을 물러나게 되고, 하 선생님처럼 1년에 300회 정도 되는 한미 FTA체결 반대 강연을 다니게 되었습니다. 아마 정 선생님 없었으면 한미 FTA가 나라의 뿌리를 뒤흔들 정도로 위험한 협상인 줄 누가 알았겠습니까. 고생길로 접어들었다는 말은 그런 정 선생님이 결국 엊그제 민주노동당에 가입했다는 말입니다. 저는 그렇게 진정한 지식인인 정 선생님이, 홍세화, 하종강, 박준성 선생님과 같이 저희 작은책 편집위원이라는 사실이 자랑스럽습니다.

이 책은 그날 강연을 다시 구성한 것입니다. 하종강, 박준성, 이임하 선생님 강연은 사진과 영상을 곁들인 강연이었죠. 하지만 이 책에서는 그 사진들과 영상이 다 나오지는 않습니다. 하지만 글로 설명을 보충해 더 생생하지요. 특히 이임하 선생님 강연 때 시간이 없어서 미처 말로 못하신 부분은 '못 다한 이야기' 라는 난을 만들어 보충했습니다. 강연을 못 들으신 분들은 물론 그 날 강연을 들으신 분들도 이 책을 다시 보시면 '이 땅을 살아간 여성들의 역사'가 더욱더 생생하게 잘 보일 것입니다.

이 책에서 내린 결론을 말하자면, 책 제목대로 왜 80%나 되는 노동자 민중이 20%밖에 안 되는 자본가들에게 지배당하는가 하는 것입니다. 선거 때만이라도 노동자를 대변하는 사람에게 표를 몰아주면 될 터인데 그렇지 못하다는 거지요. 그 까닭이 뭘까요. 답을 여기서 말씀드리면 책 사 볼 필요가 없겠지요?

80이 20을 지배하는 세상이, 사람이 살기 좋은 세상이라는 것은 두말할 나위가 없습니다. 노동자가 노동을 해서 만든 세상인데 노동자가 주인이 되어야 하는 게 정말 당연한 거 아닙니까? 그런 세상을 만들기 위해서라도 이 책을 80%가 봐야겠지요. 당신이 그 나머지 20% 자본가라고 생각하면 이 책을 안 봐도 됩니다. 책을 그만 내려놓으셔도 좋습니다. 하지만 당신은 분명 80%에 들어가는 분입니다. 이 책을 꼭 보시고 널리 선전해 주세요. 당신을 포함한 80%가 잘 살 수 있는 방법이 보입니다. 아참, 절대 빌려 주지 마시고 꼭 사서 보라고 하세요. 어설픈 서문 이만 줄입니다.

2007년 8월 20일 여섯 명을 대표해서 안건모 씀

차례

과거를 기억하지 못해 되풀이되는 역사

"우리는 앞서 살아간 사람들이 만들어 놓은
역사에 기대어 지금 여기에서 살아가고 있습니다.
우리 후배들, 우리 아이들도 마찬가지로
우리가 세운 기둥에 기대고,
우리가 놓은 징검다리를 건너서 걸어가게 됩니다."

과거를 기억하지 못해
되풀이되는 역사

올해는 1987년 6월 항쟁 20주년이면서 7, 8, 9월 노동자 대투쟁 20주년입니다. 벌써 20년의 세월이 지나 갔습니다. 여러분들도 지금 나이에서 스무 살을 빼면 그때 내가 몇 살이었는지 계산이 나오지요. 제가 90년대 중반, 5·18 민중항쟁 기간 때 대학에서 1980년 광주민중항쟁을 가지고 강의를 하다가 5·18 광주 관련된 노래를 같이 불러 보자고 했어요. 그런데 학생들이 노래를 전혀 모르는 거예요. 헤아려 보니까 90년대 중반이면 스무 살 정도 나이의 학생들은 광주민중항쟁이 일어났을 때 다섯 살 밖에 안 되었던 거예요. 저야 입에 달고 부르던 노래였지만 학생들에게는 이미 따로 배우지 않았으면 부를 수 없는 노래가 되었던 것이지요. 1987년 6월항쟁이나 7, 8, 9월 노동자 대투쟁도 그렇게 됐어요. 그때 20대였던 사람들은 40대, 30대였던 사람들은 50대가 되었습니다. 지금 20대 중반인 사람들은 대여섯 살 정도였겠지요.

그러니까 강의를 다니다 보면 1987년 7, 8, 9월 노동자 대투쟁을 직접 경험한 노동자들이 많지 않아요. 7, 8, 9월 노동자 대투쟁에 대해서 잘 알고 있겠거니 하고 전개 과정은 생략하고 의의를 중심으로 이야기하고 넘어 가려고 하다가 얼굴 표정을 보면 잘 모르겠다는 분위기예요.

7, 8, 9월 노동자 투쟁에 참여했던 노동자들 가운데 아직까지도 현장에서 열심히 활동하는 경우도 많지는 않은 것 같아요. 왜냐하면 참가했다고 하더라도 40대 중반을 넘으면 후배들이 하는 일을 지켜보며 뒤로 물러나 앉아 있을 나이도 되었고, 또 한참 돈 들어 갈 일이 많을 때잖아요.

한걸음 물러나 있다 보니까 자신들의 경험이 자기 안에 머물러 있게 되지요. 앞장서서 활동을 해야 자신의 무용담을 후배들에게 신나게 전해 줄 텐데 그렇지 못한 것이지요. 그렇게 되니까 이제 1987년 7, 8, 9월 노동자 투쟁의 역사도 입에서 바로 나오는 경험한 기억이 아니라 공부해야 할 역사가 되었습니다.

지금 알고 있는 것을 그때도 알았다면
이런 노래 들어 보셨습니까

> 팔칠 년 칠팔구 투쟁을 동지여 기억하는가
> 거제에서 구로까지 족쇄 깨고 외쳤던 날을
> 우리는 뼈저린 각성에 드디어 깨달았노라
> 천만 형제 단결 없인 노동해방 없다는 것을
> 나가자 형제여 방방곡곡 대동단결로
> 말하라 형제여 총파업 투쟁으로 말하라
> 노조 깃발 피에 젖어 삼천리에 날릴 때까지
> 싸우리라 하나 되리라 기필코 승리하리라
> 태우리라 꽃 피우리라 죽어 간 동지의 피를

아~ 해방 그날까지 총 파업 투쟁으로

여러분은 1987년 7, 8, 9월 노동자 투쟁을 어떻게 기억하십니까?

기억이라는 것이 어떤 의미가 있을까요. 기억은 머리 안에 저장되어 있는 과거의 것입니다. 모든 기억이 우리가 살아가는 현실에서 필요한 것은 아닙니다.

그러나 과거의 기억은 현실에서 새롭게 체험하는 느낌과 결합될 때 새롭게 살아나서 미래를 만들어 가는 힘으로 바뀔 수 있습니다. 그럼 어떨 때 과거의 기억을 떠올리게 될까요? 우리는 류시화 시인의 잠언집 제목처럼 '지금 알고 있는 것을 그때도 알았다면' 하고 후회하면서 그때를 떠올릴 때가 많습니다.

'과거는 흘러갔다'는 노래를 아십니까? 우리 부모님들 세대가 불렀던 노래입니다.

> 즐거웠던 그날이 올 수 있다면
> 아련히 떠오르는 과거로 돌아가서
> 지금의 내 심정을 전해 보련만
> 아무리 뉘우쳐도 과거는 흘러갔다

지금 알고 있는 걸 그때도 알았더라면 하고 후회를 하고 뉘우쳐도 과거는 다시 돌이킬 수도 없고, 없앨 수도, 바꿀 수도 없습니다. 그리고 과거는 흘러간 것이 아니라 현재로 흘러 들어와 지금의 결과 속에 담겨 있는 것이지요. 지금 현재도 1년이 지나고 10년이 지나면 그때가 됩니다.

그래서 오늘이 그때가 되었을 때 다시 되풀이해서 후회하지 않으려고 그때라는 거울에 지금을 비추어 보는 것입니다. 그때의 기억이 필요한 까닭이 여기 있습니다. 과거의 기억이 오늘에 어떠한 의미가 있는지 좀 더 살펴보도록 하겠습니다.

거짓 희망은 현실의 모순을 숨긴다

해가 지고 밤이 깊어집니다. 이 밤 잠들었다가 내일 아침 영원히 깨어나지 못하면 죽음이지요. 다음 날 아침 깨어나면 살아 있는 겁니다. 누구든 다 죽습니다. 만나면 언젠가는 헤어져야 합니다. 깨어나 지금 서 있는 이곳이 이별과 죽음의 경계선이라고 생각해 보세요. 그 자리에서 만남과 삶을 돌아보면 그 만남과 삶이 얼마나 소중하고 절실합니까. 절박합니다. 잠들었다가 깨어나면서 그런 하루가 다시 시작되는 겁니다. 어느 날 아침 문득 이별과 죽음이 떠오를 때 오히려 '희망의 아침'을 노래하게 됩니다. 그런데 희망도 누가 어떤 의도로 노래하느냐에 따라 의미가 전혀 달라집니다.

일제시대 '최고'의 소설가 이광수가 작사하고 홍난파가 작곡한 '희망의 아침'을 한번 볼까요.

1938년 조선방송협회가 펴낸 〈가정가요〉 제1집에 실려 있는 행진곡풍의 국민가요인데요.

1. 밤이 새었다 희망의 아츰 동편 하늘에 솟는 햇발은

다들 받으라 듬뿍 받아서 소리소리 높여서 만세 불러라

2. 이러나거라 우리 임금의 분부를 받자와 일억일심(一億一心)히
   넓은 천지에 팔굉일우(八紘一宇)의 새론 세계를 일욱하라고
3. 대륙 이만리 대양 십만리 대아세아의 대공영권(大共榮圈)의
   우리 일장기 날리는 곧이 자자손손 만대의 복누릴 국토

    무슨 뜻인지, 무슨 의도인지 설명 안 드려도 아시겠죠. 일제시대 식민지 지배 체제가 영원히 계속될 것이라는 거짓 희망의 노래입니다. 1절은 얼핏 보면 자연을 노래하는 것 같지만 2, 3절과 연결하여 보면 그런 것이 아닙니다. 2절과 3절은 일본 천황의 충실한 신민이 되어 대동아 공영권을 확대하고 식민지 지배 체제가 영원 무궁토록 계속되는 세상이 '희망의 아침'이라고 하여 식민지 지배를 찬양하고 정당화하고 있습니다. 곡도 일본 음악의 특징인 2박자 계통이고, '도레미솔라'를 기본으로 삼는 전형적인 일본의 요나누키 음계로 이루어졌습니다.

    당시 지배 세력인 일본 제국주의의 논리가 그대로 담겨 있습니다. 지금 현실은 변하지 않고 바뀌지 않고 계속될 것이다, 그러니 이 체제 속에서, 현실 속에서 순응하며 살아가라는 이야기입니다.

    제국주의 침략 세력과 그 앞잡이 노릇을 하면서 자신들의 부와 기득권을 유지 확대하던 친일 자본가, 지주, 지식인들에게는 식민지 지배 체제가 계속되는 것이 희망의 세상일지 모릅니다. 그러나 빼앗긴 나라의 노동자, 농민, 빈민들에게는 결코 희망일 수 없습니다. 그런데 자자손손 만대까지 식민지 지배 체제가 계속될 거라고 믿게 되면 패배주의 숙명론에 빠지게 됩니다. 그러면서 팔자 탓을 하게 됩니다. 팔자 탓을 하는 것도 어느 누가 가르친 결과이고, 그것에 길들여졌기 때문입니다. 이런 팔자

탓을 하게 하려고 만들어진 것이 '희망의 아침' 같은 노래입니다. 원인은 식민 지배 체제에 있는데 팔자 탓으로 돌리면 문제를 해결할 수 있겠습니까?

일제 식민지 시대만 그러합니까? 우리가 살아가고 있는 오늘의 현실에서도 숱한 거짓 희망이 강요되고 있습니다. 거짓 희망은 현실의 모순을 숨기고, 지금의 구조와 체제가 변하지 않고 계속되는 완결체이며, 바람직한 세상이라는 내용을 담고 있습니다. 이러한 거짓 희망은 끊임없이 순응과 순종과 인내를 강요하며 환상을 불어 넣습니다.

역사의 문맹자들

"진실을 말하지 않고 과거를 기억하지 못한 역사는 되풀이 된다."

광주 망월동 신묘역 사진 전시관 벽면에 쓰여 있는 글귀입니다. 역사에 눈감고 과거를 망각할 때 또 다시 '엄청난 고통과 비극을 겪을 수 있다고 경고하는 말입니다.

1980년 5월, 민주화의 봄을 짓밟는 신군부의 계엄령에 대항해 광주에서는 시민 학생들의 시위가 계속되었습니다. 계엄군이 투입되었고 수많은 부상자와 사상자가 발생했습니다. 시민들은 예비군 무기고를 헐어 무장을 하고 계엄군을 광주 외곽으로 몰아냈습니다. 며칠 동안 '해방 광주'에서는 시민들이 총을 들고 무장을 하고 있었지만 절도, 강도 사건은 물론, 금은방, 은행이 털린 곳이 한 곳도 없었습니다.

그러나 보수 언론과 신군부는 광주를 폭도들이 난무하는 무법천지라

고 몰아쳤습니다. 아직도 1980년 광주를 그렇게 알고 있는 사람들이 적지 않습니다. 그동안 5·18광주민중항쟁에 대해 잘 만들어진 다큐멘타리가 여러 차례 방영되었지만 광주의 진실에 눈감은 사람들은 그런 프로그램은 보지를 않습니다. 우리는 그런 사람들을 역사의 문맹자들이라고 부릅니다.

그래서 어떤 일이 일어나고 있습니까. 광주 학살의 주범인 전두환의 고향 합천에서는 군수와 지자체 의원들이 나서서 시민 공원을 전두환의 호를 붙여서 일해공원으로 바꾸려고 하고 있습니다. 역사의 문맹자들이 아니라면 어떻게 감히 이런 짓을 할 수 있겠어요. 만약 이런 분위기가 전국으로 확산된다면 또 다시 고통과 비극의 역사가 되풀이될 수도 있습니다. 박정희에 대한 기억도 마찬가지 아닐까요.

1980년 '5월 광주'는 1980년 5월 27일 도청이 함락되면서 막을 내렸

1980년 5월, 도청앞 분수대 광장에 모인 사람들

습니다. 광주는 1980년대 내내 이 땅 민주화 운동의 마르지 않는 저수지, 끊이지 않는 샘물 노릇을 했습니다. 광주는 고통의 근원이기도 했습니다. 광주를 생각하면 그때 어디서 무엇을 하고 있었던가 하는 자책과 부끄러움에 몸 둘 바를 몰랐습니다.

그런데 보수 언론들은 전두환을 미화하고 대통령 만들기에 앞장섰습니다. 그런 기사를 보는 날은 치밀어 오르는 화를 누를 수 없어 술로 달래곤 했습니다. 술에 취한다고 광주를 잊을 수가 있었겠어요? 술에 취해 비척거리며 내 초라한 모습과 죽어 간 사람들을 떠올리며 이런 노래를 부르기도 했습니다.

눈을 감고 걸어도 눈을 뜨고 걸어도
보이는 것은 초라한 모습
보고 싶은 얼굴
……

저는 사람의 감정도 사회적이라는 것을 이 노래를 부르면서 실감했습니다. 1980년대는 물론 1990년대 초반까지도 강의하면서 이 노래를 부를 때면 눈물이 줄줄 흘러 나왔습니다. 그런데 1995년 전두환, 노태우가 감옥에 들어간 다음부터는 이 노래를 불러도 예전만큼 눈물이 나지는 않더군요. 웬 눈물 타령이냐고요? 많은 사람들이 떠나갈 때, 취한 것들이 다 떠나고 취할 수 없는 나 홀로 서서 언덕을 지키리라고 속으로 시건방을 떨 때 나를 버티게 만든 힘은 '눈물'이었기 때문에 그렇습니다.

임을 위한 행진곡

1980년 5·18광주민중항쟁이 막을 내린 뒤 전두환 신군부의 탄압이 계속되었습니다. 광주를 제외한 다른 지역에서는 신군부가 광주에서 자행한 피의 학살과 권력 장악을 침묵으로 방조하였습니다. 광주를 가슴에 품고 새로운 운동을 준비하고 모색하였지만, 5월 27일 도청이 함락된 뒤 1981년까지도 광주의 학살과 죽음은 살아 남은 사람들에게 엄청난 패배감과 부끄러움을 안겨 주었습니다.

패배감에 쌓여 술로 아픔을 달래며 흐느적거리는 분위기로는 안 되겠다고 해서 1981년 여름 극회 '광대'에 모여 있던 광주 지역 연행 예술 운동패들이 황석영 씨 집에 모였다고 합니다. 시민군 대변인으로 끝까지 도청을 지키다가 목숨을 잃은 윤상원 열사와 들불야학을 같이 하다 1979년 12월 26일 노동자 교육

1982년 2월, 윤상원·박기순 영혼결혼식

임을 위한 행진곡

백기완 작시
김종률 작곡

운동 중 과로로 먼저 숨진 후배 박기순의 영혼 결혼식과 넋풀이 노래굿을 벌이자고 준비를 하였습니다. 소리가 새어 나올까 봐 황석영 씨 집 2층 창문을 담요로 둘러치고 통키타를 치고 카세트 테이프에 녹음을 하며 노래극을 준비했습니다. 1982년 2월 20일 영혼 결혼식은 치렀지만, 그때 만든 노래굿 〈넋풀이〉(빛의 결혼식)는 전두환 정권의 탄압 때문에 공연하지 못했습니다. 하지만 노래들은 입으로 전해지고 테이프로 복사되어 퍼져 나갔습니다.

노래굿을 준비하며 만들었던 노래 가운데 1980년대 1990년대를 거쳐 지금까지도 노동자 민중의 '애국가'처럼 부르고 있는 노래가 '임을 위한 행진곡'입니다.

'임을 위한 행진곡'을 만든 작곡자는 제1회 대학가요제에서 '영랑과 강진'을 부른 김종률입니다. 작사자는 1980년대 중반까지도 누구인지 몰라 민중가요집마다 김종률 작사·작곡으로 실렸습니다. 나중에 백기완 선생의 시 구절들을 따와 노랫말로 다듬은 것이 알려져 지금은 백기완 시 김종률 곡으로 알고 부르고 있습니다. 백기완 선생님의 시 가운데서도 '남녘의 춤꾼에게 보내는 못비나리'에서 많은 부분을 따왔습니다. 그 부분을 한번 낭송해 보겠습니다.

무너져 피에 젖은 대지 위엔

먼저 간 투사들의 분에 겨운 사연들이

이슬처럼 맺히고

어디선가 흐느끼는 소리 들릴지니

사랑도 명예도 이름도 남김 없이

한평생 나가자던 뜨거운 맹세

싸움은 용감했어도 깃발은 찢어져

세월은 흘러가도

구비치는 강물은 안다

벗이여 새날이 올 때까지 흔들리지 말자

갈대마저 일어나 소리치는 끝없는 함성

일어나라 일어나라

소리치는 피맺힌 함성

앞서서 가나니

산 자여 따르라 산 자여 따르라

    어찌 보면 1980년대 '광주'는 '임을 위한 행진곡'을 들려 주며 1987년 6월항쟁과 7, 8, 9월 노동자 대투쟁을 이끌었는지도 모릅니다. 그리고 1988년 전두환을 백담사에 유폐시키고 1995년 전두환과 노태우를 감옥에 보냈습니다. 그런데 전두환과 노태우가 제 발로 감옥을 간 게 아니잖습니까. 1980년 광주에서 끝까지 싸웠던 사람들이 있었기 때문에, 그리고 1980년 스무 살이었던 사람들이 서른다섯 살이 될 때까지, 스물다섯 살이었던 사람들이 마흔 살이 될 때까지 전두환, 노태우를 감옥에 보내고 이 땅의 민주화를 이루겠다고 수없이 싸운 결과이지요. 그런 사람들이 없었다면 아마 더 오랜 시간을 전두환, 노태우를 대통령으로 쳐다보며 살아야 했을지 모릅니다.

우리는 앞서 살아간 사람들이 만들어 놓은 역사에 기대어 지금 여기에서 살아가고 있습니다. 우리 후배들, 우리 아이들도 마찬가지로 우리가 세운 기둥에 기대고, 우리가 놓은 징검다리를 건너서 걸어가게 됩니다.

《오래된 미래》라는 책을 보면 라다크에서는 오늘 하는 내 행동과 말이 아이들에게 어떤 영향을 끼칠 것인지 끊임없이 헤아려 보는 것, 그것을 지혜라고 합니다. 오늘 우리들이 맞닥뜨리는 문제들을 그때의 역사에 비춰 어떻게 풀어 나가는 것이 우리 아이들에게 좀 더 좋은 영향을 미치고, 좀 더 나은 조건을 만들어 주는 것인지, 그랬을 때 지금 여기서 무엇을 해야 할 것인지 헤아려 보는 것이 지혜이며 역사 의식이기도 합니다.

세상 살아가는 동안 가장 중요한 것은 진실

마석 모란공원에는 서광 구로지부 쟁의부장으로 활동하다가 어용노조와 회사 측의 탄압에 맞서 1989년 5월 4일 분신한 김종수 열사의 묘와 묘비가 있습니다. 묘비명에는 그가 살아 있을 때 했던 말이 담겨 있습니다.

> "세상 살아가는 동안 가장 중요한 것은 진실이다. 진실을 알면서도 회피하는 것, 노동자들의 투쟁이 정당하고 인간다운 삶을 위한 것이라는 걸 알면서도 함께하지 못하는 것은 동지에 대한 배신이다. 참세상 그날까지 참되게 살아가자."

노동자 운동의 역사를 보면, 생존권과 생활권을 중심에 둔 노동자들의 요구와 좀 더 인간다운 삶을 위한 노동자들의 투쟁은 사회 발전의 동력이었으며, 사회 구성원 대다수에게 도움이 되었습니다. 그러나 그러한 진실을 누구나 다 인정하는 것은 아닙니다.

〈동아일보〉에서 1999년 밀레니엄 21세기를 맞는 특집으로 1900년부터 1999년까지 세계사와 우리 근현대사의 중요한 사건을 담은 20세기 연표를 실은 적이 있습니

마석 모란공원에 있는 김종수 열사의 묘비

다. 100년간의 역사 가운데 노동운동과 관련된 사건이 몇 개나 들어 있을 것 같습니까?

1970년 전태일 열사 분신과 1979년 YH 노동자 신민당사 농성 단 두 사건만 실렸습니다. 그런데 1987년 6월항쟁이 일어나고 잇달아 노동자 100만 명 이상이 참여했던 7, 8, 9월 노동자 대투쟁은 실려 있지 않습니다. 7, 8, 9월 노동자 대투쟁은 이후 '87년 체제'를 만든 중요한 사건이었는데도 그 자리를 대신 차지한 것은 '오대양 집단 변사 사건'이었습니다. 이처럼 과거의 역사는 누군가에 의해서 선택되거나 배제됩니다. 〈동아일보〉의 연표는 노동자의 투쟁이 정당하고 인간다운 삶을 위한 것임을 인정하지 않는 작은 본보기의 하나일 뿐입니다.

▲ 사진1 조선일보 1. 24 〈걸프전선으로〉

▲ 사진2 한국일보 1. 24 〈작별보용〉

▲ 사진3 한겨레신문 1. 24 〈의료지원단 배웅〉

1991년, 걸프전 파병

우물 안 개구리 하늘 넓은 줄 모릅니다. 우물 안 개구리는 우물 천정만큼의 하늘밖에 볼 수 없기 때문입니다. 내가 어떤 자리에 있는지에 따라 다르게 보입니다. 어떤 자리에서 어떤 관점을 가지고 보느냐에 따라 관심의 대상이 달라집니다.

1991년 걸프전에 우리가 군대를 파견한 적이 있었지요. 〈조선일보〉는 장교인 소령에 초점을 맞추고 아이들과 다정스럽게 뽀뽀를 하는 사진을 실었습니다. 〈한국일보〉도 장교인 대위가 젊은 아내와 작별하는 사진을 실었습니다. 〈한겨레〉는 병장에게 초점을 맞추고 늙은 할머니와 어머니가 눈물로 배웅하는 장면을 담았습니다. 이처럼 같은 날 같은 사건을 찍었지만 관점에 따라 관심의 대상이 다르고 초점이 달리 맞춰집니다.

〈조선일보〉와 〈한국일보〉 사진을 보면 '한번 갔다 와도 괜찮겠네' 하는 느낌을 주는 반면 〈한겨레〉는 '왜 남의 나라 전쟁터에 군대를 파견하지?' 하는 느낌이 들지 않나요?

붕어빵에는 붕어가 없다

어떤 관점을 가지고 보느냐에 따라 세상이 달리 보입니다. 그리고 관점은 서 있는 자리와 이해 관계의 영향을 받게 됩니다. 우리 사회에서 대다수를 차지하는 노동자의 이해 관계와 소수 자본가들의 이해 관계는 다

릅니다. 노동자들이, 노동자들의 자리에서 노동자들의 이해 관계를 바탕으로 세상을 보고 생각하는 것은 당연합니다. 자기의 존재가 의식을 규정하는 것이지요. 그런데 노동자이면서도 노동자의 눈으로 세상을 보고 노동자의 머리로 생각하지 못하는 경우가 많습니다. 자본가의 이해를 대변하는 교육과 언론, 수많은 선전 수단의 영향을 받기 때문에 그렇습니다. 자신의 존재는 노동자인데 자기 존재를 배반하는 의식이 노동자를 지배하는 것이지요.

붕어빵 안에는 뭐가 들어 있지요? 이름이 붕어빵이고 생긴 모양이 붕어 같아도 안에 들어 있는 것은 붕어가 아닙니다. 붕어가 들어 있다면 붕어빵이 아니라 붕어 튀김이 되어야겠지요. 국화빵에도 국화가 들어 있지 않아요. 이름과 모양이 그럴듯하다고 해서 알맹이까지 그런 것은 아닙니다. 현상 속에 담겨 있는 본질이 무엇인가를 따져 보아야 합니다.

그럴듯한 말과 현란한 몸짓들이 한 사회의 대다수 구성원들의 이익에 도움이 되는가, 아니면 소수 특권 세력의 이익을 대변하는 것인가 따져 보아야 합니다. 노동자들이 파업에 들어가면 '노동자들이 파업을 해서 국익을 해친다' 는 말을 자주 듣습니다. 그런데 꼼꼼히 따져 보면 '국익' 이라고는 하지만 그것이 국민 대다수를 이루는 노동자의 이익, 전체 국민의 이익이 아니라 자본가, 사회 특권 세력의 이익을 포장한 것이 대부분이지 않았나요. 그럴 때 국익은 소수의 이익일 뿐이지요. 현상과 본질을 파악할 때 놓치지 말아야 할 것이 한 사회의 구조와 모순입니다. 조선 사회 지주제의 모습이 어떻게 왜곡되어 전해지는지 보기를 들어 보겠습니다.

김홍도의 타작도

단원 김홍도의 풍속화첩에는 조선 후기 변화하는 사회상과 일하는 사람들의 생활 모습이 잘 그려져 있습니다. 씨름, 빨래터, 기와잇기, 대장간, 자리짜기, 나무하기, 길쌈, 주막, 행상, 고기잡이, 논갈기 따위가 그런 그림들입니다. 벼 타작하는 그림도 그 가운데 하나입니다.

조선 사회는 산업의 중심이 농업이고 기본 생산 수단이 토지였습니다. 이 토지를 소수의 지주들이 많이 차지한 반면 다수의 농민들은 지주의 땅을 빌어 농사를 지어야만 했습니다.

김홍도의 타작도는 조선 사회 지주제의 한 면을 보여 주고 있습니다. 현실에서 그렇듯이 그림에서도 지주인지 마름인지가 대각선 위쪽 너른 공간을 혼자 차지하고 있습니다. 먼저 턴 볏단 몇 개 받친 위에 자리를 깔고 비스듬히 기대 누워 타작하는 농민들을 감독하고 있습니다. 이 지주 앞에 놓여 있는 병은 술병일 텐데 수고한다고 한잔씩 권할 분위기는 아닙니다. 이따금 혼자 홀짝홀짝 마시며 잔소리할 모습입니다. 직접 감독까지 하는 걸 보면 도회에 있는 큰 지주는 아닌 듯합니다.

김홍도의 타작도

대각선 아래쪽에서 농부들 여섯 명이 윗도리를 풀어 제치고 열심히 타작을 합니다. 나중에야 어떻든 농부들은 가을 추수하고 타작할 때 가장 신납니다. 얼굴빛이 그렇게 보입니다.

가로 놓여 있는 통나무는 '개상' 또는 '태상', '공상'이라고 부르는 그 시대 탈곡기였습니다. 넓적하고 길쭉한 큰 돌을 쓰기도 했습니다. 밧줄이나 단단하게 꼰 새끼줄로 만든 '자리개'로 볏단이나 보릿단을 묶어 개상에 힘껏 내리쳐서 낟알을 떨어냅니다.

타작할 때는 신났지만 갈퀴로 지푸라기를 걷어 내고 까부린 알곡은 반 이상을 지주에게 지대로 빼앗겨야만 했습니다. 그림 속의 타작하는 농민들이 자신의 눈으로 세상을 보지 못하고 감독하는 지주의 눈으로 세상을 본다면 '나도 빨리 돈을 벌어 지주가 되어야지' 하는 생각에서 벗어나지 못할 것입니다. 조선 후기 농민들 가운데는 드물게 돈을 벌어 땅을 사서 지주가 되는 경우도 있었습니다. 하지만 지주가 많은 땅을 차지하려는 까닭은 농민들이 피땀 흘려 농사지은 수확물을 지대로 빼앗으려는 데 있습니다. 작인 농민들이 지주가 된다 해서 지주제의 모순이 해결되는 것은 아닙니다.

서울 지하철 을지로입구역 부근 건물 벽

　마찬가지로 자본주의 사회에서 노동자가 노동자의 눈으로 세상을 보지 못하고, 노동자답게 생각하고 행동하지 않는다면 노동자 해방의 사회를 만들기 어렵습니다.

　그런데 몇 년 전까지 서울 지하철 을지로입구역, 롯데호텔 대각선 저쪽 건물에 이 김홍도의 타작도가 벽화로 그려져 있었습니다. 지주는 빠지고 일하는 농부들만 그려 놓았습니다. 어차피 베껴 그리는 그림인데 왜 온 그림 그대로 살리지 않고 지주는 뺐을까요?

　종일 파김치가 되도록 일하다가 저녁에 퇴근하면서 지하철을 타려는데 비스듬히 누워 감독하는 지주를 보았다고 합시다. 열 받고 화나는 사람들이 있을 겁니다. 조선 사회 지주제의 모습에서 자본주의 사회의 모순까지 읽으면서 "예나 지금이나 놀고 처먹는 놈들 따로 있고 뼈빠지게 일하는 사람 따로 있고, 이런 놈의 세상 뒤집어 엎든지 갈아엎든지" 하고 욕하는 사람도 있을 겁니다. 그럴까 봐 뺐겠지요. 한편으로는 '저 열심히 일하는 농부들 봐라, 열심히 일하면 잘살 수 있다' 면서 근로 의식을 불어 넣으려고 일하는 농부만 그린 것이 아닐까요. 무심코 지나다 보면 그냥 스쳐 갈 수도 있는 반 토막 난 벽화에도 이렇듯 정치와 선전이 담겨져 있습니다. 저들의 의도를 깨우치는 사람들이 늘어나면서 오히려 역효과가 일어난다고 판단했는지, 제가 전국을 돌면서 이 사진을 써 먹는 소문이 났는지, 농업 사회의 타작하는 농부들 모습이 도회 중심의 벽화로는 어울리지 않는다고 판단했는지, 아니면 그림이 낡고 헐어서 그랬는지 아무튼 1990년대 후반 들어 반 토막 난 김홍도의 타작도는 사라졌습니다. 대신 그 자리를 아이들이 구성 연습하듯 그린 '푸른 초원' 이 벽면을 가득 채우고 있습니다. 뒤에 다시 가 보니 커피 광고 선전 그림을 붙인 적도 있고, 프랑스 화장품 회사 광고 선전이 실려 있기도 했습니다. 저는 지금도 이따금 지하철 을지로입구역에 내려 그 건물 벽을 찾아 봅니다. 그림이 바뀌지나 않았나, 바뀌었으면 또 찍어서 인용할 자료가 되니까요. 그러다 보니 그 건물 소유주말고 저만큼 관심이 있는 사람이 있을까 싶어요.

이처럼 무심코 지나가다 쳐다보는 건물 벽에 그려진 그림도 우리의 의식에 영향을 미칩니다. 살아가면서 보고 듣는 수많은 글, 그림, 말 들이 내 존재를 배반하는 의식으로 자리 잡고 있지나 않은지 헤아려 볼 필요가 있습니다.

일곱 성문의 테베 성을 누가 건설했는가?

《노동의 역사》라는 책을 생각하면 떠오르는 기억 속에 "그리스 로마의 위대한 조각 작품들을 볼 때 그 웅장함, 아름다운 예술성과 함께 그

《노동의 역사》 표지

작품 뒤에 흐르는 노예들의 피땀과 눈물을 같이 보아야 한다"는 문장이 있습니다. 노예들의 피땀 어린 노동을 바탕으로 하지 않으면 그런 작품들이 만들어질 수 없다는 것입니다.

다시 읽으면서 그런 문장을 찾아 보았으나 꼭 그렇게 표현된 부분은 없었습니다. 노예제가 없었다면 그리스 국가도, 예술이나 과학도 있을 수 없었고, 노예제 사회에서 노예 없이는 시나 그림, 기술, 천문학이나 연극, 위대한 건축 작품이나 철학도 있을 수가 없었습니다. 노예들의 고통과 비인간적 생활을 바탕으로 로마나 그리스의 문화와 과학이 꽃 필 수 있었다는 내용이 '노예제와 문화' 곳곳에 쓰여 있습니다.

따라서 '노동의 역사'는 우리에게 어떤 예술 작품이나 과학적 업적을 고찰하고 연구하는 경우에도 그 배후에 어떠한 경제적 관계가 숨어 있는가, 또 그 시인이나 사상가는 어떤 집단을 대표하고 있는가를 물어야 예술이나 과학도 제대로 알 수 있다는 것을 알려 줍니다.

얼마 뒤 브레히트가 쓴 '내 글을 읽은 어느 노동자의 질문'을 볼 때도 《노동의 역사》가 떠올랐습니다.

일곱 성문의 테베 성을 누가 건설했는가?
책 속에는 왕들의 이름이 쓰여 있다.
바윗돌을 나른 것이 왕들이었던가?
그리고 그렇게 여러 번씩이나 파괴되었던 바빌론!

누가 그렇게 여러 번씩이나 파괴된 바빌론을 재건했는가?

황금 빛 반짝이는 리마의 노동자들은 어떤 헛간에서 살았던가?

만리장성을 쌓을 때까지 석공들은 어디서 밤을 지새웠던가?

대 로마제국은 개선문으로 가득차 있다.

그것들을 세운 자들은 누구였던가?

(중략)

스페인의 필립 왕은 그의 무적 함대가 격침되었을 때 크게 슬퍼하였다.

다른 사람은 어느 누구도 울지 않았던가?

프레드릭 대제는 7년전쟁에서 이겼다.

다른 누가 또 승자였는가?

모든 장마다 승리가 기록되었다.

누가 승리의 결실을 맺게 했는가?

매 10년마다 위인이 나타났다.

누가 대조표를 뽑았는가?

그렇게 기록들도 많고

그렇게 의문점도 많구나.

　　지배층 중심의 세계사와 고전 경시 대회용《그리스 로마 신화》에 찌든 땟물이 채 씻기지 않았던 때《노동의 역사》는 청명한 바람을 타고 온 맑은 종소리가 머리를 치고 지나가는 느낌이었습니다. 돌이켜 보건대 오로지 책 내용 때문만은 아니었을 것입니다. '광주'와 '전두환'이 주는 분노와 긴장, 그리고 어둠을 비집으면서 터져 나오려는 격정의 80년대 첫해가 주는 분위기도 분명《노동의 역사》가 인상 깊게 남는 데 큰 몫을 했을 것입니다.

《노동의 역사》는 지금 보면 문고본 한 권의 양에 역사 발전 5단계 설에 입각해서 역사를 단순화 도식화했다는 지적을 받을 만합니다. 하지만 단순화 도식화라는 면에서는 모든 '강의' 도 위험성을 지니기는 마찬가지입니다. '노동의 역사' 를 대학에서 한 한기 동안 강의할 때도 있는가 하면 중고등학교 학생들에게 두 시간에 강연해야 할 때도 있습니다. 어차피 '그때 거기' 의 역사는 '지금 여기' 의 필요에 따라 선택되고 재구성되는 것입니다.

지금도 역사 변화 발전의 동력이 무엇인지, 고대 사회에서 노예가 '말하는 도구' 로서 어떻게 취급되었고, 중세 사회에서 농노가 지대를 어떻게 빼앗겼으며, 자본주의 사회에서 노동자들이 어떻게 잉여가치를 착취당하는지 한 호흡에 이해하고 싶다면, 아이들에게 김대성이 불국사와 석굴암을 혼자 다 만들었나? 훈민정음을 만든 것이, 세종대왕이 백성 어여삐 여기는 마음 때문이었을까? 이순신 장군 홀로 나무를 베어 거북선을 만들어 싸우다 죽었는가? 이런 질문을 던지고 있다면, 아직도 《노동의 역사》는 찾아 읽어 볼 만한 역사책입니다. 한 사회에서 그 시대에 필요한 '있어야 할 것을 있게 만들고, 없어야 할 것을 없게 만드는' 노동과 투쟁의 역사라는 관점 없이 역사를 제대로 보기 어렵기 때문입니다.

과거의 기억을 장악하는 자(세력)가 역사를 지배하고, 역사를 지배하는 자가 미래를 지배한다고 합니다. 노동자가 노동자 운동의 역사를 기억하는 일은 노동자들의 투쟁이 정당하고 인간다운 삶을 위한 것이고, 역사에 발맞추어 나가는 길을 찾을 수 있다는 희망을 배우는 것입니다.

최초의 고공 투쟁 농성자, 강주룡

여러분, 우리 노동 운동사에서 처음으로 고공 농성 투쟁을 벌인 노동자 강주룡을 아십니까?

1931년 5월 평원고무공장 노동조합의 선배이자 간부였던 강주룡은 광목을 한 필 사 가지고 한밤중에 을밀대를 찾아 올라갑니다. 처음에는 죽음으로써 평원공장의 횡포와 자신들의 싸움을 세상 사람들에게 알리겠다고 결심했습니다. 벚나무 가지에 광목을 걸어 놓고 30여 년 살아 온 과거를 되돌아 보았습니다. 죽기로 작정했는지라 더 이상 살겠다는 미련은 없었으나, '이대로 죽는다면 많은 사람들이 내가 왜 죽었는지 제대로 알 수 있을까', '죽더라도 우리의 싸움을 알리고 죽어야 할 텐데' 하는 생각이 떠올랐습니다. 캄캄한 어둠 저편으로 을밀대가 눈에 들어왔습니다. '옳다, 죽더라도 저 위에 올라가 우리가 싸우는 뜻과 평원공장의 횡포를 마음껏 외치고 죽자' 고 마음을 바꿨습니다.

사다리도 없는데, 지붕 위로 어떻게 올라갈까 이리저리 궁리를 하였습니다. 광목 한 끝에 묵직한 돌을 묶어서 지붕 한 귀퉁이 너머로 던져 넘겼습니다. 광목 한쪽을 기둥에 묶고 힘 주어 당겨 보았습니다. 뒤편으로 늘어진 광목에 매달려 지붕 위로 올라갔습니다.

5월 말, 봄이라지만 아직도 대동강에서 불어오는 새벽바람이 싸늘했습니다. 누가 광목을 타고 쫓아 올라올지도 몰랐습니다. 늘어진 광목을 걷어 올려 몸을 감쌌습니다. 계속 싸움을 하느라 피곤하고 지친 몸에 졸음이 몰려왔습니다. 죽을 작정을 하고 을밀대에 올라왔는데도 쏟아지는 잠을 어쩔 수 없어 깜박 잠이 들었습니다. 시끄러운 소리에 잠이 깨었습니다. 새벽 다섯 시 조금 넘은 시간, 먼동이 트고 있었습니다. 산책 나온 사

1931년 5월, 을밀대 지붕에서 고공농성하는 강주룡

람들이 을밀대 앞마당에 몰려와 지붕을 쳐다보며 웅성거렸습니다. 웬 여자가 무슨 사연으로 저 위에 올라가 앉아 있을까 궁금한 표정이 서려 있었습니다.

강주룡은 사람들을 내려다 보며 죽을 수는 있어도 결코 물러서지는 않겠다고 마음을 다졌습니다. 모여든 사람들에게 빼앗긴 나라의 노동자들의 처지를 설명하고, 평원고무공장 노동자들이 이렇게 싸울 수밖에 없는 이유와 각오를 밝히고 외쳤습니다. 연설을 듣던 한 예수교 장로는 감격하여 눈물을 흘리기도 하였습니다. 강주룡이 을밀대 위에서 외쳤던 내용이 신문에도 간단히 실렸습니다. 뒤에 잡지사 기자와 인터뷰하면서 스스로 이렇게 전했다고 합니다.

"우리는 49명 우리 파업단의 임금감하를 크게 여기지는 않습니다. 이것이 결국은 평양의 2천 3백명 고무공장 직공의 임금감하의 원인이 될 것이므로 우리는 죽기로서 반대하려는 것입니다. 2천 3백 명 우리 동무의 살이 깎이지 않기 위하여 내 한 몸뚱이가 죽는 것은 아깝지 않습니다. 내가 배워서 아는 것 중에 대중을 위해서는 … (중략) … 명예스러운 일이라는 것이 가장 큰 지식입니다. 이래서 나는 죽음을 각오하고 이 지붕 위에 올라왔습니다. 나는 평원고무 사장이 이 앞에 와서 임금감하 선언을 취소하기까지는 결코 내려가지 않겠습니다. 끝까지 임금감하를 취소치 않으면 나는 자본가의 … (중략) … 하는 근로대중을 대표하여 죽음을 명예로 알 뿐입니다. 그러하고 여러분, 구태여 나를 여기서(지붕) 강제로 끌어낼 생각은 마십시오. 누구든지 이 지붕 위에 사다리를 대놓기만 하면 나는 곧 떨어져 죽을뿐입니다."(〈동광〉1931년 7월호)

강주룡은 을밀대 꼭대기에서 온몸으로 자본의 착취와 식민지 권력의 폭력을 폭로하였습니다. 그리고 평원고무공장의 노동자 파업 투쟁이 평양 2천 3백 명 고무노동자들의 생존권을 가장 앞장서서 지키는 싸움이라는 것, 근로 대중을 위해 희생하는 것이 명예스러운 삶이라는 것을 밝혔습니다.

공돌이와 공순이

7, 8, 9월 노동자 대투쟁은 100만 명이 넘는 노동자들이 스스로 인간임을 선언한 투쟁이었습니다. 노동자들은 민주 노조 설립, 임금 인상 같은 요구와 함께 복장 자율화, 두발 자유화를 요구하기도 하였습니다. '노동자 대투쟁' 하니까 세상을 뒤엎을 만한 거창한 요구들로 가득할 것 같은데 '복장 자율화', '두발 자율화' 같은 요구는 우습게 보일지도 모릅니다. 그러나 이러한 구호는 노동자가 '인간'이 되려는 굉장히 중요한 요구였습니다. 1987년 노동자 대투쟁 이전까지만 해도 노동자들, 특히 생산 제조직 노동자들은 주로 공돌이, 공순이로 불렸습니다. 한말 외국인이 우리나라를 여행하고 쓴 견문록을 보면 그때도 시골의 총각, 처녀들을 돌이, 순이라고 많이 불렀다고 합니다. 1960, 70년대 농촌에 사는 돌이와 순이의 사랑을 노래한 것이 '갑돌이와 갑순이'입니다. 갑돌이와 갑

1987년 7, 8, 9월 울산 노동자 파업 투쟁

순이가 결혼을 해서 농촌에 살았다면 농부가 되었을 텐데, 돌이와 순이가 돈 벌러 도회로 나와 공장을 다니게 됩니다. 공장 다니는 돌이와 순이라 해서 '공돌이' 와 '공순이' 라는 이름이 붙게 되었습니다. 노동자들이 먹고살기가 힘들고, 노동자를 천대하는 사회 분위기에서 공돌이와 공순이는 비속어로 자리잡았습니다. 그러한 공돌이와 공순이의 상징이 푸른 작업복이었고, 남성 노동자들은 '군바리' 같은 스포츠 머리였습니다. 왜 쪽팔리게 출퇴근할 때까지도 작업복을 입고 다니라고 강요하느냐, 노동자들은 민간인인데 왜 군바리처럼 머리를 스포츠로 깎게 하냐고 소리를 지른 것이지요.

그런데 노동자 대투쟁 이후로는 노동자들이 작업복을 입고 다녀도 그렇게 쪽팔려 하지 않아도 될 만큼 사회 분위기가 바뀌었습니다. 공장 지대에서는 작업복을 입고 가면 외상술을 주었고, 자랑스럽게 작업복을 입고 선을 보러 나갈 수 있었다는 글도 있습니다.

1970년 전태일 열사가 혼자 외롭게 '근로자도 인간이다' 고 외쳤습니다. 17년 뒤 100만이 넘는 노동자들이 함께 노동자도 인간이라고 외쳤습니다. 더 이상 노예로 살지 않겠다고 선언했습니다. 민주 노조 운동의 새로운 전환점을 만들었습니다. 보수 정치인들이나 중간층이 6·29 선언으로 투쟁을 멈추거나 뒤로 물러섰지만 노동자들은 생존권과 생활권을 확보하려고 투쟁을 계속하였습니다. 정치적 '민주화 운동'을 넘어 노동자들은 병영적 통제와 군대식 규율이 강요되던 작업장까지 민주화하려는 투쟁을 이어 나갔습니다.

7, 8, 9월 투쟁을 겪으면서 노동자들을 천대하고 비하하던 '공돌이' '공순이'라는 말이 우리 사회에서 썰물이 빠져나가듯 사라졌습니다. 그렇게 벗으려고 했던 푸른 작업복을 입고 거리를 돌아다녀도 예전처럼 부끄러워하지 않아도 될 만큼 사회 분위기가 바뀌었습니다.

1987년 노동자 투쟁이 정점으로 치닫던 때, 8월 18일 치 일간지에 챔프그룹의 광고가 실린 것을 보았습니다. 이런 내용이 들어 있었습니다.

"고용주는 가정으로 치면 부모가 아닙니까. 근로자는 가정으로 치면 자식이 아닙니까. 자식된 도리로 부모에게 대들면 부모 마음은 얼마나 괴롭겠습니까."

이 광고가 실린 때가 7, 8, 9월 투쟁이 정점으로 치닫던 때라고 하였지요. 결국 자식 같은 근로자들이 부모 같은 고용주에게 대드는 '패륜아' '후레자식' 같은 짓거리를 하고 있다는 욕이 담겨 있는 광고입니다.

그리고 내용과 함께 실려 있는 그림은 사장은 나이 들고, 노동자는 젊게 그렸습니다. 늙은 노동자도 있고 젊은 사장도 있는데 그림을 이렇게 그림으로써 은연중에 장유유서의 논리를 주입합니다. 나이와 관계없이 사장이나 관리자 앞에 서면 꾸벅 죽어야 할 것같이 만들려고 합니다. 가부장적인 권위주의로 노동자를 통제하겠다는 발상입니다. 유교의 삼강오륜에 바탕을 둔 윤리 도덕을 자본가와 노동자 관계에 대입하여 상하

수직의 관계와 질서를 유지하려는 유치한 의도가 깔려 있는 것이지요.

노동조합가

이런 노래를 들어 보셨습니까?

강제와 감시 속에 우울하고 고통에 찬

죽음의 고역 같은 노동에서 해방되어

자유를 얻고 기쁨에 찬 빛나는 노동 쟁취

동지여 투쟁이다 역사는 우리의 것

'노동해방가' 입니다. 가물가물한 기억을 더듬어 보면 이 노동해방가를 부르기 시작한 때가 1980년대 중반입니다. 1980년 '5·18광주민중항쟁' 때 며칠 동안 '해방 광주' 를 경험하고, 1985년에 청계피복 노동자들의 합법성 쟁취 투쟁, 대우자동차 노동자들의 파업 투쟁, 구로 노동자들의 동맹파업, 서울노동운동연합의 결성과 투쟁을 겪으면서 활동가들과 일부 노동자들이 이 노동해방가를 부르기 시작한 것 같습니다. 2, 3절을 봅시다.

짓누르는 억압의 사슬을 끊으려다

쓰러져 간 동지의 거룩한 뜻 죽지 않았다

탄압을 물리치고 굴레를 깨어 버려

동지여 전진이다 노동자의 깃발 날리며

수천 년의 굴욕에 찬 어둠을 불사르고

새 역사의 지평에 떠오르는 찬란한 빛

하늘은 그 얼마나 눈물 속에 기다렸나

위대한 노동자의 승리의 그 날을

1986년에 나온 〈메아리〉 제7집에는 이 '노동해방가1' 과 함께 '노동해방가2(여성해방가)' 가 실려 있습니다.

복종의 침묵에서 깨어 일어나 낡은 체제 깨부수고

굳센 용기 힘찬 전진 사선을 넘어

(가자 가자 가자) 천만 노동자여 이 땅에

민주의 횃불 들고 온몸으로 외치나니 노동해방이여

'노동해방가2' 에서 노동해방은 '낡은 체제를 깨부수고' 이룩하는 것이라고 노래하고 있습니다. 그렇게 많이 부르지는 않았던 노래라고 기억합니다. 그렇지만 노래를 통해 1980년대 중반부터 '강제와 감시 속에 우울하고 고통에 찬 죽음의 고역 같은 노동' 에서 해방되고, 낡은 체제를 깨부수고 이룩하려는 '노동해방' 이라는 말이 일부 노동자들 사이에 퍼지기 시작한 역사를 엿볼 수 있습니다.

1987년 7, 8, 9월 노동자 대투쟁을 겪으면서 많은 노동자들이 '동지' '늙은 노동자의 노래' '임을 위한 행진곡' '광주출정가' 와 함께 '노동해방가' 를 불렀습니다. 그리고 7, 8, 9월 노동자 파업 투쟁을 겪고 나서 노동자들에게는 힘찬 투쟁의 정서를 담고 있는 더 많은 노래가 필요했습니다.

그때 김호철이 '혜성처럼' 나타났습니다. 김호철은 1988년부터 몇 년 사이에 노동자들이 즐겨 부르는 노동 가요를 수십 편이나 만들었습니다. 군악대와 직업으로 악사를 했다는 경험만으로는 만들기 힘든 노래들이었습니다. 1980년 민주화의 봄에 계엄법 위반으로 5개월 동안 감옥살이를 하고, 1986년 서울노동운동연합(서노련) 활동, 1987년 서울지역 해고노동자복직투쟁위원회 투쟁부장 활동, 1987년 민정당사 점거 사건으로 또 5개월 동안 옥살이를 한 공력이 쌓였기 때문에 가능했을 겁니다.

1988년 4월 30일 연세대에서 열린 메이데이 전야제에서 김호철의 '파업가'가 처음 선보였습니다.

> 흩어지면 죽는다 흔들려도 우린 죽는다
> 하나 되어 우리 나선다 승리의 그날까지
> 지키련다 동지의 약속 해골 두 쪽 나도 지킨다
> 노조 깃발 아래 뭉친 우리 구사대 폭력 물리친 우리
> 파업 투쟁으로 뭉친 우리 해방 깃발 아래 나선다

시작하자마자 바로 "흩어지면 죽는다 흔들려도 우린 죽는다"고 불러 제껴도 누구도 어색하다고 느끼지 않았습니다. 긴말이 필요 없이, 세련되지 않게 툭툭 던지듯 "지키련다 동지의 약속 해골 두 쪽 나도 지킨다"해도 노동자들은 "맞어 그래야지" 하며 받아 들였습니다. 수없이 불렀고, 20년 가까이 돼 가는 지금도 파업 현장에서 여전히 빼놓지 않고 부르는 노래입니다. 그가 1988년에 만든 노동 가요 가운데 '단결투쟁가'와

'노동조합가'가 있습니다. 이들 노래에서도 '해방 깃발'과 '노동해방'을 노래합니다.

노래와 구호로 퍼져 나가던 '노동해방'이 노동자 대중의 가슴 속에 감격스럽게 스며들어 머리 속에 선명하게 자리 잡은 날이 있습니다. 1988년 11월 13일 연세대 노천극장에서 열린 '전태일 열사 정신 계승 및 노동악법 개정 전국노동자대회'였습니다. 그날 노동자대회는 그때까지 우리 역사에서 '전국'의 노동자들이 한자리에 가장 많이 모인 날이었습니다. 1946년 해방 공간의 메이데이 집회 때 모인 노동자들이나 1987년 7, 8, 9월 노동자 대투쟁 때 울산 남목고개를 넘어 공설운동장에 모였던 노동자들이 수는 더 많았습니다. 하지만 그때는 '전국'에서 모인 노동자들이 아니라 일부 지역의 노동자들이었습니다.

대회장은 "계승하자 열사 정신! 철폐하자 노동악법" "노동운동 탄압하는 군부독재 타도하자!" "열사정신 계승하여 노동해방 쟁취하자!"는 구호 소리로 가득 찼습니다. 선서를 끝내고 난 선봉대원들, 파업하고 있던 노동자들이 연단 위로 뛰어 나갔습니다. 손가락을 깨물어 하얀 광목천 위에 '노동해방'이라는 붉은 글씨를 써나갔습니다.

저는 피로 새겨지는 '노동해방'의 장면을 직접 지켜보지는 못했습니다. 전야제가 열렸던 1988년 11월 12일 저녁에 구로역사연구소(지금 역사학연구소) 창립 개소식이 있었습니다. 전태일 열사 18주기와 전국노동자대회에 맞춰 연구소를 시작한 것입니다. 다음날 11월 13일 오전에는 빠질 수 없는 후배 결혼식이 있었습니다. 피로연도 안 가고 신촌으로 달려갔을 때는 이미 행진이 시작되었습니다. 여의도 국회의사당까지 꼬리를 물고 이어지는 가두 행진 대열을 따라 잡았습니다. 5만여 노동자 학생

1988년 11월, 선봉에선 '노동해방'

시민의 행진 대열 맨 앞에 섰던 것은 지도부가 아니라 바로 노동자들이 붉은 피로 쓴 노동해방 깃발이었습니다.

이미 1920년대 선배 노동자들이 1924년 조선노농총동맹을 결성하면서 "노농계급을 해방하고 완전한 신사회를 실현할 것을 목적으로 함"을 강령 제1조로 내세운 적이 있습니다. '노동자들이 해방되는 새로운 사회 건설'이라는 노동운동의 방향과 목표는 1945년 11월에 결성된 조선노동조합전국평의회(전평)에서 계승하였습니다.

전평의 소멸과 함께 '노동해방'은 몇십 년 동안 역사의 밑바닥으로 흘렀습니다. 골짜기 바위와 자갈과 흙 밑으로 흐르던 물줄기가 어느 지점부터 솟아나 샘이 되고, 졸졸 흐르던 물이 모여 콸콸 세차게 흐르듯 1980년대부터 다시 솟아난 '노동해방'이 큰 물줄기를 이루기 시작했습니다.

여의도로 행진하는 도중에 노동해방 구호와 함께 끊임없이 불렀던 노래가 '노동조합가'입니다.

살아 춤추는 조국 노동자 해방 위해
가자 노동조합의 깃발을 힘차게 휘날리자
얼마나 긴 세월을 억눌려 살아 왔나
짓밟힌 우리 어깨! 걸고! 단결! 투쟁! 전진이다

1945년 11월, 전평 창립대회

피 묻은 작업복은 파업의 깃발이다

죽어 간 동지들이 횃불로 살아난다 노동해방

여의도에 도착한 노동자들은 국회의사당 앞에서 '망국 민정당 규탄
및 노동악법개폐 촉구대회'를, 전경련 앞에서 '노동악법 옹호하는 독점
재벌 규탄대회'를 열었습니다.

대회를 마무리하면서 사회자가 곳곳의 노동자들을 불렀습니다. 울산
동지들! 마창 동지들! 제주도 동지들! 저 멀리 마산 창원의 노동자들은
전세버스 18대를 대절하여 나누어 타고 올라왔다고 합니다. 기차를 몇
칸씩 전세 내어 올라온 곳도 있었습니다. 제주도에서는 비행기를 타고
왔습니다. 호명에 호응하는 장면을 보며 교통 통신의 발달과 함께 노동
자들은 더 쉽고 크게 단결할 수 있다며 '만국의 노동자여 단결하라!' 고
썼던 〈공산당선언〉이 떠올랐습니다.

1990년 1월 22일, 전노협 창립대회

　1987년 7, 8, 9월 노동자 투쟁을 겪은 노동자들은 1988년, 1989년 투쟁의 성과를 모아 1990년 1월 22일 전국노동조합협의회(전노협)를 만들었습니다. 경찰의 철통 같은 원천 봉쇄를 뚫고 전국의 전노협 대의원과 선봉대 700여 명과 학생 300여 명이 성균관대 수원캠퍼스에 모였습니다. 감격의 눈물을 흘리면서 '전노협 진군가'를 불렀습니다.

> 새날이 밝아온다 동지여 한 발 두 발 전진이다
> 기나긴 어둠을 찢어 버리고 전노협 깃발 아래 총진군
> 잔악한 자본의 음모 독재가 판쳐도
> 새 역사 동트는 기상 최후의 승리는 우리 것
> 총 파업 깃발이 솟았다 한 발 두 발 전진이다
> 노동자 해방의 그날을 위해 이제는 하나다 전노협

2절은 "노동자 주인 될 그날을 위해 이제는 하나다 전노협"으로 끝납니다. '노동해방'은 전노협 깃발에 쓰여진 '평등 사회 앞당기는 전노협'과 함께 전노협을 상징하는 말로 자리를 잡게 되었습니다.

전노협 시절 전노협 소속 노동자들에게 노동운동의 방향과 목표가 무엇이냐고 설문 조사를 했다면 아마 80% 이상이 '노동해방' 세상을 건설하는 것이라고 대답했을 것 같습니다. 1946년 9월 10일 미군정 공보부가 8천여 명을 대상으로 '미래의 한국통치구조에 관한 여론조사'를 했습니다. 결과를 보면 사회주의 70% 공산주의 10%, 자본주의 13%, 모름이 7%였습니다. 그때 70%가 원했던 '사회주의'에 대한 상은 똑같은 것이 아니었습니다.

1990년 전후해서 노동자들의 머리띠와 노래, 구호, 깃발 속에 담겨 있던 '노동해방'의 상도 똑같지는 않았습니다. '강제와 감시 속에 우울하고 고통에 찬 죽음의 고역 같은 노동에서 해방'되는 것에서부터 막연히 '노동자 주인 되는 세상'으로 이해하기도 하였습니다. 곧바로 사회주의를 내세울 수 없는 시대 상황에서 '노동자들이 자본의 지배와 임금 노예 자체로부터 해방'되는 것을 노동해방으로 표현하기도 하였습니다.

민주노총이 창립되고 나서 오히려 수없이 펄럭이던 노동해방의 깃발은 썰물 빠지듯 사라지기 시작했습니다. 왜 그렇게 되었을까. 역사에서 찾아야 할 노동해방의 '오래된 미래'는 무엇일까. 역사의 수면 아래 가라앉아 골짜기 바위 밑을 흐르고 있을 '노동해방'의 내용은 무엇일까. 다시 되짚어 보아야 할 때인 것 같습니다.

역사를 길게 보면 고대 사회에서 노예가 해방되는 과정이 역사의 제 길이었고, 중세 사회에서 농노가 해방되는 과정이 역사의 제 길이었듯이, 근대 자본주의 사회에서 노동자가 해방되는 과정이 역사의 제 길입니다. 노예 해방과 농노 해방 투쟁이 정당하고 인간다운 삶을 위한 것이었듯이 노동자 해방을 위한 투쟁도 정당하고 인간다운 삶을 위한 것이며 역사에 발맞추어 가는 길입니다. 그렇기 때문에 '노동해방'은 낡은 레코드판의 흘러간 옛 노래가 아니라 여전히 새로운 세상을 염원하는 장엄한 '미완성' 교향곡으로 살아 있어야 합니다.

레닌은 노동자 혁명 운동의 이론가이며 실천가였던 로자 룩셈부르크를 가리켜 "독수리는 때때로 닭보다 낮게 날 수는 있지만, 닭은 결코 독수리처럼 높이 비상할 수 없다…… 그녀는 독수리였으며 독수리로 남을 것이다" 하고 독수리로 비유하였습니다. 나는 '노동해방'이 여전히 노동운동의 독수리이며, 반자본주의 저항의 무기이며 탈자본주의의 탈주로라고 생각합니다.

우리들의 죽음

제가 2003년 말 간암 진단을 받고 세 차례 입원을 하고 임파선으로 전이됐다고 해서 방사선 치료를 받으면서 2004년부터 3년여 동안 노동자 교육 활동과 역사 연구 활동을 거의 중단했습니다. 그러다 보니 그 사이에는 제가 직접 찍은 사진들이 없습니다. 찍었다 해도 디지털 카메라로 찍었기 때문에 '슬라이드'로 보는 강의에는 쓸 수가 없습니다. 예전에 찍은 사진을 보면서 말로 더 많은 이야기를 해야 할 텐데, 이미 주어진 강의 시간은 훌쩍 넘었습니다. 서서히 마무리를 해야 할 것 같습니다.

우리가 살아가고 있는 현실을 자본주의의 한 국면이며 이데올로기인

'신자유주의 시대'라고 부르고 있습니다. 과잉 생산과 과잉 축적을 통해 남아도는 자본이 전 세계에서 분탕질을 치고 있는 시대이지요. 구조 조정의 광풍이 끊이지 않으면서 비정규직 노동자가 늘어나고 정규직 노동자들도 불안정한 노동으로 외줄을 타고 있는 형국입니다. 신자유주의를 등에 업은 자본과 권력은 노동자들의 생존권을 압박하면서 노동자들의 조직과 투쟁을 무너뜨리고 있습니다. 노동운동이 위기 아닌 때가 있었느냐고 위로하지만 위기감은 증폭되고 있습니다.

사회 양극화가 심화되면서 어려운 노동자들과 영세 서민들의 삶은 20여 년 전에 비해 그리 달라지지 않았습니다. 1990년 무렵 맞벌이 영세 서민 부부가 지하 셋방살이를 하고 있었는데, 세 살, 다섯 살 된 두 자매를 어디 맡길 데가 없었습니다. 문을 열어 놓으면 부엌으로 나와 더 위험할까 봐 자물쇠로 문을 잠그고 일을 나갔습니다. 두 아이들이 심심하니까 성냥불 장난을 하다가 옷가지와 이불에 불이 붙어 연기에 질식해 숨졌습니다. 이 두 아이의 죽음을 정태춘씨가 〈우리들의 죽음〉이라는 노래로 만들었습니다. 이 노래를 미아리고개 가까이 있는 성암여자상업고등학교(현재 성암여자정보산업고등학교)의 미술 선생님인 박건 선생님이 1학년 학생들에게 들려주고 느낀 소감을 그림으로 그리라고 했습니다. 그림 가운데 노랫말과 이미지와 느낌이 비슷한 그림을 골라 슬라이드 영상극으로 만들었습니다.

20년 전의 일이지만 내 가까운 이웃이 지금도 이런 현실을 살아가고 있다는 것을 생각하며 그림을 보면서 노래를 들어 보겠습니다. 이 그림을 그린 여고생들이 지금 그 또래의 아이를 가진 엄마들이 되어 있을만큼 세월이 지났군요. 어디선가 이 노래를 듣고 이 그림을 보면서 만나게

《선생님 우리 연극해요》(김용심 글, 성암여자정보산업고등학교 학생 그림, 보리 펴냄)에서

될지도 모릅니다.

맞벌이 영세 서민 부부가 방문을 잠그고 일을 나간 사이, 지하 셋방에서 불이나 방 안에서 놀던 어린 자녀들이 밖으로 나오지 못하고 질식해 숨졌다.

불이 났을 때 아버지 권씨는 경기도 부천의 직장으로 어머니 이씨는 합정동으로 파출부 일을 나가 있었으며, 아이들이 방 밖으로 나가지 못하도록 방문을 밖에서 자물쇠로 잠그고, 바깥 현관문도 잠가 둔 상태였다.

연락을 받은 이 씨가 달려와 문을 열었을 때, 다섯 살 혜영 양은 방바닥에 엎드린 채, 세살 영철 군은 옷더미 속에 코를 묻은 채 숨져 있었다.

두 어린이가 숨진 방은 세 평 크기로 바닥에 흩어진 옷가지와 비키니

옷장 등 가구류가 타다 만 성냥과 함께 불에 그을려 있었다.

　이들 부부는 충남 계룡면 금대2리에서 논 900평에 농사를 짓다가 가난에 못 이겨 지난 88년 서울로 올라왔으며, 지난해 10월 현재의 지하방을 전세 4백만 원에 얻어 살아 왔다.

　어머니 이 씨는 경찰에서 "평소 파출부로 나가면서 부엌에는 부엌칼과 연탄불이 있어 위험스럽고 밖으로 나가면 길을 잃거나 유괴라도 당할 것 같아 방문을 채울 수 밖에 없었다"면서 눈물을 흘렸다.

　평소 이 씨는 아이들이 먹을 점심상과 요강을 준비해 놓고 나가 일해 왔다고 말했다.

　이들이 사는 주택에는 모두 여섯 개의 지하방이 있으며, 각각 독립 구조로 돼 있다.

우린 그렇게 죽었어.

그때 엄마 아빠가 거기 함께 있었다면

아니, 엄마만이라도 함께만 있었다면

아니, 우리가 방 안의 연기와 불길 속에서 부둥켜 안고 떨기 전에

엄마, 아빠가 보고 싶어 방문을 세차게 두드리기 전에

손톱에서 피가 나게 방바닥을 긁어대기 전에

그러다가 동생이 먼저 숨이 막혀 어푸러지기 전에

그때 엄마, 아빠가 거기에 함께만 있었다면

아니야, 우리가 어느 날 도망치듯 빠져 나온

시골의 고향 마을에서도

우리 네 식구 단란하게 살아갈 수만 있었다면

아니, 여기가 우리처럼 가난한 사람들에게도

축복을 내리는 그런 나라였다면

아니, 여기가 엄마, 아빠도 주인인 그런 세상이었다면

엄마, 아빠! 너무 슬퍼하지 마.

이건 엄마, 아빠의 잘못이 아냐.

여기, 불에 그을린 옷자락의 작은 몸뚱이,

몸뚱이를 두고 떠나지만

엄마, 아빠! 우린 이제 천사가 되어 하늘나라로 가는 거야.

그런데 그 천사들은 이렇게 슬픈 세상에는

다시 내려올 수가 없어.

언젠가 우린 다시 하늘나라에서 만나겠지.

엄마, 아빠!

우리가 이 세상에서 배운 가장 예쁜 말로

마지막 인사를 해야겠어.

엄마, 아빠…… 엄마, 아빠……

이제, 안녕, 안녕…….

　20여 년 전에 죽은 이 아이들이나 이라크에서 미국의 침략 전쟁으로 죽어 가는 아이들을 내 이웃, 내 아이와 같이 생각할 때, 우리는 세상에 눈 돌리고 침묵으로 방조만 하고 있을 수는 없습니다. 쿠바 혁명이 성공한 뒤 체 게바라가 청소년들 앞에서 한 강연 내용 중에 이런 대목이 나옵니다.

"지구상에 단 한 사람의 무고한 죽음에 대해서도 고통을 느낄 줄 아는 감성을 계발하고 자유의 깃발 아래 떨쳐 나설 수 있는 인간이 되어야 합니다."

저는 이 대목 가운데서도 '감성을 계발' 해야 한다는 말이 지금까지도 울림으로 남아 있습니다. 머릿속의 지식은 현실에서 체험하고 느끼는 감성과 결합될 때만이 미래를 바꾸는 씨앗이 될 수 있습니다.

신자유주의의 현실을 벗어나서 다른 세계가 가능하다는 꿈을 실현하는 힘은 반자본주의 저항과 탈주입니다. 자본주의를 반대하는 저항, 투쟁과 함께 자본이 강요하는 우리 일상의 생활 양식을 벗어나 우리가 살고 싶은 세상을 조금씩이라도 앞당겨서 살아 보는 탈주와 대안이 필요합니다.

없어야 할 것은 없애고, 있어야 할 것을 있게 만드는 파괴와 창조, 노동과 투쟁을 통하여, 인간이 인간을 억압하고 착취, 차별하는 세상을 끝장 내고, 누구나 자신이 하고 싶은 일을 하면서 그 일이 사회에서도 쓸모 있고, 먹고살 걱정 없이 올바로 잘살 수 있는 세상, 모든 사람이 함께 자유롭고, 평등하고, 평화롭고, 사람답게 살 수 있는 해방 세상, 그러한 새로운 사회 공동체를 향한 꿈과 희망을 버릴 수는 없지 않습니까.

감사합니다.

"자본주의 사회에서는 노동자와 자본가
두 가지 종류의 사람들이 있죠?
자본가가 20%면 노동자가 80%인데
사람들은 대부분 자본가의 생각을 가지고 있습니다.
자신이 노동자라는 것을 선거 때에만 갖고 있어도
우리 사회가 변할 텐데 그렇지 못하다는 거지요.
즉, 20%의 생각이 80%를 지배하고 있는 것입니다."

세상을 바꾸는 글쓰기

글 하고 연관이 없는 것은 없죠? 방송을 하려고 해도 원고가 있어야 되고, 텔레비전 뉴스나 연속극을 해도 글이 있어야 되고 무엇이건 글에서 시작하는 것 같습니다.

오늘 제가 여러분께 말씀드릴 것은 글쓰기 기술을 가르쳐 드리는 것은 아니구요. 글쓰기 기술보다 제가 어떻게 글에 대한 고정 관념을 깨트리고 글을 쓰게 되었는가 하는 경험과 삶을 말씀드리겠습니다.

글로써 사람을 변화시키는 일

제가 버스 운전을 한 20년 했어요. 85년도 스물일곱 살 때부터 운전을 했으니 굉장히 젊을 때부터 한 턱이지요. 그렇게 줄곧 노동자로 살아 왔고, 2004년 12월 31일부로 버스를 그만두고 작은책 편집 일을 맡았습니다. 그런데, 사정을 잘 모르는 어떤 사람들은 버스 운전을 그만 두고 작은책 편집 일을 하니까 '성공했다'고 그러더라고요. 자본주의 사회에서 '성공했다'고 하면, 돈을 많이 버는 것인데 사실 〈작은책〉 편집 일이 버스 운전할 때 임금의 반밖에 안 됐어요.

제가 〈작은책〉 일을 하게 된 까닭은 이렇습니다. 저는 버스 운전 일을 하면서 '버스노동조합운동'을 하였습니다. 정확히 말씀드리면 '노동조합민주화추진위원회' 일을 하였습니다. 사실 20년 젊음을 몸바친 노동 현장을 떠나기 싫었습니다만, 누가 꼬시더라구요. "버스 현장에서 기사들 노동조건을 개선시키는 운동도 좋지만 좀 더 넓은 곳에서 문화운동을 해라. 즉 글로써 사람을 변화시키는 일을 해 보라"고 했어요. 많이 망설였지요. 결국 2004년 12월 31일로 버스 현장을 떠나게 됐어요.

　제가 생활글을 처음 깨달은 때가 1996년도입니다. 그 전에는 노동자가 쓴 생활글을 못 봤어요. 일하는 사람들이 쓴 글들을 그때 당시 96년도에 처음 봤어요. 저는 학교 교육은 많이 못 받았지만, 책 같은 것은 많이 봤거든요. 그런데, 그때까지 책에서 보았던 글들과 전혀 다른 글들을 작은책에서 처음 봤어요. 그리고 반성을 했습니다. '아, 지금까지 내가 봐 왔던 글이 진짜 글이 아니구나' 하고요. 그래서 그때부터 글쓰기를 새로 배웠어요.

　그래서 제가 살아온 이야기를 써서 전태일문학상도 타고, 작은책에 연재를 2년 하고, 〈한겨레〉의 '흐림 뒤 맑음'이라는 꼭지에도 1년 반 정도 기고를 했어요. 그 글들을 쓰면서 희열도 느꼈고, 보람도 있었습니다. 제가 성격이 굉장히 급한데, 글을 쓰면서 성격도 많이 고쳐졌어요. 그리고, 남이 제 글을 보고 변화하는 것을 볼 때 굉장히 보람을 느꼈습니다.

20%의 생각이 80%를 지배한다

　우리나라처럼 자본주의 사회에서는 두 가지 종류의 사람들이 있죠? 노동자와 자본가. 자본가가 20%면 노동자가 80%인데 사람들은 대부분 자본가의 생각을 가지고 있습니다. 자신이 노동자라는 것을 깨닫는 것. 이러한 노동자의 생각을 선거 때에만 갖고 있어도 우리 사회가 변할 텐데 그렇지 못하다는 거지요. 즉, 20%의 생각이 80%를 지배하고 있는 것입니다.

저도 그런 사실을 늦게 깨달아서 굉장히 후회했는데, 아직까지 깨닫지 못한 사람은 저처럼 나중에 후회할 겁니다. 제가 왜 늦게 깨달았냐면, 대학을 다니지 못해서인 것 같아요. 대학이라도 다녔으면 선배들이나 동아리 활동을 통해 많이 배웠을 텐데, 저는 초등학교를 졸업하자마자 공장 생활을 했어요.

제가 58년 개띠인데, 어렸을 때 기억은 그 당시 전쟁 끝나고 예비군들이 간첩 잡는다고 몰려다니고, 또 상이군인들이 몰려다니면서 무허가 집을 허물고 돈 뜯는 것들을 보았습니다. 저희 집도 옛날 루핑집에서 돈 뜯기면서 살았는데, 그런 환경 속에서 어렸을 때 제 머릿속에 주입된 것은 오로지 반공 사상이었어요. 아니 그때는 반공이 아니라 멸공이었어요. 그래서, 빨갱이라고 하면 무서웠고 무슨 뿔난 도깨비처럼 생각했어요.

자라면서 계속 노동을 하다가, 하도 공부를 하고 싶어서 검정고시를 쳐서 한양공고를 들어갔어요. 2학년이 되니까 대학을 가고 싶었어요. 워낙 사회가 '대학을 안 가면 안 된다' 는 의식을 심어 줘서 그랬나 봐요. 나는 분명히 노동자가 될 텐데 그것을 모르고 또 공부를 하겠다고 검정고시를 보려고 나왔어요. 꿈도 야무졌지요. 법관이 되겠다는 꿈이었어요. 그러나 결국은 안 되더라구요. 공부를 포기한 뒤 그 뒤로 잡부, 건축 일을 따라다니다가 군대를 갔죠. 1979년 7월 19일에 입대했습니다.

1970년대 혹은 1980년대라고 하면, 요즘 고등학생들은 아마 역사로 느낄 거예요. 저희 세대가 1940~50년대 백범 김구 선생 같은 분을 역사에서만 나오는 인물로 느끼듯이 말이죠. 군에 갈 그 당시 제가 얼마나 반공 사상에 빠져 있었고 역사의식이 없었는지, 저는 그때 이승만 대통령이 세계 최고의 대통령인 줄 알았어요. 지금 생각하면 우습죠. 저는 사상 교육을 받고 자대 배치를 받았는데, 재수 없게 국군 보안사령부로 빠졌습니다. 지금은 기무사라고 하는 곳입니다. 거기는 권력자들, 즉 국회의원이나 장성들, 이런 사람들의 자식들이 주로 가는 곳이었습니다. 전 어찌어찌하다 보니 가게 된 거지요. 우리 부대는 철조망을 하나 사이에 두고 공수부대와 마주하고 있었어요. 그런데, 자대 배치받자마자 총과 실탄을 지급해 주면서, 공수부대원이 철조망을 넘어오면 쏘라는 거예요. 저는 무슨 일인지 전혀 몰랐어요. 그 당시 정승화 참모총장을 우리 부대로 끌고 들어 왔는데, 나중에 알고 보니 그것이 12·12 사태였던 것이죠.

저는 배운 것도 없고, 기술도 없어 군에서 마땅한 보직이 없었어요. 그래서 저는 광주에 가지 않았는데, 다른 부대원들은 광주로 다 출동 나갔어요. 거기서 들려오는 소식이 '무차별 죽이고, 젖가슴도 도려내고' 하는 이런 소식들이었어요. 그러나 나는 '빨갱이들이 그랬겠지' 하고 막연하게 생각하며 살았어요. 〈조선일보〉가 제일 좋은 신문이고 그 신문에 날마다 나오는 우리 사령관인 전두환 보안사령관이 가장 멋있는 사람인 줄 알았어요.

만약, 내가 그때 진실을 알았다면 어땠을까? 그런데, 나중에 깨달았지요. 한순간에 변하더라구요. 사람에게 거짓을 억지로 가르쳐도 우연과 필연으로 그 진실을 알았을 때는 한순간에 변하더라구요.

한순간에 변한 삶

1982년에 제대를 했는데, 사회에 나와도 할 수 있는 일이 아무 것도 없었어요. 그래서 노가다를 하면서 운전을 배웠어요. 그런데, 그 운전도 돈이 없으니까 학원에서 배우는 것이 아니라 남의 차로 몰래 몰래 배웠어요. 운전 시험에 일곱 번이나 떨어지면서 보통 면허를 땄는데, 운전면허 시험장의 표어가 그랬어요. '한 번 실수, 두 번 실수, 늘어나는 운전 솜씨' 그것을 보면 얼마나 열 받던지…….

그렇게 해서 운전을 하기 시작했고, 연애도 하여 결혼까지 했어요. 결혼식은 안 했지만 같이 살았어요. 그러다가 제가 대형면허증을 따야겠다고 생각했는데, 그 이유는 우리 아이 때문이었어요. 그때 제가 남의 집 자가용을 모는 기사로 일했는데, 제 아내가 그 집의 식모 일을 돕는 조건으로 남의 집살이를 할 때였어요. 그런데, 어느 하루 집에 가니까 마누라는 그 집 이층으로 빨래하러 올라 갔고, 아들 놈 혼자만이 차가운 지하실 방에서 울면서 뒹굴고 있더라구요. 그것을 보고 '아, 여기는 내가 살 곳이 아니구나' 생각하고 그 집을 나왔습니다.

그리고선 대형 면허를 땄지요. 대형면허는 네 번 만에 땄어요. 대형면허를 따자마자 85년도 서울의 333번 버스 회사를 들어 갔어요. 처음에 운전대를 잡으니까 제가 버스에 앉아 있는 것이 아니라 무슨 커다란 집 안에 앉아 있는 기분이었어요. 그래서 굉장히 조심스러웠는데, 승객들은 제가 '초짜' 라는 것을 모른다는 사실이 그렇게 편할 수 없었고, 2, 3일 지나니까 버스와 제가 한몸처럼 느껴져 왔어요. 처음에 신림동까지 세 시간 코스를 운전했는데, 세 정거장만 지나도 승객들이 너무 많아 운전을 못할 지경이었어요. 왜 그렇게 사람이 많았던지, 하는 수없이 안내양을 차에 매단 채 내빼야 되곤 했어요. 그 일은 상상을 초월할 정도의 중노동이었어요. 그때 당시에는 엔진도 운전석 옆에 있어서 더운 여름에는 그 열기와 땀으로 정말 힘들었고, 가장 큰 고역은 치질이었어요. 머리에 얹는 또아리를 운전석에 놓고 앉아 운전을 했을 정도였어요. 잠을 못 자고 운전하니까 정류장도 까먹은 적도 있어요. 그래도 다른 공장 일보다는 수입이 좋았어요. 삥땅을 안 해도 수입이 나왔어요. 그 당시 안내양들이 저를 좋아했는데, 그 이유는 제가 삥땅을 안 달라고 했거든요. 그 당시에 저는 삥땅을 몰랐어요. 왜 안내양들이 아침에 일 나가기 전에 운전석 앞에다가 박카스하고 담배를 하나씩 놓아두는지 그 이유를 몰랐어요. 나중에 알고보니까, 그게 '삥땅을 많이 달라 하지 마라' 이런 뜻이었고, 또 한 가지는 '손님을 가득 태우고서도 어떻게 하든지 제 시간에 와라' 하는 것이었어요. 제 시간에 와야 안내양들이 잠깐이라도 쉴 수 있었거든요. 근데, 안내양의 임금이 얼마나 열악한지 삥땅 안 하면 먹고 살 수 없었어요.

부산의 민주노총 지도위원인 김진숙씨의 '소금꽃 나무'라는 책을 보면, 그 사람이 버스 안내양 일도 했는데, 안내양 시절 삥땅 때문에 옷 다 벗고, 똥구멍까지 검사 당했다는 얘기가 나와요. 그 당시 안내양들이 그렇게 처절하게 생활을 했는데, 86, 87년도쯤부터 전두환이가 점점 없애버렸죠. 그 안내양들이 갈 데가 없어 공장이나 술집으로 빠졌다고 소문이 났지요.

며칠 전에 김진숙 씨와 통화했는데, 그분도 그때 운전수를 매우 싫어했대요. 그 당시 운전수와 안내양은 앙숙 관계가 많았어요. 운전수는 삥땅 친 것을 많이 안 준다고 안내양을 정류장에 내버리고 출발하는 등 골탕을 먹이는 일도 많았고 또 앙숙 관계였지만 같이 만나서 결혼한 사람도 많아요.

맨 처음 월급을 18만 원인가 받았어요. 그 다음 20만 원인가? 그런데 누런 월급 봉투를 받았지만 전혀 내역을 몰라요. 저는 무조건 열심히 일하면 돈 버는 줄 알았죠. 그런데, 한번은 해고당했습니다. 회사 사장이 회사를 팔아 버려 정리 해고당한 거지요. 나는 처음에 해고당한 것인지도 몰랐어요. 아무튼 그 회사의 다른 계열사로 엄청 손해 보고 옮겼는데. 거기서부터 서서히 깨닫기 시작했습니다.

주민독서실에서 만난 카스트로

깨닫기 시작한 결정적 계기가 된 것은 이렇습니다. 그 당시 회사 근처에 집을 구하러 다녔는데, 복덕방 사람이 개천 근처 천막집을 보여줬어요. 그 방이 전세 200만 원이었는데, 비가 오면 물에 떠내려갈까 봐 겁이 날 정도로 허름한 집이었어요. 그래서 그 집은 도저히 못 살겠고 해서 산동네에 집을 얻어 2년 동안 살았어요. 2년 동안 살면서 또 열심히 일했죠. 마누라는 집에서 부업하고 저는 버스를 운전 일을 열심히 하면서 2년 만에 다시 200만 원을 더 벌어서 회사 근처로 다시 집을 구하러 갔어요. 전세 400만 원짜리 방으로 옮기려구요. 근데 복덕방 주인이 공교롭게도 2년 전 그 개천가 천막 집을 보여주는 거예요. 똑같은 그 집을 전세 400만 원이라면서 보여 주더라구요. 거기서 제가 처음 이상하다고 생각했죠. 제가 2년 동안 벌은 돈이 전세 값을 못 따라가는 이유는 무엇일까? 열심히 일했는데도 전세 값을 못 따라가면 평생 나는 방 한 칸 못 마련하는 것은 아닌가 하는 생각을 했죠.

거기서 조금씩 우리 사회 구조가 이상하다는 의문이 들어 책을 보기 시작했어요. 그런데 저로서는 교과서에서 소개되었던 그런 책들을 고를 수밖에 없었고, 또 그 당시 실제 읽을 만한 책도 둘레에 많지 않았어요.

그런데, 동네에 주민독서실이라고 작은 책방이 하나 있었는데, 책 빌려 주는 값이 무척 싸고 해서 거기 있는 책들을 다 봤어요. 교과서 같은 책을 비롯해서 문학전집류 같은 것들도 다 봤어요. 나중에는 다 봐서 볼 책이 없을 정도였어요. 하루는 제가 거기서 만화책을 한 권 꺼냈는데, 제목이 '쿠바 혁명과 카스트로'였어요. 그 당시 반공 사상에 물들어 있던 저는 그 책이 완전히 빨갱이 만화라고 생각하고 첫 장을 넘기는 데, '이 책을 승리한 우리 민중들에게 바친다'는 이 문구 하나가 머리를 탁 치는 거예요.

'쿠바는 북한과 같은 빨갱이 나라고, 미국과 싸웠는데 어떻게 승리했지?' 하고 궁금해하면서 책을 넘겼습니다. 거기서 미국의 실체가 한눈에 보였어요. 미국이 인디언을 죽이는 과정과 카스트로라는 인물과 1959년 쿠바 혁명 등에 대해 보면서 '혹시 내가 지금껏 이 세상을 거꾸로 보고 있었던 것은 아닐까?' 하는 생각이 들었습니다. 그리고 그 옆에 있는 책을 보았는데, '체 게바라'! 그 책을 보고 진실을 알았어요. '야, 이렇게 산 사람도 있었구나. 내가 정말 이 세상을 거꾸로 봤구나' 하면서 그때부터 '거꾸로'라는 제목이 붙은 책은 다 봤어요. '거꾸로 읽는 한국현대사', '세계사' 같은 책들 있잖아요? 그 다음에 조정래 씨의 '태백산맥'을 보았어요. 그 책에서 '왜 머슴들이 빨갱이가 될 수밖에 없었는지'를 알게 되었죠.

저는 운전 실력이 좋아서(?) 그 모든 책들을 버스 운전하면서 다 보았어요. 집에서 본 책들은 별로 없어요. 신호 바뀌면 읽던 책을 덮고 운전하다가 다음에 신호 걸리면 다시 책을 펴서 읽는데, 곧바로 눈이 마지막 읽은 부분에 가서 박혀요. 그렇게 해서 태백산맥 열 권을 일주일만에 차 안에서 다 봤어요. 왜 집에서 책을 못 보냐면, 일 끝나면 술 먹어야 했기 때문이죠. 일이 힘드니 술 힘을 빌어야 했고, 또 동료들과 어울리려면 술을 마셔야 했거든요.

저는 누가 가르쳐 주는 사람이 없었지만, 사회의식이 그렇게 저절로 생기기 시작했어요. 87년 6월항쟁 때는 종로 한복판에서, 88년에는 서울역 앞에서 버스 운전대를 잡은 채 우리 사회의 민주화를 지켜 봤지요. 제 버스 위로 최루탄과 짱돌이 날라다니고, 데모 학생들이 전경들에게 쫓겨 버스에 올라오곤 했어요. 그런데 쫓겨서 급히 버스에 오르면서도 학생들은 회수권이며, 토큰으로 버스비를 다 내더라구요. 그게 참 신기했어요. 또 전경들이 오면 모른 척하고 문을 안 열어 주었어요. 그때도 잘 몰랐지만, 어쨌든 데모하는 학생들이 옳다는 막연한 생각을 가졌어요.

임금계산법을 통해 배운 사회구조

그리고서 제 임금을 계산하는 방법이 궁금해서 임금계산법을 알려고 다니면서 우리 사회의 착취 구조를 더 정확하게 알게 되었던 것 같아요. 임금계산법을 누가 가르쳐 주는 사람이 없어서 노동단체를 찾아 다니니까 회사에서는 그런 나를 보고 빨갱이라고 했어요. 얼마나 기가 차던지. 제가 버스 일을 하면서 무고한 시민을 빨갱이, 간첩으로 신고했던 사람이거든요. 제가 그때 얼마나 미련했냐면, 그 당시 떠돌던 간첩에 관한 인상 착의,

즉 대낮에 등산화를 신고 도시를 활보한다, 이런 것을 근거로 간첩 신고를 한 적이 있을 정도였어요. 그런 저를 보고 빨갱이라니요? 그래서 오기가 생겨서 근로기준법 책을 샀어요. 그것을 배우면서 민주버스협의회 동료들도 알게 되었어요. 그러면서 진실을 하나 둘씩 알게 되었지요.

그 중 회사에서 연장근로수당을 떼어먹은 것을 알게 되었어요. 저한테도 통상임금에서 200만 원 떼어 먹었더라구요. 그래서 성격이 급한 저는 바로 소송을 걸었죠. 전국에서 60명이 소송을 걸었는데 대법원에서 졌어요. 그때 또 하나 깨달았죠. '법은 우리 편이 아니구나'.

그때 소송을 혼자서 하면서 한글 치는 것과 처음으로 글을 쓰는 방법을 배웠어요. 돈이 없으니 변호사를 살 수 없어 소장을 베껴 가면서 글과 문장을 배웠어요. 우리나라에서 가장 긴 문장을 쓰는 사람들이 법원에서 소장을 쓰는 사람들이잖아요. 특히 가진 놈들에게 유리한 소장이나 판결문을 보면 엄청 길어요. 마침표와 '다' 자를 찾아보기 힘들죠.

그때부터 글을 쓰고, 노동조합 일을 알아 나가며 사람을 조직하는 일도 시작했죠. 하지만 버스노동조합은 전부 어용조합이었지요. 노동조합을 민주화시키려고 운동을 하면서 한계도 많이 느꼈어요. 그런데, 96년 작은책을 만나면서 내 자신은 더욱 많이 변하게 되었죠. 사람이 변하려면 우연과 필연이 겹쳐야 되는데, 그때 작은책에서 청계피복 노조 어느 조합원이 쓴 '살아온 이야기'를 보게 되었어요. 그 글을 보면서 '내 삶하고 똑같다'는 생각을 했고, 그래서 나도 한번 내 삶을 쓰고 싶다는 마음이 들어 '요즘 시내버스 어떻습니까?'라는 글을 써서 작은책에 보냈어요. 그런데 96년 4월에 작은책에서 제 글을 실어 줬어요. 제 글이 처음 활자로 찍혀 나오는 순간, 그 기분은 말로 다 할 수 없었어요. 세계를 다 가진 것 같은 기분이었어요. 공고를 겨우 중퇴한 사람인 제 글이 책에 실렸으니 기분은 말도 못하죠. 또 그 일을 계기로 글을 줄이고 고치는 것도 배웠어요. 왜냐하면, A4 용지 서너 장 분량으로 썼던 제 글을 작은책에서 많이 줄여서 실었더라구요. 그래서 작은책에 실린 글과 제가 쓴 원래 원고를 나란히 가져다 놓고 내 글을 어떻게 고치고 뺐는지 확인하면서 처음으로 혼자서 글쓰는 공부를 하기 시작했죠. 지어낸 글과 살아 있는 글과의 차이를 깨닫는 순간부터 누구든지 글을 쓸 수 있어요.

글을 쓰면서 회사에서 조직을 하기 시작했는데, 조직을 만들 때마다 다 깨져요. 회사에서는 운전 기사들이 세 명 이상 뭉치면 싫어합니다. 그래서 회사에서는 기사들의 순번을 바꿔 버려 서로 못 만나게 해서 다 깨 버리죠.

제가 한 번 해고되고 일산 고양시에 있는 동해운수라는 버스 회사에 위장 취업 비슷하게 들어갔습니다. 그때는 이미 저를 시내버스에서 빨갱이 1호라고 했으니까 내 주위에 사람들이 서너 명 모여 있으면 다 찢어 놔요. 순번을 바꿔서 못 만나게 했죠. 그래서 어떻게 이 동료들을 만나고 엮을까 궁리하다가 소식지를 만들기로 마음 먹었어요. 전화로 동료들의 글을 받아 소식지를 만들어 집집마다 보냈어요. 소식지에 자기 글이 한마디라도 들어가 있으면 무척 좋아하고 그 기분이 굉장히 오래 가요. 그러면서 조직이 안 깨지더라구요.

'버스일터' 라는 소식지를 창간할 때는 제가 테러를 두 번 당했는데, 한 번은 50 바늘을 꿰맬 정도로 머리를 맞아 죽다 살아난 적도 있었어요. 회사는 기사들의 술 모임이나 친목 모임 들은 두려워하지 않은 것 같은데 글로 하는 조직이어서 그런지 회사로부터 위협을 많이 받았어요. 그래서 '글이라는 게 무서운 것이구나'를 새삼 깨닫게 되었죠.

그리고, 그 소식지에 우리 사회의 현실에 관한 내용을 한 마디씩 넣었어요. 김남주, 박노해의 시나 근로기준법, 단체협약법과 같은 우리 노동자들이 알아야 할 내용을 한두 줄씩만 넣었어요. 기사들이 엄청 똑똑해요. 그래서 말로 하면 못 이기는데, 아무 소리 않고 소식지에 한 마디씩 내보냈더니, 기사들이 소식지를 보고 한 두 달 후에는 소식지에서 본 그 지식들을 제게 말하는 거예요. 자기들은 소식지에서 본 것인지 몰라요. 그러니까 말로 설명하면 안 믿는 것을 글로 보면 믿는 거예요.

어떤 글이 좋은 글인가?

기사들한테 글을 받을 때, 어떤 글을 받았는지 함께 살펴보도록 하지요. 이 글은 처음 글을 쓰신 분이 쓴 글이에요.

이럴 땐 이렇게 생각합시다 이상복

오늘은 아침부터 신나게 깨졌다.

어제 무단 결근(사실 무단 결근이 아닌데)을 해서 신나게 깨졌다.

김과장 무어라 씨부렁거리며 열 받아 하는 모습이 무척이나 재미있어 보였다. 누굴 위해 충성하는 개인지, 자기나 나는 고용주와 근로계약을 맺어 신성한 노동을 제공하고 그에 상응하는 대가로 월급을 받아 가는 똑같은 노동자일 뿐인데 왜 저리 노동자 위에 서려고 하는지 모르겠다. 싸이코 기질이 다분히 있다. 조심해야지. 미친개한테 물리면 약도 없다는데.

95년 4월 18일 손님과 요금 시비로 언쟁 중 손님 왈 평생 운전이나 해처먹어라(당시 상복이 열 많이 받았음) 그러나…… 생각…… 생각……곰곰…… 다시 생각……. 가만히 생각해 보니 배운 거라곤 쓰으발- 운전밖에 없는데 1~2년도 아닌 평생을 해먹으라니 얼마나 이쁘던지?

기사들이 옛날에는 이런 글은 유치하다고 안 썼어요. 글이란 고상하고 아름다운 것이다 하고 생각했으니까요. 제가 살아온 이야기를 소식지에 연재해서 보여 주었더니 이런 글을 쓰기 시작하는 거예요.

이오덕 선생님의 '우리말 바로쓰기'라는 책을 보고서 저는 많이 변했습니다. 96년도 글쓰기 모임에서 이오덕 선생님이 몇 번 나오셔서 저에게 일하는 사람들이 글을 써야 하는 까닭에 대해서 가르쳐 주셨어요. 제가 처음에 썼던 글 가운데 한 편을 한 번 읽어 보겠습니다. 띄어쓰기는 틀린대로 그대로 두었어요.

보수교육 유감 안건모

무슨 무슨 교육이라고 해서 참석을 하였다. 들어온 지 얼마 안 되는 졸병운전사가 참석하지 않는다면 어떤 불이익을 받을지 모르기에……. 아니나 다를까 교육할 때 처음 시작하는 말부터가 느낌이 이상했다. 이 교육을 안 받으면 잠실인가 어디인가를 가서 3박4일동안 교육을 받아야 하는 일이 생긴다는둥 여기 교육하는 강사초빙료가 오전에 10만원, 오후에 10만원씩하는 비싼 교육이라는둥 하면서 전무님이 두어시간 하신 교육 내용 중에서 가장 인상깊은 내용은 구상권에 관한 것이었다. 말인즉슨 민법에 구상권이라는 것이 있어 기사가 사고가 나면 기사에게 구상권을 청구할 수 있다고 하면서 버스에서 내리는 손님을 오토바이가 치는 사고를 세건이나 냈는데 회사에서 기사에게 구상권을 청구하면 기사가 물어야 하는데 인정상, 도의상 청구를 안하고 있는 것을 우리 기사들이 잘 모른다는 것이었다.

듣는 사람이 무식해서 그런가 인정상, 도의상 구상권 청구를 안한다니 인정이 있고 도의가 있다면 우리 노동자들과 철석같이 맺은 노사간 단체협약에 구상권을 청구할 수 없다고 못이 박혀 있는데 민법이 상위법이라는 온당치 않은 논리로 단체협약을 무시해버리는건지 아니면 단체협약에 그런 내용이 있는지조차 모르고 하는 말인지 도대체 알 수가 없었다.

이 글은 제가 글을 못 쓸 때 쓴 글인데 문장이 좀 길죠? 이오덕 선생님은 문장이 안 끊어지면 '살인 미수' 라고 하셨어요. 중간에 쉼표도 없고, '다' 자도 없고, 주어 서술어가 여러 번 나오면 숨 막혀 죽는다고 짧은 단문을 쓰라고 하셨어요. 그렇게 해서 또 하나 깨닫고 하면서 글을 써 왔습니다.

작은책에 글쓰기 모임이 있습니다. 한 12년 됐는데 거기서는 글쓰기 숙제가 있어요. 각자 자신이 겪은 일을 글로 써 와서 발표하고 고치고 하는데, 이 글은 제가 거기 참석할 때 숙제로 쓴 글입니다. 다른 사람이 쓴 글을 처지만 바꿔 쓴 글입니다.

시내버스 알고나 탑시다 안건모

"서울에서는 시내버스를 타기 위해 최소한 네 가지 정도의 능력을 갖추고 있어야 한다. 첫째는 눈이 좋아야 하고, 둘째는 달리기 실력이 있어야 하고, 셋째는 눈치가 빨라야 하고 넷째는 인내심이 있어야 한다. 그래야 겨우 시내버스를 타보기라도 할 수 있다. 왜 그런가? 우선 눈이 좋아야 자기가 원하는 버스의 번호판을 멀리서 읽을 수 있다. 그 번호가 몇 번인지, 파란 번호판인지, 빨간 번호판인지, 알아야만 버스를 탈 수 있는데, 눈이 나쁘면 오는 버스마다 달려가서 확인하지 않으면 안 된다. 눈이 좋다 하더라도 달리기 실력이 없으면 아무 데서나 멈추는 버스를 탈 수 없다. 그리고 아무리 달리기 실력이 좋고 시력이 좋더라도 차가 어디서 멈출지를 예측해 낼 수 있는 눈치가 없으면 달려 다니다가 끝이 난다. 그리고 언제 올지도 모르는 버스를 기다리려면 인내심이 대단하지 않으면 차라리 밤새워 걸어가는 것이 나을 것이다."

윗글은 내가 쓴 글이 아니라 얼마 전 성대교수 박승희 씨가 쓴 글이다. 타는 손님의 처지에서 어쩌면 그렇게 꼭 찝어서 얘기했는지 감탄을 했다. 하지만 윗글을 운전하는 사람의 처지에서 반대로 생각해 보면 그럴 수밖에 없는 어떤 까닭이 있다는 것을 알 수 있다.

"서울에서는 시내버스를 운전하기 위해 최소한 네 가지 정도의 능력을 갖추고 있어야 한다. 첫째는 눈이 좋아야 하고, 둘째는 달리기 실력이 있어야 하고, 셋째는 눈치가 빨라야 하고 넷째는 참을성이 있어야 한다. 그래야 살벌한 시내버스 회사에서 운전할 수 있는 자격이 있다. 왜 그런가? 우선 눈이 좋아야 멀리 숨어서 단속하는 경찰관을 발견할 수 있다. 눈이 나쁘면 일 년에 몇 번씩 정지 먹는 딱지를 뗄 수밖에 없다.

달리기 실력이란 속된 말로 조진다고 한다. 운전하면서 옆 차 백미러와 내 차 백미러 사이에 두꺼운 도화지 한 장 끼우면 딱 맞을 정도의 사이를 두고 7, 80킬로로 조질 수 있는 정도의 실력이 있어야 종점에 들어가서 오줌 눌 시간을 벌 수 있다.

그리고 아무리 눈이 좋고 잘 조진다 해도 눈치가 없으면 정류장 통과를 할 수 없다. 저 손님이 내 차를 탈 '말뚝' 손님인지 아닌지를 판단해야 하며 술에 취한 사람인지도 판단해야 한다. 정류장 통과를 해야 밥 먹는 시간 5분을 벌 수 있다. 그리고 참을성이 지독하지 않으면 끝없이 싸우자고 덤비는 옆 차들과 또 손님들과 하루 종일 대가리 터지도록 싸울 수밖에 없다."

'진흙탕에서 싸우는 개 꼴'이라고 하는가. 정작 싸움 붙인 사람들은 뒤에서 느긋하게 즐기고 있다. 누군가. 사업주와 정부가 싸움을 붙인 놈들이다. 결국 피해자는 시민과 운전사들이다.

하지만 버스에 대해서 전혀 모르는 사람들은 진짜 열 받는 일이다. 한 20분을 기다렸는데 통과하다니 "저런 개새끼." 오죽 화가 났으면 택시 타고 쫓아와서 싸우는 사람도 있을까….

글을 쓰고 배울 때, 혹은 교정할 때 자기가 쓴 글을 큰 소리로 읽는 습관을 기르는 것이 좋습니다. 옛날 천자문 읽듯이 그렇게 읽으면 기억력도 좋아지고, 글을 잘 고칠 수 있어요.

제가 글쓰기 모임에서 시내버스 운전하는 일이 힘들다 어떻다고 말로 하면 거기에 나온 사람들은 잘 못 느끼고 몰라요. 그런데, 제가 이런 이야기들을 글로 써서 보여 주니까 그때서야 공감하는 거예요. "야, 진짜 시내버스가 이러냐?" 하면서 말이죠.

그리고, 서울의 시내버스가 여러 번 파업을 했는데, 그때마다 신문기사를 보면 죄다 운전기사를 욕하는 내용이었어요. 서비스도 형편없으면서 왜 파업을 하냐는 식이죠. 그건 사실이 아닌데 말이죠. 그래서 그 내용을 써서 작은책에 실었어요. '사업주도 파업하네', '짜고 치는 고스톱'이 그런 글이었어요. 그 내용은 신문기자가 파업 현장에 와도 찾아낼 수 없는 것이었어요. 거기서 일하는 사람만이 알 수 있는 진실이었어요. 즉, 버스 운행을 막는 사람이 기사들이 아니라 회사 직원들이라는 거죠.

〈한겨레〉 '흐림 뒤 맑음' 이라는 꼭지에도 제가 글을 썼는데, 원래 그 꼭지는 부드러운 생활글을 싣는 곳인데 저는 '시내버스 왜 파업하나?' 식의 고발글을 썼어요. 원고지 7, 8매 되는 분량인데 사람들이 신문기사 중에서 제일 많이 읽는다고 합니다. 거기에 1년 반 정도 연재했는데, 글도 버스 안에서 썼어요. 운전할 때는 수첩에다 메모해 두었다가 집에 와서 타자 치고, A4용지 석 장짜리를 원고지 7, 8매로 줄이는 작업은 굉장히 힘들고 재미있었어요. 그리고나서 신문에 제 글이 실리고 난 뒤 나오는 반응들을 볼 때 엄청난 희열을 느꼈어요. 또 글이란 것이 엄청 예민해서 글자 한 자 한 자, 토씨 하나 하나에 따라 반응이 달랐어요.

제 책 '거꾸로 가는 시내버스' 는 그동안에 썼던 제 글을 모아서 책을 낼까 말까 하다가 제가 혼자서 교정 교열 다 봐서 보리 출판사에서 나왔어요. 작은책의 독자들이나 '거꾸로 가는 시내버스' 를 본 사람들은 시내버스 욕을 못 한대요. 그 까닭을 알기 때문이죠.

옛날 시내버스 문제는 심각했어요. 곡예 운전을 했는데, 우리는 그걸 '총알' 이라고 했어요. 먹고 튄다고도 했고요. 어쩔 수 없어요. 열악한 노동 조건에서 먹고살려면 그렇게 할 수밖에 없었죠.

그러면, 일 안 하는 사람은 글 쓸 것이 없느냐? 그래서 다음은 작은책에 연재하시는 안미선 편집위원님의 글을 보겠습니다. 지금 아기를 낳아서 쉬고 있는데, 작은책 6월호에 실린 글입니다. 남자들이 여자들 사정을 잘 몰라요.

엄마 타령 안미선

  엄마 노릇을 하다 쓰러지고 말았다. 한 달 정도 고향에서 쉬는데 아무 말도 하고 싶지도 듣고 싶지도 않았다. 글을 쓰거나 책을 읽으면 머리가 아주 아팠다. 아이가 매달리면 받아 주는데 문득 참을 수 없게 되면 소리를 지르거나 밀쳐 냈다. 다른 사람이 된다는 건 참 힘든 일 같다. 누구 말대로 전에는 엔진을 달고 나는 비행기였다면 이제는 유연하게 바람을 타고 날아야 한다는데, 내가 바뀌지 않았다.

  아기가 먹기 전에 먹을 수 없고 자기 전에 잘 수 없고, 무엇보다 내 시간과 공간이 사라져서 언제나 가족의 시선에 노출되고 필요에 호출되는 것이 힘겨웠다. 모두가 잠든 밤 부엌 어둑한 불빛 아래 앉아 책장을 넘기며 잠시 현실을 떠나려 애쓰다가 우두커니 문 쪽을 보면서 혼자 밖을 나서는 모습을 상상하기도 했다. 보고 싶은 사람들에게 전화하거나 메일을 보내다가 이내 전화를 끊고 발송을 취소하기도 했다. '힘들고 외로워요.' 이 바쁜 세상에 누가 누구를 위로할까. 모두들 자기 자리에서 먹고 살기 힘겹고 남과 나눌 말도 많지 않다. 거기에다 여전히 바쁘게 살아가는 사람들에게 나는, 육아와 가사에 매여 시간 낼 수 없고 일 처리 속도도 떨어진 탓에 쓸모없을 거라는 지레짐작이 더해졌다. 파트로 일하라고 제안해 온 단체에, "남편 쉬는 날이 바뀌어서 내 출근 일도 바뀌야겠다"고 했더니 "그럼 당신이 일할 게 없다"고 답을 들은 후였다. 이전에는 적은 돈을 받아도 오래 일해도 문제 될 것 없고 세상에 대한 희망으로 가득 차 있었는데, 아기를 낳고 살림을 꾸리면서 전업 주부로 지내는 해가 거듭할수록 내가 뭘 할 수 있을까 싶어졌다. 남편에게 살림 타박이라도 들으면 더 주눅 들고 하루 종일 하는 일은 집안 청소와 밥하는 것뿐인데, 내가 왜 남 눈치를 보고 허둥허둥 날마다 집안일만 해야 하는지 억울했다. 결혼한 친구들은 각각 자기 집에 틀어박혀 혼자서 가족 감당을 하느라 여념이 없고, 결혼 안 한 친구들은 여행이며 연애를 꿈꾸는데 이건 나와 딴판의 이야기였다. 그만큼 결혼은 이때까지 살아온 삶과 완전히 다른 삶을 요구했다.

만만한 게 엄마였다. 아기가 아파도 엄마 탓, 집안이 안 되도 엄마 탓, 밖에서 안 풀려도 집에 있는 엄마 탓, 동네북처럼 엄마한테 화풀이를 하고 엄마한테 감 나와라 뚝딱, 은 나와라 뚝딱이었다. 기가 막힌 일이었다. 엄마는 도대체 날 때부터 엄마인지, 아기 낳고 엄마 되면 당연히 이거도 해야 하고 저거도 할 줄 알아야 하고, 우리 엄마처럼 해야 하고 옆집 엄마처럼 해야 하고, 엄마표가 떡 붙어 버리는데 이걸 떼지도 못하고 찍소리도 못하고 어떻게든 억척같이 감당하려고 동분서주 버둥버둥 생고생을 한다. 엄마란 것은 모름지기 가족 위해 몸뚱이 헌신하고 자기 위해선 한 푼 한 시간 쓰지 못하고 죽자사자 자식 성공이 내 성공이요 가문의 영광이 내 영광이라. 그러니 그 엄마 노릇을 누가 완전히 해낼 수 있겠는가. 그래서 이제 죄책감에 빠져든다. 뼈 빠지게 일해도 살림 타박 한 소리에 어째 비실비실 쪽을 못 쓰고 자식 하나 안 되면 가족 눈총 한 몸에 받고 뒤돌아서서 '그래 내 잘못이야, 내 잘못이야' 제 가슴 탕탕 치는 것이다. 이게 대대로 내려오는 그놈의 여자 노릇이다. 머리는 당당하려 해도 몸이 먼저 굽어지고 누가 나를 욕하면 대거리 전에 뭐를 잘못했나 두리번대기부터 하는 것이다.

그래서 많은 여자들이, 살림 못한다고 엄마 노릇 못한다고 남편 무시한다고 말도 안 되는 이유로 매를 맞고도 얼른 맞서거나 뛰쳐나가지 못한다. 매를 맞지 않는 엄마들도 항상 가족에게 자기 삶을 얻어맞고 산다. 가족은 엄마의 무임금 무인정 노동에 기생하면서 편안히 쉬고 각자의 삶을 꾸려간다. 엄마의 자존심은 엄마 사랑해, 여보 사랑해, 당신뿐이야, 엄마뿐이야 그 말 한마디가 쥐락펴락하는데, 여보 소리도 엄마 소리로 들리다가 그나마 그 소리도 아예 안 들리면 여보도 엄마도 아닌 여자들은 가라앉는다. 산후우울증이니 주부우울증이니 죽었니 살았니 하는 뉴스가 한창인데 이웃 할머니는 나한테 자기 친척 며느리도 아파트에서 떨어져 죽었다는 심란한 소리를 주억주억 해쌓는다. "그게 그렇대. 이렇게 내려다 보면 그냥 뛰어내리고 싶고 물가를 지나면 들어가 버리고 싶고 안에서 부르는 것 같고 그런다는데." 우울증에 빠져 삶과 죽음을 하루에도 몇 번씩 오락가락하는 그 많은 여자들은 보이지 않는 곳에서 무슨 생각을 하고 있을까. 다른 사람이 되어야 한다는 것, 이때까지 자기를 완전 등지고 엄마로 살아가라는, 그것도 집안에 홀로 갇혀 말 나눌 사람 없이 무시당하고 잊혀지기 일쑤인데, 육아와 간병, 가족이라는 짐을 몽땅 떠맡으라니 혼자 미치는 게 아닐까.

몸도 마음도 다 써 버리고 쓰러진 날이었다. 응급실에서, '이제 난 자유야, 애기 안 봐도 되고 집에 안 가도 돼' 생각하니 너무 즐거워서 나도 모르게 어린애처럼 노래를 흥얼거렸다. 무얼 하고 싶냐는 의사의 물음에 "집에 가기 싫어요……." 애원하듯이 말하면서 눈물이 흐르는데 '아, 참 편하고 좋다. 이제 내가 하고 싶은 거 하고, 가고 싶은 데 가고 남 신경 안 써도 된다.' 마음은 훨훨 자유로웠다. 그동안 억지로 잡아 둔 마음은 목걸이 끈이 끊어져 사방으로 구슬이 흩어지는 것처럼 멋대로 뿔뿔이었다. 스트레스가 심해서 생긴 일시적인 장애라고 했다. 머리 씨티도 찍고 피검사도 하고 엑스레이도 찍었지만 몸에 아무 이상이 없다고 했다. 마음이 문제였다. 의사는 "여자 분들은 이럴 때 있잖아요" 하며 문제없으니 그냥 퇴원하라고 했다.

지금은 한밤이다. 먹고 싶은 것, 보고 싶은 사람, 가고 싶은 곳들이 처음엔 많았는데 이제는 그런 것도 사라졌다. 잘 웃고 잘 떠들고 일 벌이기 좋아하던 결혼 전 나는 어디로 갔을까. 불과 몇 년 남짓인데 아주 오랜 시간이 흐른 것 같다. 강퍅하고 지친 마음에 떠오른 것은 오래 잊고 있던 기도다. 그래, 기도한 지가 참 오래 되었구나. 내 힘으로 다 할 수 없는데. 삶의 마디마디 용서하지 못하고 헤어진 것들을 떠올리며 빈다. 용기와 지혜를 주세요. 엄마 노릇 잘 못해도 괜찮지요. 화 내도 되지요. 미안해해도 되지요. 다시 웃어도 되지요. 요구해도 되지요. 싫다고 해도 되지요. 다르게 살겠다고 말해도 되지요. 다르게 살 수 있는 힘을, 세상의 말이 아니라 자기를 지킬 수 있는 힘을 주세요, 하고 나는 손을 모으고 앉아 있다.

자기 얘기 같지 않나요? 여자 분들은 모두 이 글에 공감을 하시더라구요. 댓글이 올라오는데, 울었다는 사람도 있고, 이런 글을 써 줘서 고맙다는 사람도 있었어요. 남자들은 모르거든요. 이렇게 자기 얘기를 글로 써서 남을 끌어들일 수 있고 자기를 이해시킬 수 있는 글이 올바른 글쓰기라고 할 수 있습니다.

오늘은 글 쓰는 방법보다 어떤 글이 좋은 글인가를 같이 살펴보는 것이 중요하기 때문에 또 다른 글을 보겠습니다.

남자는 다 똑같아 박명선

나는 집안일을 참으로 안 한다. 가장 하기 싫은 게 청소, 그 다음이 빨래다. 음식은 라면밖에 끓일 줄 모르고, 밥 차려 먹는 게 귀찮아서 그냥 굶는 것을 택하는 편이다.

사회운동이라는 것을 내 삶으로 받아들였을 때, 부모님께 믿음직스러운 자식이 되어야 한다는 마음으로 집에서라도 부모님께 잘하자는 마음을 먹었지만 그것도 잘 되지 않았다. 밖에서 며칠 밤새고 집에 들어가면 방에 콕 박혀 잠자기 일쑤고, 취직하라는 부모님의 성화가 지겨워 최대한 마주치지 않으려 하고, 집에서만큼은 편하게 지내고 싶었다. 그래도 예전보다는 집안일을 하려 노력하긴 했으나 거의 하지 않았다고 하는 게 맞겠다.

내가 여성임을 몸과 마음으로 깨닫고, 여성으로서 세상을 살아가는 방법을 깨닫고 있는 과정에서, '엄마'가 다시 보이기 시작했다. 예전에는 그저 측은한 사람 정도였다. 그래서 가끔 엄마 일을 도와주는 정도(아직도 그렇지만……)였다. 그러나 지금은 여성으로 '엄마'가 보인다. 그래서 그런지 엄마가 하는 행동 하나하나가 눈에 들어온다. 역시 집에 자주 못 들어가고, 들어가게 되면 편하게 쉬고 싶지만, 예전보다는 더더욱 집안일에 신경 쓴다.

하루는 집에 일찍 들어가 부모님과 저녁밥을 같이 먹었다. 밥을 먹자마자 설거지를 하려 하는데, 엄마가 말린다. 나는 계속 설거지를 하려 했고, 엄마는 계속 말리고…….

그러자 아빠가 "그냥 하게 냅 둬, 오랜만에 설거지한다는데……." 그러자 엄마는 "일하고 피곤한데 집에 오자마자 일하니까 그러지……." 순간 눈물이 왈칵 쏟아지려 했다. 내가 하는 이 짓도 일이라고, 피곤할까 봐 생각해 주는 엄마……. 엄마는 그렇게 평생을 살아오신 것이다.

어느 날 아부지가 형부랑, 형부 될 사람이랑 다 불러서 저녁을 먹자고 했다. 나는 당연히 나가서 먹는 줄 알고 있었는데, 집에서 먹는다고 장을 봐 왔다. 간단히 먹는다고 회를 떠 왔는데, 그것 역시 집에서 먹으면 손이 안 갈 수야 있나? 상추 씻고, 깻잎 씻고, 매운탕 준비하고, 잡채하고, 그릇 꺼내 상에 차리고……. 손이 가는 게 한두 가지가 아니다. 감기에 걸려 그냥 계속 자고 싶었지만 엄마 혼자 부엌에서 나물을 다듬고 있기에 무거운 몸을 일으켜 상추를 씻기 시작했다.

아빠와 형부는 쇼파에 앉아 텔레비전을 보고 있다. 이때까지만 해도 나는 잘 참고 있었다. 아빠가 텔레비전에서 50번도 더 했을 영화, 〈다이하드〉를 보자, 형부는 내 방에 들어가 편안한 자세로 누워 〈일요일 일요일 밤에〉를 본다. 엄마, 나, 그리고 언니 둘, 이렇게 넷은 음식을 장만하느라 바쁘다.

음식 냄새가 솔솔 풍기자 형부가 나온다. 언니가 묻는다.

"일하고 싶은 생각이 막 들지……?"

형부, "아니, 음식 냄새가 너무 좋아서……" 하고 말하고는 다시 텔레비전 앞에 앉는다. 화가 목구멍까지 찼다.

이제 음식 준비도 다 되어 간다. 상을 꺼내고 음식을 나르고, 매운탕을 미리 가스렌지에 올리고 있는데, 아빠가 계속 성화다.

"빨리 먹자!"

우리가 대꾸도 없이 계속 음식을 하자 부엌에 어슬렁어슬렁 오시더니, "회 떠 왔는데 뭔 할 일이 그렇게 많아?" 한다.

엄마가 버럭!

"매운탕은 그냥 되는 줄 알어?"

아빠, 꼬리를 내리며

"알았어, 알았어······. 그래도 그 정도는 가족을 위해서 해야지······."

그 말에 화가 콧구멍까지 찼다.

결국 폭발했다. 음식을 담느라 정신없는 나에게 소파에 앉아 "명선아! 냉장고에서 맥주 좀 꺼내 와라" 하는 아빠 말에, "아빠가 꺼내!" 하고 한마디 툭 내뱉었지만 '아빠'라는 것이 '남자'라는 것보다 앞섰나 보다. 결국 맥주를 꺼내다가 상에다 툭, 던지다시피 내려 놓았다.

다음은 형부 차례다. "명선아 된장 좀~."

째려보며 대꾸 없이 냉장고를 손으로 가리켰다.

형부는, "나보고 꺼내라고?"

그냥 씹었다.

아들이 없는 아버지는 이상하게 형부만 오면 가부장적으로 변한다. 게다가 이번에는 형부 될 사람까지 왔으니. 좌 형부, 우 형부 될 사람을 양쪽에 버팀목 삼아 신나게 술을 들이킨다. 그것도 자기들만 38년산 발렌타인을 마신다. 엄마는 음식을 먹다 말고, 매운탕 나르랴, 반찬 나르랴 바쁘다. 그 모습에 열 받아서 혼자 소주 한 병 깠다.

대충 음식을 다 먹은 듯하다. 짜증 나서 아직도 먹고 있는 남정네들을 무시하고 상을 막 치우기 시작했다. 사실 이 행동은 언니가 먼저 했다. 나는 너무 힘들어서 조금 쉬었다 하자고 했으나, 역시 여자들은 몸을 가만두지 못하나 보다. 언니가 치우기 시작하자 가만히 앉아 있는 나도 너무 불편해서 같이 치우기 시작했는데 남정네들은 아랑곳하지 않고 계속 먹고 있다. 사과까지 깎아다가 갖다 바치니 잘도 집어 먹는다. 귤도 갖고 오라는 아빠 말에 열 받아서 상자에서 귤 네 개를 집어다가 터벅터벅 걸어가 상위에 툭! 올려놓았다. 그게 내가 할 수 있는 의사 표현 전부였다. 그 모습을 보고 둘째언니가 "역시 명선이 멋져~" 하며 웃음을 날린다. 멋지긴 뭐가 멋져. 형부까지 저 모양 저 꼴인데…….

설거지를 하는데, 형부 될 사람이 와서 도와준다. 아빠는 왜 그런 걸 하냐고 말린다. 엄마도, 손님인데 왜 하냐고 말은 하는데 속으론 좋아하는 눈치다. 적극 말리지는 않으니까…….

그 모습에 화가 조금 풀렸다. 그러나 다시 생각해 본다.

'저 사람도 결혼하면 똑같을 거야. 지금 형부도 결혼하기 전에는 저랬으니까.'

손님만 오면 권위를 세우려는 아빠 모습에 정이 떨어지고, 형부를 보며 남자들은 별수 없다는 생각에 다시 한번 정이 떨어진다. 정말 최악의 날이었다.

사실은 이번 저녁밥을 준비하며 느꼈던 글만 쓰려고 했는데, 나도 되돌아봐야 한다는 생각이 들었다. 나 역시 지독히도 일 안 하는 인간이지만, '여성의 삶'을 살며 조금씩 변하려 노력하고 있다. '여성의 삶'을 알 수 있게 된 것에 너무나 감사하다. 그렇지 않았다면 뻔뻔스러운 돼지 같은 삶을 살고 있을 것이 뻔하니까.

이런 글들은 여러분도 쓰실 수 있겠죠.

자, 이렇게 글을 쓴 뒤 글을 남에게 보여 주는 것이 중요합니다. 글을 써서 자기만 가지고 있으면 소용이 없구요, 남한테 보여줘서 평가를 받는 것이 글쓰기를 배우는데 있어 최고 빨라요. 생활글은 자기를 드러내야 되니까 엄청 부끄러운데 그래도 욕을 먹든 어떻든 남한테 보여 줘서 평가받는 것이 중요합니다.

그리고, 글은 솔직하게 써야 돼요. 근데, 솔직하게 쓰는 것이 만만치 않아요. 제가 살아온 이야기를 쓰면서 딱 한 군데가 막히는 곳이 있었어요. 거기서부터 글이 진전이 안 되더라구요. 결혼하기 전에 사귀던 여자 이야기들이 있었는데, 그걸 빼놓고 갈려니까 글이 안 써지더라구요. 그래서 생활글을 쓰면은 자기 행동이 바르게 될 수밖에 없어요. 나쁜 짓을 못해요. 글로 써야 되니까.

즐거운 곳에서는 날 오라 하여도 최영미

"즐거운 곳에서는 날 오라 하여도⋯⋯."

벌써 같은 노래만 열 번쯤을 불렀다. 그제서야 업힌 아이가 잠이 들었는지 툭 하고 고개가 등에서 떨어졌다. 살며시 오른쪽 어깨를 움직여 아이 머리를 올려 놓는다. 아빠가 아이스크림을 사 온다며 보채던 아이가 잠이 들었지만 아직도 저만치 남편 그림자는 보이지가 않았다.

지금 내 등에서 잠이 든 아이는 어떤 꿈을 꾸고 있을까? 내가 기억할 수 있는 최대한 오래전 기억을 더듬으면 난 가끔 이렇게 엄마 등에 업혀 엄마와 함께 아빠를 기다렸던 것 같다. 그때 엄마는 아빠가 초코파이를 사올 거라며 내 엉덩이를 두드리면서 노래를 불러 줬던 것 같다. 그리고 엄마 노래가 서너 곡이 끝날 때쯤이면 정말 어김없이 아버지는 초코파이 한 상자를 옆구리에 끼시고 걸어오셨다. 그리고 엄마보다도 더 넓고 따뜻한 등으로 나를 업어 주시며 조금 전 엄마가 불렀던 노래를 또 다시 들려주었다.

아빠 등에서는 아빠 심장 소리도 들렸고 아빠의 따뜻한 체온도 느껴졌고 아빠 냄새도 났다. 엄마와는 다른 아빠 등에서 들려오던 그 노래는 나를 깊은 꿈나라로 보내곤 했다. 어느 날은 이상한 나라의 엘리스가 되기도 했고 어느 날은 왕자님을 기다리는 백설공주가 되었고 또 어느 날은 날개가 생겨 무지개 위를 날아다니기도 했다.

너무나 행복했던 그 시간. 오늘 밤 내 남편도 내 기억 속 아버지처럼 그렇게 어서 와 아이를 업어 주었으면……. 아니, 그저 무사히 아무 일 없이 갈지자걸음을 걸어도 좋으니 얼굴에 웃음 한자락 싣고 돌아왔으면 좋겠다.

며칠 전 남편 작업복을 빨면서 한참을 고생해야 했다. 좋다는 세제는 다 써 봤지만 도저히 지워지지 않는 얼룩과 낡아 해진 바짓단을 보고는 안 되겠다 싶어 남편에게 내일 회사에 가면 작업복 바지 하나를 사라고 돈을 쥐어 주었다.

그러나 다음 날 오후쯤 남편한테 힘이 빠진 목소리로 전화가 왔다.

"저기, 여보……, 작업복을 살 수가 없다는데……."

"왜?"

"그게, 난 비정규직이라 살 수가 없다네. 작업복은 정규직만 살 수 있고 비정규직은 회사에서 나눠 준 그 바지만 입어야 한대……. 그래서 아는 정규직 사원한테 부탁은 했는데 모르겠네……."

알았다며 전화를 끊었지만 가슴에서 알 수 없는 서러움이 밀려왔다. 그리고 그날 저녁 남편은 마치 죄인인 양 내 앞에 새로 산 작업복을 내놓으며 바짓단을 줄여 달라고 했다.

남편과 아이가 다 자는 새벽. 남편 작업복을 꺼내 가위로 길이를 잘라 내고 손바느질을 하면서 자꾸 흐르는 눈물 때문에 시야가 흐려져서 손가락을 몇 번이나 찔려서야 완성할 수가 있었다. 뜨거운 다리미로 곱게 주름 잡아 옷걸이에 걸어 놓고 순간 나도 모르게 다시 바지를 바닥에 패대기치고는 발로 밟아 버리고 손으로 비틀기를 몇 번 하고 나서야 내 가슴속의 무엇인가가 비로소 내려가는 느낌이었다.

다시 물을 채운 분무기로 바지 위에 물을 뿌리고 다리미로 주름을 잡으며 생각했다. 하늘같이 높고 귀한 남편과 마주 앉아 있는 1시간이 60분이라면 58분을 잔소리하는 나지만 나 말고는 그 어느 누구도 우리 남편에게 싫은 소리 가슴 아픈 소리 안 했으면 좋겠다고…….

농담처럼 나는 남편에게 이런 소리를 한다.

"당신은 백 점 만점에 95점짜리 남편이다."

그러면 남편은, "왜 5점은 빼는데…….."

그럼 나는 웃으며 "돈 못 벌어 오는 거 그게 당신 인생의 오점이지."

그리고 남편과 나는 배꼽 빠지게 웃는다. 내가 정말 미워서 싫어서 하는 소리가 아니라는 걸 알기에 남편은 너그럽게 철없는 아내의 농담을 가볍게 넘겨 주는 것이니까.

그리고 결국 얼마 전 남편은 비정규직이라는 이유만으로 또 다른 차별을 받아야 했다. 그날 밤 힘들게 남편이 말을 꺼냈다.

"무슨 일이 있어도 나 믿어 줄 수 있지? 나 당신 굶기지 않아. 알지?"

안다고, 힘들면 그만 회사를 나가라고, 아침 출근하는 남편 어깨에 묻은 먼지를 털어 주었다.

그리고 출근하는 남편의 가슴속 한 켠에 접어 둔 사직서에 자꾸만 눈길이 가는 것은 왜였을까? 힘들면 그만두라고 했으면서도 다른 한쪽에서는 앞으로 뭘 해서 먹고 살아야 할까? 고작 한 달 월급 80만 원인 박봉이지만 조금만 더 참아 주면 안 될까? 하는 이기적인 생각이 들기까지 했다면 나는 정말 나쁜 아내일까?

　이 노래가 멈추면 남편이 돌아오지 않을 것 같다. 내 노래 소리를 듣고 남편이 빨리 돌아왔으면……. 냉장고 속 꿀물이 얼기 전에 빨리 돌아왔으면……. 저 어두운 골목을 벗어나 이 환한 가로등 불빛에 서 있는 나와 아이를 알아봐 줬으면……. 그래서 나는 또 노래를 부른다.

　"내 쉴 곳은 작은 집 내 집뿐이리……."

비정규직 문제가 이렇게 심각합니다. 이 글은 전태일문학상 생활글 부문에서 최우수상을 받은 글입니다. 이분은 사실 단락 나누기가 제대로 될 정도로 글을 잘 쓰시는 분은 아니었는데 내용이 너무 좋더라구요.

현재 비정규직이 830만 명이 될 정도로 비정규직 문제가 심각한데, 이 글은 아무런 주장도 하지 않지만, 비정규직 문제의 주장을 담은 그 어떤 글보다도 호소력이 있습니다.

세상을 바꾸는 글쓰기

제가 버스 현장을 떠나면서 마지막으로 버스를 모는 날, 참 감회가 새롭더라구요. 20년을 버스 운전했는데, 운전대를 놓는다는 것이 쉽지가 않더라구요. 마지막 탕을 돌면서 마주 오는 동료 기사를 볼 때, '내가 나가면 얼마나 탄압을 받고 서운해 할까?' 생각을 하다가도 회사에 아부했던 기사들이 보이면, '저놈은 내가 나가면 얼마나 좋아할까? 얄미워서 그만두지 말아야 하는데' 하는 별별 생각이 떠오르더라고요. 회사에 돌아와 사무실에 가서 상무한테 사표를 쓰겠다고 종이를 달라고 했더니 내심 좋아하면서도 "사표를 왜 써?" 하더라구요. 그러더니 급하게 아무 종이나 주면서 사표 쓰라고 하데요. 회사가 저 때문에 골치 아팠겠지요. 월차 휴가를 저 때문에 다 보낼 수밖에 없었지, 제가 10년 동안 징계 엄청나게 받으면서 월차 때문에 싸웠거든요. 골통 하나만 있어도 그 조직은 변해요. 전교조 선생님들을 보면서도 그런 생각을 하는데, 어느 한 학교에 전교조 선생님 한 분만 있어도 교장이 학교 운영을 자기 마음대로 하지 못해요. 그만큼 한 사람이 중요하다는 거지요.

아이들도 글 쓰는 것이 중요합니다. 나쁜 친구한테 돈 뺏기고 해도 말 못하잖아요. 그걸 말로 못하고 글로도 못 쓰면 자살해요. 또 아이들이 어두운 글을 쓰면 부모들이 왜 이런 글을 쓰냐 밝은 글을 써야지 하면서 애들을 막아 버리는데 글에서 엄마 욕도 아빠 욕도 할 수 있어야 합니다. 그것을 막아 버리니까 애들이 자기 자신을 누르면서 속을 썩게 되고 난폭한 아이가 되는 거지요.

아이들에게 학원 몇 군데 보내면서 공부하라 다그칠 필요 없어요. 서울대 연고대 가는 아이들은 따로 있어요. 돈도 많아야 하고 족집게 과외도 받아야 갑니다. 그러니, 자녀들에게 다른 사람을 짓밟고 좋은 대학에 가도록 다그치기보다 같이 잘살 수 있는 세상을 만드는 길이 어떤 길인가 가르쳐야 합니다. 흔한 말로 "적어도 나 같은 인생 안 살도록 나 하나 희생" 해서 내 자식 대학에 보내도 자본가 계급이 되지 못한다는 것을 깨달아야 합니다. 그래서 저는 이 세상을 바꾸기 위해서 작은책에 와서 열심히 일하고 있습니다. 여러분도 세상을 바꾸는 글쓰기를 한번 해 보시기 바랍니다.

이 땅을 살아가는 여성들의 이야기

이임하가 바라본 세상

"지금까지 몸에 익숙하고 교육받은
생각과 습관을 고치기는 정말 힘듭니다.
그러나 여성주의자들이 주장하는 것처럼
'자신이 지금과 똑같은 사람인데 여자로 태어났다면
어떤 느낌을 가질까 생각해 보라' 하는 충고는
우리 일상 생활에도 유용합니다."

이 땅을 살아가는
여성들의 이야기

오늘은 광주민주화항쟁 27주년인데요. 예전 같으면 오늘 이렇게 강의실에 앉아 있을 수가 없었습니다. 광주민주화항쟁은 우리에게 절차를 중시하고 민주주의 가치가 중요하다는 것을 가르쳐 주었습니다. 그런데 그 민주화 요구는 단순히 직선제나 다당제를 요구하는 좁은 의미에서의 '정치'의 민주화에 그치는 것은 아닙니다. '어떻게 여유롭게 더불어 살 것인가' 하는 문제를 고민하고 이와 관련된 다양한 프로그램과 실천이 뒤따라야 한다고 생각합니다.

지금 절차적 민주주의가 어느 정도 진행되었지만 일상의 민주화는 아직 멀었다고 생각합니다. 광주민주화운동의 의미도 일상의 민주화를 가져 오는 데 있다고 봅니다. 일상의 민주화란 어떻게 보면 아주 쉽다고 생각합니다. 우리 딸아이가 초등학생인데요. 매년 학기 초에 '가정환경조사서'를 작성합니다. 그런데 이 조사는 아이의 건강이나 성격 따위를 조사하지는 않고 오히려 아버지의 직업이나 '누구와 같이 살고 있나' 하는 것을 적어 내라고 합니다. 이런 조사는 아이의 성격을 이해하기보다는 오히려 부부와 미성년 자녀로 이루어진 핵가족을 보편 가족으로 인정하는 방식입니다. 곧 정상 가족이냐 아니면 비정상 가족이냐를 확인하는 거예요. 그리고 어머니들 가운데 시간제 근무를 많이 하시는 분들이 계시지만 직업란에 적지 못하고 '주부'라고 적어 내기도 합니다.

이런 것이 바뀌어야 된다고 생각합니다. 이런 것들을 바꾸어 내는 것이 일상의 민주화를 이루어 내고 광주민주화운동의 정신을 계승하는 것이라고 봅니다.

전근대와 근대를 나누는 가장 큰 특징은 신분제입니다. 신분제 사회는 신분에 따라 모든 것이 결정되는 사회를 말합니다. 양반이냐, 노비냐에 따라 하는 일이 나누어지는 거지요. 그리고 근대는 바로 이 신분제를 없앤 것입니다. 오늘날 우리들은 누구나 자유롭다고 이야기하지요. 그러나 지구상에 살고 있는 우리 모두가 평등하지 않다는 사실은 누구나 다 알고 있지요. 근대사회로 넘어오면서 새로운 차별이 생겼습니다. '백인이냐, 흑인이냐. 제국주의냐, 식민지냐. 자본가냐, 노동자냐. 남성이냐, 여성이냐' 하는 차별이 있습니다.

이런 차별은 신분제도처럼 제도로 만들어진 것이 아닌 태초부터 생겨난 자연스러운 차별이라고 이야기합니다. 가령 '백인은 적극적이고 논리적인데 반해 흑인은 소극적이고 감정적이다' 하고 말하죠. 또는 '일본인(제국주의)은 협동심이 강하고 부지런하지만 조선인(식민지인)은 싸움만 하고 게으르다' 하고 말합니다. 이러한 성질은 타고난 민족성 또는 인종의 특징이라고 말합니다. 한때 우리는 이런 구분을 진실이라고 알았습니다. 그런데 모두 거짓이라는 것을 이제 알았고, 이러한 이분법이 모두 더 많은 일을 시키기 위해서, 쉽게 지배하기 위해서 만들어진 것이라는 알았습니다. 인종차별, 민족 차별의 문제를 한번 성 차별의 문제로 생각해 봅시다. '남성은 적극적이고 여성은 소극적이고 수동적이다', '남성은 이성

적이고, 여성은 감정적이다' 따위로 남성과 여성을 구분하기도 합니다. 그래서 '남성다워야 한다. 여성다워야 한다' 고 이야기합니다.

이런 '다워야' 한다는 것이 처음부터 생긴 자연스러운 것은 아닙니다. 이는 사회적 관습과 규범, 체계에 의해 끊임없이 생산되어 왔습니다.

과연 여성을 어떻게 보는가? 일반적으로 사회는 여성을 두 가지 기준으로 나누죠. 여성은 크게 '현모양처인가 아닌가, 또는 착한 여성인가, 나쁜 여성인가, 서구식으로 보면 마리아냐 이브냐' 로 나눕니다.

이번 강의에서는 어떻게 교육을 통해 여성을 현모양처로 만들어 왔는가를 살펴보도록 하죠. 그리고 반면에 현모양처로 살지 않았던 여성들의 이야기, 두 종류의 여성으로만 나눌 수 없는 여성들의 이야기도 같이 생각해 보도록 하겠습니다.

착한 여성

여성 교육은 개화기 때부터 시작되었습니다. 1866년에 감리교 선교사였던 스크랜턴이 최초의 여성 학교인 이화학당을 만들었는데요. 이 학교가 지금 이화여고의 전신입니다. 이 학교는 처음에는 고아나 가난한 어린 아이들을 모아서 시작했습니다. 이후에 진명, 숙명, 양정의숙 같은 학교들이 만들어집니다. 이 학교들은 영친왕의 어머니인 엄비가 후원해서 만든 학교들이었습니다. 1908년에서야 국가에서 세운 최초의 학교인 한성고등여학교가 만들어집니다. 당시 순종비가 이 학교에 "보통 교육은 남녀 구별이 없다. 그러나 여자는 결혼해서 남편을 돕고 가문을 이롭게 해야 한다. 그래야 집안이 행복하다. 집안이 행복해야 국가에게 이로운

애국반 회보

길이다. 그래서 여자 교육이 중요하다"는 글을 내립니다. 그때는 선교사가 세운 학교이건 대한제국이 세운 학교이건 개화파들이 세운 학교이건 여성 교육의 목적은 조금 차이는 있지만 현모양처, 곧 지아비를 돕고 자녀를 양육하는 일을 매우 강조했습니다.

1910년 일제 식민지가 되면서 일제 역시 복종형의 여성을 교육시키려고 했습니다. 특히 여성의 역할을 강조했는데요. 주당 교육 시간이 총 30시간인데요. 10시간 정도가 재봉과 자수 시간이었습니다. 그리고 가정 시간이 4시간 정도였구요. 총 수업 시간의 절반 가까이가 재봉, 자수, 가정 시간이었습니다. 그때 여성 교육의 목적이 무엇이었는가를 알 수가 있습니다.

일제는 1937년에 전쟁을 일으키고 전시체제로 들어갑니다. 각 마을마다 애국반을 만들어서 반상회를 했습니다. 반상회를 통해 마을마다 일장기를 게양한다든가 신사참배를 강요한다든가 천황이 있는 곳을 향해 절을 한다든가 하는 따위를 강요했습니다. 애국반 회보에 그려진 내용을 보면, 지각하지 않는 생활, 절약하는 생활, 여행을 갈 때마다 각반(붕대와 천으로 된 끈)을 챙겨야 하는 모습들을 볼 수 있습니다.

'으싸 결전생활'이라는 구호 아래 1) 일찍 일어나 출근하기, 2) 무지각, 무결근으로 직역봉공, 3) 급여 공제 저축 12억 돌파, 4) 물자 절약, 5) 무엇이든 먹을 수 있도록 하는 것이 요리의 으뜸, 6) 여행시 반드시 '각반'과 '몸뻬'를 잊지 말 것, 7) 짧은 소매로 옷감 절약, 8) 출전 군인 유가족을 돕자라는 문구가 보입니다.

전시체제에서 여성들의 교육도 변화가 옵니다. 체육을 강조했는데요. 병사를 출산하는 여성의 몸이 강조되면서 체육을 강조했습니다. 일제는 아들을 출산한 어머니의 모성애를 강조합니다. 1930년대의 신여성과 구 여성들의 사진을 보면 아이에게 특히 아들에게 젖을 먹이는 모습을 강조합니다. 일제 전시체제의 대표적인 이미지였습니다.

해방되고 나서 1949년에 의무교육제가 공표되면서 일정한 연령이 되면 학교에 가야 되었습니다. 취학률이 높아졌는데요. 해방 당시 64%에 불과하던 취학률이 1955년에는 90%로 증가했고, 1959년에는 94%에 달할 정도로 높아져 학령기에 있는 대다수의 아동이 취학하게 됩니다. 해방이 될 때 열 명에서 여덟 명이 글을 몰랐습니다. 그래서 1948년 그때 선거 용지를 보면 요즘에는 숫자와 후보자 이름이 있지만 작대기 또는 막대기 선거라고 해서 기호 2번이면 작대기를 두 개, 기호 5번이면 작대기를 다섯 개를 넣었습니다.

1950년대 말이 되면서 글을 모르는 사람이 30% 정도로 줄었습니다. 그러나 이런 결과가 이승만 정권의 노력은 아니었습니다. 의무교육제였지만 모든 교육비는 학부모가 책임을 졌습니다. 선생님 월급에서부터 학교 비품인 책상, 걸상까지 학부모가 부담했습니다. 이런 결과는 내 자식만큼이라도 공부를 시켜야 한다는 부모들의 열망 때문이었습니다. 이러한 열망은 곧 우리의 문자 해독률을 높였으며 많은 사람들이 글을 읽고 쓸 줄 알

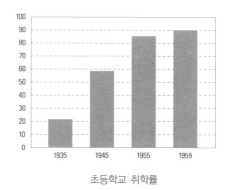

초등학교 취학률

게 되었습니다. 높은 문자 해독률은 1960, 1970년대 경제 개발과 연관이 있습니다. 경제 개발에서 가장 중요한 요건이 바로 노동력인데요, 우리는 이미 1960년대에 읽고 쓸 줄 아는, 공장 규율을 이해하는 노동력이 마련되었던 것입니다.

그래도 여전히 여성 교육은 현모양처 교육을 벗어나지 못했습니다. 교육 기관에서 가르친 여성이 닮고 싶은 인물은 유관순과 신사임당이 모델이었습니다. 지금은 모르겠지만 여학교에는 유관순의 초상이 교실과 복도에 다 걸려 있었습니다. 그때 여학생들이 하는 말이 밤에 유관순의 얼굴을 보면 재수가 없다는 따위 온갖 종류의 유언비어가 퍼졌습니다. '왜 그럴까?' 생각해 보았습니다. 유관순과 관련해서 우리는 유관순이 어떻게 3·1운동에 참여했는지 3·1운동이 어떤 의미가 있는지 배우지 않았고 단지 유관순이 일본 감옥에 들어가서 얼마나 혹독한 고문을 당했는가가 중심이었던 것 같습니다. 그래서 여학생들은 유관순처럼 살고 싶지 않았던 것 같습니다. 이런 열망이 유관순과 관련된 유언비어로 퍼졌던 것 같습니다.

신사임당도 신사임당 생애 그 자체로 교육을 하지 않고 단지 율곡의 어머니였던 점이 부각되었습니다. 대학자의 어머니였다는 것 때문에 빛났던 거지요. 사실 그 시대만 해도 처가살이 혼이 남아 있었습니다. 남성이 결혼을 해서 여자 쪽 집으로 와서 혼례식을 치루고 일정 기간 처가에 사는 것입니다. 고려시대 때만 해도 평생 처가에 사는 사람도 있었고, 아니면 자녀가 장성하고 나서 독립하는 경우도 있었습니다. 율곡 이이는 강릉에서 태어나서 살았는데요. 율곡이 살던 집은 아버지의 집이 아니고 신사임당의 어머니 집이었습니다. 그리고 이 집은 그 어머니의 어머니

집이었습니다. 신사임당의 남편은 과거시험에 합격을 못했습니다. 몇 십 년 동안 남편은 서울에서 공부를 했고 신사임당은 자녀를 데리고 강릉에서 생활했습니다. 거기에서 사임당이 가졌을 만한 고독과 열망 따위의 다양한 감성에 대해서는 우리는 배우지 못했습니다. 단지 대학자 율곡의 어머니로만 이야기되어 왔죠.

신사임당은, 박정희 정권 때 유신헌법이 선포되면서 본받아야 할 여성상으로 더욱 부각이 되었습니다. 당시 신사임당 교육원이라는 여학생 생활관이 있었습니다. 여성 지도자를 교육하거나 학교 임원들을 교육하는 곳이었는데요. 여학생 생활관은 여학생들이 2~3일 정도 가서 한복 입고 절하는 모습, 사과 깎는 법이라든가를 배웠습니다. 남학생들도 생활관 교육을 했는데요. 남학생들은 명상 시간, 심성 훈련 등 자신을 되돌아보고 미래를 계획하는 내용들이 중심이었습니다. 그러나 여학생들의 생활관 교육은 식단 짜기, 요리할 때 주의할 점, 시부모 잘 모시기 따위로 구성이 되어 있었습니다. 생활관 교육이 긴 교육은 아니지만 이런 교육이 미치는 효과는 컸습니다. 이 교육은 남학생과 여학생에게 인생에 남기는 효과가 컸습니다.

교육을 통해서 여성에게 현모양처 교육을 했다면 어머니날 제정은 어떤 여성이 되어야 한다는 것을 알리는 것이었습니다. 1955년 국무회의에서 제정을 논의했고, 1956년 시작된 어머니날은 전쟁터에 아들을 많이 보낸 어머니, 세 쌍둥이를 난 어머니, 아니면 전쟁미망인으로서 자녀 교육을 훌륭히 한 어머니에게 상을 주었습니다. 그 당시는 여성이 아름다우려면 아들을 낳아야 했고, 그 아들을 위해 참고 견디어야 했습니다.

당시 전쟁미망인이 상담을 한 내용인데요.

문 올해 34세 되는 여성이며 세상 사람들이 말하는 전쟁미망인이올시다. 초등학교 2학년에 재학 중인 딸과 5세 되는 아들이 있기는 하나 아직도 젊은 청춘이라 인간 생활에 있어서의 고심 속에 항상 울고 있습니다. 이대로 울면서 살아야 옳은지? 어떻게 사는 것이 전쟁미망인으로 옳은 생활일까요.

답 전쟁미망인 여러분을 생각할 때 동정과 애처로움을 금치 못하게 됩니다. 허기야 젊은 인생으로서 끓어 오르는 정욕의 고심을 억제치 못하여 개가 변신하는 여성도 적지 아니하나 그 결과로 따져 보면 행복한 점보다 불행과 괴로운 고심에 신음하는 점이 더욱 많은 것을 볼 수 있는 것입니다. 그럴바에는 차라리 조국과 민족의 수호신으로 화하여 먼저 가신 님의 뒤를 받들어가며 깨끗한 절개 밑에 꿋꿋이 살아나가는 것은 얼마나 훌륭한 것이겠습니까. 젊은이 지닌 당신의 미와 육체는 머지않아 사라지지만 그 심령에 깃든 덕은 영원 불멸 당신의 가신 님의 무훈과 더불어 기리 남을 것입니다.(〈조선일보〉, 1956년 2월 9일, 응접실)

'전쟁미망인'이 30만 명에서 50만 명이었습니다. 그때 사회 분위기는 여성들에게 위와 같은 점을 강조했습니다.

못다 한 강의 1 : '장한' 어머니들
우리 현대사에서 5월은 설렘, 두려움, 뿌듯함, 막막함 같은 온갖 감정이 어우러져 있습니다. 아이들은 선물도 받고 학교도 하루 쉬는 어린이날을 기다립니다. 노동자는 메이데이를, 교육자는 스승의 날을 맞아 지난 자리를 되돌아보고 앞으로 나아갈 길을 다시 생각합니다. 그리고 그 속에서 우리는 5 · 16쿠데타와 광주민중항쟁이라는, 입술이 마르고 침이 고이는 긴장 또한 기억하고 있습니다. 그렇게 5월의 하루하루는 나름대로 의미를 품고 우리들에게 기억되고 있습니다. 그 가운데서도 여성과 가장 가까이 있는 날은 5월 8일 어버이날입니다.

우리나라에서 처음 '낳고 기르신' 어머니, 아버지의 고마움을 기리는 날이 정해지고 이를 기념하는 행사가 열린 때는 1928년(5월 둘째 일요일)이었습니다. 그러나 이때 이름은 어버이날이 아닌 '어머니날'이었고 행사는 조선청소년총동맹의 손으로 치러졌습니다. 말 그대로 소년, 소녀들이 어머니의 고마움을 기리고 위로하는 날이었던 셈이었습니다. 그때부터 30년 가까이 5월이 되면 기독교 단체나 여성 단체들이 나서서 어머니날 행사를 열곤 했습니다. 그런 어머니날이 온 나라가 함께하는 날로 바뀐 것은 1955년 8월 국무회의에서 5월 8일이 '모성애에 대한 은덕을 널리 찬양하는 기념일'인 '어머니날'로 의결되면서부터였습니다. 이에 이듬해인 1956년 5월 8일 문교부와 보건사회부가 나서서 제1회 '어머니날' 행사를 치렀습니다. 창경궁에서 열린 이날 행사에는 대통령 이승만의 부인 프란체스카가 참석해 어머니들 37명에게 표창장과 함께 광목을 나누어 주었습니다.

그 뒤로 지금까지 해마다 어머니날이면 자식에게 헌신하는 어머니의 수고를 칭찬하고 모든 여성은 더 '훌륭한' 어머니가 되기 위해 노력하라는 말들이 대통령을 비롯한 교육자, 정치인, 언론에게서 반복되었습니다. 또한 기념식, 어머니날 노래 보급, 어머니날 표식 달기, 카네이션 달기 같은 행사와 함께 '장한(훌륭한 또는 빛나는)' 어머니 표창이 이어졌습니다. 대한어머니회에 따르면 장한 어머니를 표창하는 것은 "어머니로서 누려야 할 권리를 어떤 억압과 방해 없이 누리는 어머니, 실력 있고 깨달은 어머니, 행복한 가정을 만드는 어머니, 나아가 건강한 사회를 이끌어 가는 바람직한 어머니상을 정립"하기 위해서였습니다. 이를 위해 한국부인회, 대한어머니회, 새싹회, 전몰군경미망인회 같은 단체들이 뽑은 '장한' 어머니들은 거의가 가난하거나 홀몸이면서도 아이들의 교육에 힘쓴 어머니, 아들 세 명 이상을 한국전쟁 때 군에 보낸 어머니, 열 명이 넘는 아이를 낳은 어머니, 세 쌍둥이를 낳고 기른 어머니, 널리 알려진 운동선수, 바둑기사, 음악가, 고시 수석 합격자의 어머니, 여성 단체 간부, 고아원 원장 들이었습니다.

이처럼 '여성의 날'이 아닌 '어머니날'이 만들어진 까닭은 어머니인 여성에게 자부심을 심어 주면서 다른 모든 여성에게 '어머니 되기'를 요구하기 위함이었습니다. 그렇다면 왜 사회는 이런 행사를 벌리면서까지 어머니에 대한 고마움과 함께 어머니의 책임과 사명을 강조했을까요?

먼저 여기에는 한국전쟁 뒤 정부의 여성 정책과 깊은 연관이 있습니다. 한국전쟁으로 10만 명 가량의 전쟁고아, 30만 명이 넘는 '전쟁미망인'과 그이들이 홀몸으로 돌보아야 할 100만 명이 넘는 아이들, 부상으로 활동 능력을 잃은 아버지들이 생겼고, 이들에 대한 국가의 보호 정책은 1980년대까지만 해도 있으나마나 한 형편이었습니다. 더구나 국가는 그이들을 돕기보다는 권력 유지와 군사력 강화에 몰두했습니다. 따라서 많은 경우 그이들이 먹고살며 공부하는 일은 '어머니'라는 이름으로 여성들이 도맡아야 했는데 어머니날은 그런 어머니들의 책임을 계몽, 선전하는 수단이었습니다.

곧 어머니날은 '어머니로서의 여성이 완전한 여성'이라는 이데올로기를 낳았고, 이는 여성 개개인의 인격과 경험을 무시한 채 그저 '인내, 희생'이라는 말로만 표현되는 어머니상을 만들어냈습니다.

또한 어머니날은 계승되어야 할 과거로서 전통적인 여성상의 현실로 나타났습니다. '효'와 '절의(節義)'는 유교 사회에서 모든 사람들이 반드시 지켜야 할 도덕 규범이었는데, 여성 또한 이에서 예외일 수 없었습니다. 어머니날은 이런 유교 사회의 도덕관을 과거가 아닌 현실의 도덕임을 보여 주었습니다. 이를 위해 국가와 사회단체는 끊임없이 '열녀', '효부', '절부'인 여성들에게 상을 주고 그이들의 삶을 소개했습니다. 한국부인회의 경우 1990년까지 '훌륭한 어머니'는 반드시 "55세 이상의 어머니로 남편과 일찍 사별 또는 이혼하고 혼자서" 아이들을 기른 사실을 기준으로 뽑았을 정도였습니다. 물론 이혼한 여성이 상을 받은 일은 찾아보기 힘들었습니다. 곧 '정절 지키기'는 훌륭한 여성의 가장 중요한 조건이었습니다.

'어머니날'은 1973년부터 부모에게 효도하고 웃어른을 공경한다는 뜻에서 '어버이날'로 부르게 되었습니다. 그러면서 이때 '조상에 감사를, 부모에 효도를, 어른에 존경을'이란 정신 요강이 배포되고 어머니의 책임보다 자녀들의 효가 강조되었습니다. 이는 유신 체제와 깊은 관계가 있습니다. 박정희 정권은 1970년대 초 나라 안팎으로 위기에 몰리자 유신 체제를 선포했습니다. 그리고 유신 체제의 바탕이 되는 사상으로 '묻지마'식 충효 사상을 강조 했습니다. 박정희는 "동양 사상의 근본은 충과 효다. 충은 국가와 민족에 대한 충성이고, 효는 부모를 잘 섬기는 효"라는 말을 입에 달고 다녔습니다. 길거리의 담벼락, 집과 빌딩의 문, 학교와 관공 서의 꼭대기 층마다 '충효'라는 글자가 내걸렸습니다. 또한 전통 예절, 생활 예절이란 말이 강조되면서 '예절의 달'을 정하기도 하 고 국민예절운동, 경로운동, 가훈짓기운동 따위를 벌였습니다. 그 러면서 박정희는 모든 국민이 섬기고 따라야 할 국가의 아버지로 떠받들어졌습니다.

어머니날이 어버이날로 바뀐 것은 이 과정에서 일어난 일이었 습니다. 그러나 그 이름이 바뀌었다고 해서 '어머니'라는 여성의 의무가 사라진 것은 아니었습니다. 예전과 다름없이 어버이날이 되면 '장한' 어머니들이 뽑혀 상을 받았고 어머니들은 여전히 인 내와 희생의 화신으로 이야기되었습니다. 그러면서 학교 교육을 거치고 이런저런 말들을 듣고 자라면서 여성들은 어머니가 되어 희생하는 것을 당연한 것처럼 생각했습니다.

요즘 들어 많은 여성들의 사회 활동이 늘어나고 여권 의식이 성 장하면서 결혼하지 않는 여성이 늘고, 결혼을 했어도 아이를 낳지 않거나 한 자녀를 둔 여성이 많아졌습니다. 결혼을 하는 것이 옳은 지 그른지, 아이를 많이 낳는 것이 좋은지 나쁜지는 어떤 기준을 가지고 말할 수는 없습니다. 결혼은 선택이라는 인식이 점점 확산되고 다양한 가족 구성원을 갖게 되는 가족이 늘어 가고 있기 때문입니다. 더는 국가가 강제로 또는 세뇌를 통해서 여성의 행동거지를 강제해서는 안됩니다. 자신의 정체성을 고민하고 사회와 교류하면서 여성 각자가 어떻게 살아갈 것인지, 나아가 어떤 어머니가 될 것인지 결정하고 실천함이 옳다 하겠습니다. 너무나 떳떳하고 자랑스러워야 할 '장한' 어머니의 이름조차 국가의 강제성과 결합되었을 때 곧 부수어야 할 낡은 건물처럼 보이는 까닭이 여기에 있을 것입니다.

나쁜 여성

지금까지는 현모양처와 관련된 착한 여성에 대해서 이야기를 했는데요. 사회에서 위험한 여성으로 간주되었던 나쁜 여성에 대해 알아보겠습니다.

일제시대 때 만평을 보면 남이 좋아하는 여자와 싫어하는 여자가 나오는데요. 좋아하는 여자는 빨래터에서 입을 봉하는 여성, 남 앞에서 웃을 때 입을 가리는 여성, 동무가 찾아왔을 때 잡담하기보다는 그림책을 보는 여성, 남의 집 찾아갈 때 옷맵시를 살펴보는 여성입니다. 그리고 남이 싫어하는 여성은 전차 안에서 눈을 크게 뜨거나 입을 벌리고 멋을 부리는 여성, 길을 다니면서 덥다고 부채질을 하는 여성들입니다.

신여성 하면 근대의 상징이었습니다. 지금은 여성 하면 여성 일반을 가르키는 용어인데요. 1910년대에만 하더라도 여성은 부녀라고 불리었습니다. 부녀라고 하는 용어는 결혼한 여성과 결혼하지 않은 여성 모두를 가르쳤는데요, 남편과의 관계를 이야기하고 가족과의 관계로만 이야기되어지는 거지요. 신여성은 이전의 여성과 머리 모양과 옷, 신발이 달라 그때에는 상당한 용기를 필요로 했습니다. 1920년대 초반까지만 해도 근대의 상징으로 찬양을 받다가 1920년대 후반, 1930년대 초반이 되면서 비판을 받기 시작했습니다. 구제도의 상징이었던 장옷 대신에 쓴 양산, 버선 대신에 신은 양말과 구두, 간결한 치마 같은 신여성의 외양은 남성에게 성적 욕망을 일으키는 자극제로 변질되었고 일상의 유행으로 전락했습니다. 신발 한 켤레 값이 벼 두 섬이라는 묘사를 통해 신여성을 사치스런 여성, 방탕한 여성으로 표현하고 있습니다. 남성 지식인들은 신문이나 잡지의 삽화뿐만 아니라 소설이나 글을 통해서도 신여성을 '사치'와 '거짓' 따위의 용어로 조롱했습니다.

신여성은 이름이 마리아, 에스터, 앨리스와 같은 이름이 많습니다. 동경에서 2·8독립선언식에 참여하고 애국부인회를 조직한 김마리아도 마리아고요, 우리나라 최초의 여의사도 박에스터입니다. 저도 처음에는 이런 이름을 들었을 때 '왜 이렇게 이름을 지었을까' 하고 궁금했습니다. 전 근대에는 우리 여성들에게 이름이 없었습니다. '누구 누구의 처 아무개 씨', 과부일 때는 '과녀 아무개 씨'라고 했습니다. 사실 어렸을 때는 '간난이', '섭섭이', '이쁜이' 정도로 불리다가 결혼 뒤엔 '영광댁', '안성댁' 따위로 불리는 게 고작이었습니다. 그리고 양반 가문 부인들 같은 경우는 신사임당이나 허난설헌처럼 저술 활동이나 예술 활동을 할 경

신여성의 이름

우에는 당(堂)호를 썼습니다.

그림 속의 '샤리' '아이라' 라는 이름표를 붙인 신여성들의 모습은 이전 여성들과 많이 다릅니다. 머리 모양도 단발이나 파마를 했고 옷도 이른바 개량 한복이라는 긴저고리와 발목이나 종아리가 보이는 치마를 입고, 신발도 구두를 신고 있습니다.

여성들도 1909년 민적법에 따라 자기 이름을 신고해서 호적에 올려야 했습니다. 그래서 많은 여성들이 세례명이나 세례명을 음차한 한자로 신고했기 때문에 유독 이 시기에 서양식 이름의 여성이 많았습니다. 오늘날 보면 이상하지만 여성들이 이렇게라도 이름을 가지려고 한 것을 알 수 있습니다. 그리고 그때 이름 가운데 '성녀' 라는 이름이 많습니다. 박성녀, 김성녀처럼요. 왜 이렇게 성녀라는 이름이 많냐면요 성녀는 성 성(姓)과 계집녀의 여(女)를 쓴 것입니다. 곧 박씨 성의 여자, 김씨 성의 여자라는 뜻입니다. 이렇게라도 이름을 붙인 거지요.

신여성들은 밖에서 활동을 많이 했는데요. 밖에서 활동하는 것을 남성들은 이것을 순결을 잃어 버리는 행위라고 이야기를 많이 했습니다. 김안서는 김소월의 스승이었던 김억이고 우리나라 최초로 시집을 낸 사람이구요. 김기진은 카프를 만들었던 인물인데 잡지 좌담회에서 지금의 상식으로는 이해할 수 없는 이야기를 합니다.

김기진 어느 생물학자의 말을 듣건대 일단 딴 남성을 접한 여자에게는 그 신체의 혈관의 어느 군데엔가 그 남성의 피가 섞여 있지 않을 수 없대요. 그러기에 혈통의 순수를 보존하자면 역시 초혼이 좋은 모양이라 하더군요.

김안서 제 자식 속에 딴 녀석의 피가 섞였거니 하면 상당히 불쾌한 일일 걸요. 여자 측은 어떻게 생각하는지 몰라도.

(〈삼천리〉, 1930년 6월호, 만혼타개 좌담회)

이 사람들은 '여성들이 좋은 어머니가 되기 위해서 순결한 몸과 정신을 간직해야 한다' 고 보았습니다. 여성들의 사회 활동이나 경제 활동이 성적 타락으로 귀결되고, 마침내 여성의 순결한 몸과 정신을 파괴하게 될 것이라고 두려워했습니다.

일제 강점기 일본인들이 경성에 여행을 왔다고 하면 기념으로 기생들의 사진엽서를 샀습니다. 우리가 수학여행이나 다른 지역에 관광을 하면 그 지역의 풍경 사진이나 민속을 알려 주는 엽서를 사는 것과 비슷합니다. 왜 기생들의 사진엽서가 많을까요. 여행자나 주둔 군인이 식민지의 문화나 모습을 담은 엽서를 사거나 본국의 친지에게 보내는 행위는, 그들의 영광스러운 정복을 알리는 것이자 식민지에 대한 피상적인 지식을 본국의 대중들에게 알리는 것입니다. 따라서 기생들의 사진엽서는 제국주의 남성과 식민지 여성이라는 명백한 권력 관계를 상징했습니다.

일본 제국주의 남성에게는 기생은 어떠한 고난이 와도 정절을 지키는 춘향처럼 '조선의 전통' 을 고수하는 상징이었습니다. 이러한 기생의 이미지는 일제 시대에 만들어진 그림엽서나 사진엽서에 찍힌 기생들의 모습에서 분명하게 드러납니다.

기생들의 사진은 1900년대하고 1930년대하고 약간 다릅니다. 1910년대에 찍힌 사진들은 기생들이 어떤 옷을 입고 있는지 어떤 춤을 추는지

관심을 갖고 있습니다. 고유
한 풍속에 관심을 가지고 있
었다면 1930년대는 기생들
의 몸에 관심을 갖습니다. 사
진에 몇 가지 특징 있는데요.
어떤 자세로 있는지, 그리고
방에 있을 때나 밖에 있을 때

일제시대 기생엽서

모두 '여기가 조선이다' 라는 것을 소개합니다. 방에 있다고 하더라도 태
극선을 들고 있던가 밖에 있으면 궁궐이 보인다든가요. 기생들은 모두
쪽진 머리를 하고 있습니다. 정면으로 바라보지 않고 약간 기대고 있습
니다. 이것을 사는 사람들은 기생이 조선의 전통을 상징하는 것으로 왜
곡해서 바라봅니다. 그리고 이 기생 사진을 사는 사람들이 일본 제국주
의 남성이라는 겁니다. 그러나 시대는 다르지만 신윤복이 그린 기생 그
림은 다른 그림입니다. 놀러 가는 기생들의 모습이나 기생의 일 자체에
만 관심을 보여 주는 거지요.

이런 이미지는 60년대 일본의 기생 관광 때 다시 부활합니다. 일본에
서 한국에 관광을 오게 되면 기생 관광이 필수 코스였는데요. 일본 사람
들이 식민지 때의 예전의 향수를 느끼게 하는 거지요.

한국전쟁 뒤 나쁜 여성은 자유부인이었지요. 전후 한국 사회에서 심각
하게 대두된 사회문제는 전통적 윤리 규범의 붕괴였으며 사회는 그 핵심
을 여성의 윤리적 타락으로 규정했습니다. 곧 전쟁을 겪으면서 달라진
여성들의 의식이나 행동, 외양에 대해 사회는 향락만 강조하고 경박한

성 윤리를 신념으로 삼는 '전후파(戰後派)' 여성 또는 가정과 자식을 내팽개친 '자유부인'으로 규정하고 비난했습니다. 나쁜 여성의 대표적인 사례로 지적된 것이 생계 활동을 활발하게 한 전쟁미망인이었습니다. 이들은 남편이 없다는 사실 하나 때문에 사회에 의해 나쁜 여성이라는 규탄의 대상이 되었습니다. 이러한 모습을 가장 잘 드러낸 사건이 바로 어느 '전쟁미망인'이 제기한 이혼 청구 사건입니다.

김옥희(가명, 당시 27세)는 남편이 1950년 의용군으로 끌려가 행방불명되자, 영국 군인과 동거하여 임신하게 되었습니다. 이에 그이는 영국군인과 결혼하기 위하여 '배우자의 생사가 3년 이상 불분명하여 음신(音信)조차 없으면' 이혼할 수 있다는 민법(일제시대의 구민법) 제813조 9항을 근거로 서울지방법원에 이혼 소송을 제기했습니다. 그런데 법원은 1954년 8월 26일 "1) 괴뢰의용군으로 납치된 사실만은 포착할 수 있으나 생사가 3년 이상 불분명하다고 인정할 수 없다, 2) 사변 중의 납치에 대하여서는 국토 통일이 될 때까지 기다려야 된다, 3) 생계가 곤란하다는 명목으로 신의 성실(信義誠實)과 정조 의무를 지키지 않았다"며 소송을 기각했습니다. 통일이 될 때까지 실종자의 아내는 굶어 죽는 한이 있더라도 무조건 정조를 지키라는 사회의 통제가 자리 잡고 있었던 거지요.

세상의 절반인 여성들의 이야기

지금까지 사회에서 구분 짓는 착한 여성과 나쁜 여성에 대해 살펴 보았습니다. 그러나 세상의 절반인 여성들을 착한 여성과 나쁜 여성으로만 구분할 수 없습니다. 이런 구분은 우리에게 하나의 시각만을 강조하고 결국 세상의 반만 알게 합니다. 왜냐하면 '착한'이라는 영역은 한편(남성)에게는 착하지만 다른 한편(여성)에게는 나쁜 것이기 때문입니다. 오히려 많은 여성들은 이러한 구분에서 벗어나 생활하고 있습니다. 그럼 노동을 중심으로 세상의 절반인 여성들의 이야기를 하겠습니다.

노동자계급의 형성은 1920년대 식민지 공업이 급격하게 발달하면서부터입니다. 그러나 식민지 공업은 일본 제국주의 자본의 필요에 따라 발달했기 때문에 우리 산업 발달을 근본에 두지 않았습니다. 곧 일본 식민지 정책의 기본 목적은 식민지 조선에서 식량과 원료(원면, 견사, 광물)를 조달하여 일본으로 가져 가고, 일본으로부터 공업 생산품(면포, 방적사, 기계 따위)을 조선으로 가져 와 일본 생산품의 시장으로 만드는 데 있었습니다.

특히 여성 노동자는 섬유공업 내에서도 실을 만드는 제사공업에서는 85~90%를, 화학공업 가운데 고무 제품(고무신)제조업에서 60~70%를 차지했습니다. 식품공업 가운데 쌀의 뉘를 고르는 정미 공업에 많은 여성들이 고용되어 있었습니다.

이때에는 일본인 노동자에 비해, 조선인 남성 노동자에 비해, 조선인 여성 노동자는 가장 낮은 임금과 형편없는 노동조건에서 일했습니다. 당연히 여성 노동자들은 다양한 방법으로 이에 맞섰습니다. 1923년 광화문 일대의 고무공장 여성 노동자들이 일으킨 동맹 파업은 유명합니다.

1923년 7월 3일 경성 광화문 밖에 있는 해동, 빈구, 경혜, 동양의 4곳 고무공장에서 일하던 여성 노동자 100여 명은 일제히 동맹 파업을 했습니다. 파업을 한 까닭은 종래 임금보다 2원 내지 3, 4원을 깎아 지불하면서 억지로 일을 하라고 위협했던 것에서 시작되었습니다. 여성 노동자들은 노동연맹회 주선으로 수송동 각황사에 모여 선후책을 협의한 결과 '1) 임금을 이전과 같이 할 일, 2) 여성에게 무리한 행동을 한 감독자를 해고할 일' 이런 두 가지 요구 조건을 내걸고 공장 측과 교섭했습니다. 이러한 여성 노동자들의 요구에 고무공장 대표들은 '1) 동맹 파업한 직공들을 각 공장에서 다 각기 절대로 고용하지 말 것, 2) 금후로도 이미 고용된 직공이 동맹 휴업에 가입하는 경우엔 다 같이 해고할 것' 따위로 여성 노동자들을 위협했습니다. 이에 여성 노동자들은 7월 5일에 새로 파업에 참가한 한성고무공장 여성 노동자들과 함께 '경성고무여직공조합' 을 조직하고 조선노동연맹회에 가입하는 한편 아사동맹을 체결하여, 고무공장 앞에서 연좌 데모를 하며 그이들의 주장을 관철하려 했습니다. 물론 경찰에서는 도로취체법과 치안경찰법을 걸고 강제로 해산시켰습니다. 한편 조선노동연맹회에서는 여러 단체와 힘을 합쳐 '경성고무여공파업 아사동맹동정단' 을 조직하여 여론을 일으키고 동정 음악회와 동정금을 모으는 등 각 방면으로 그이들을 원조 격려했습니다. 이러한 활동에 힘입어 국내 노동자들뿐만 아니라 일본의 노동자들도 격려 전보와 동정금을 보내왔습니다. 결국 공장 측은 7월 19일 4개 공장 여성 노동자들의 요구를 완전히 수락하고 다시 취업하게 되었습니다. 경성고무여공 파업은 우리나라 여성 노동 사상 최초로 전국에 걸쳐 광범위한 노동자들의 연대 의식과 대중 속에까지 뿌리 박은 파업입니다.

뉘는 겉껍질이 벗겨지지 않은 벼의 낟알입니다. 이들을 주로 '선미여공' 으로 불렀습니다. 주로 정미업이나 고무공장에서는 기혼 여성 노동자들을 고용했습니다. 따라서 아이를 데리고 노동하는 경우도 흔히 볼 수 있는 광경이었습니다. 이를 한 여기자는 "돌가루가 뽀얗게 날리는 정미소에서 갓 까놓은 병아리 같은 마른 자식을 굴리는 것을 볼 때는 가슴이 메어지는 것 같았다" 하고 심경을 묘사하기도 했습니다.

이런 정미업에서도 많은 파업이 일어났습니다. 1926년 3월 인천의 11개 정미소 노동자들이 파업을 일으켰습니다. 노동자 3,000여 명이 파업에 가담했습니다. 파업단은 "우리는 일하고 굶어 죽으나 놀다가 굶으나 굶는 일은 일반이다. 우리는 우리 생명을 위하여 일하는 자가 되자"고 선언했습니다. 그리고 임금 인하 반대, 대우 개선, 8시간 노동제 실시를 요구했습니다. 파업단의 단결된 투쟁은 마침내 성공하여 자신들의 요구를 관철시켰습니다. 일제시대 정미업 여성 노동자의 투쟁은 가장 빈번했고 많은 수가 파업에 참가했습니다. 정미업 노동의 투쟁 양상은 매우 적극적이었으며 전체 운동을 한 단계 발전시키는 구실을 했습니다.

우리나라에서 최초로 고공 농성을 했던 노동자는 여성인 강주룡입니다. 평양에 있는 고무공장 노동자였는데요. 임금 인하에 반대해서 을밀대에서 9시간 반 동안 투쟁을 했습니다.

해방 뒤 군정이 시작되었고 해방 공간에서 여성 노동자들이 활발하게 움직였습니다. 조선노동조합전국평의회(전평) 노조원 가운데 25%가 여성이었습니다. 당연히 이들 여성 노동자들은 열심히 활동했습니다. 여성 노동자들은 서북청년단원들이 공장에 들어와 식도로 위협하고 옷을 찢는 수모를 당하면서도 노동조건을 개선하기 위한 투쟁을 벌이기도 했습니다. 또한 메이데이에 참석하여 그 자리에서 노동조합을 조직하기도 했습니다. 여성 노동자들은 총파업이나 시민대회 때에도 '어리지만 우리도 투쟁할 줄 안다'고 외치며 거리로 뛰어 나왔습니다. 그리고 '다시는 종 노릇하기 싫다'고 외쳤습니다.

못다 한 강의 2 : 어리고 여자라도 투쟁할 줄 안다

서울로 올라오기 전까지 저는 전라남도 대마에서 살았는데 외할머님 댁에 자주 갔었습니다. 할머님 댁은 전라북도 대산이었는데 우평에서 냇가를 건너면 바로 할머님 댁이었습니다. 간혹 비가 많이 와서 냇물이 넘쳐 다리가 무너지면 학교를 안 가는 행운도 덤으로 얻곤 했습니다. 초등학교 시절 저는 제법 통통했나 봅니다. 할머니를 따라 밭이며 공동 우물가에 나와 있으면 마을 어른들은 항상 '너는 뭘 먹고 그렇게 통통하냐'고 묻곤 했습니다. 그럴 때마다 '할머니가 끓여준 된장국 먹고 통통하다'고 답하곤 했습니다. 왜 그렇게 대답했는지 알 수 없지만 한동안 저는 '된장국 잘 먹는 아이'였습니다. 처음 '된장녀'라는 용어가 인터넷에서 난무하고 있을 때 '된장'을 상당히 좋아하는 여성의 이야기라고 생각했습니다. 젠장! 'OO녀'의 시리즈의 하나라니!

왜 그렇게 'OO녀'에 대한 시리즈가 많이 만들어질까요? 발단이 무엇이든 'OO녀' 시리즈는 여성 일반에 대한 공격으로 퍼지곤 합니다. 허영과 사치의 상징으로 여성을 야유하는 방식은 사실 긴 역사를 갖고 있습니다. 그 역사에는 다양한 여성들의 경험과 삶을 이야기하지 않으려는 태도가 짙게 배어 있습니다. 이러한 현실은 반쪽 자리 역사를 배워 온 우리들에게 당연한 결과입니다. 언제나 기록되고 역사화하는 과정은 남성의 역사였습니다. 그러한 경향은 새로운 국가를 만들기 위해 노력했던 해방 뒤에도 크게 다르지 않았습니다.

해방이 되자 사람들은 하던 일을 멈추고 거리로 쏟아져 나왔습니다. 돌아올 아들과 남편, 아버지가 있고, 고향으로, 가족의 품으로, 고국으로 돌아갈 수 있다는 가능성만으로도 해방의 의미는 넘쳐났습니다.

가난한 농사꾼의 딸로 태어나 방직공장, 고무공장 같은 곳에서 일하던 여성 노동자들에게 해방은 민족 해방이자, 노동 해방인 동시에 여성 해방을 뜻했습니다. 해방 뒤 노동운동의 현장에서 여성 노동자들은 누구 못지않게 열심히 싸웠습니다. 그런데도 해방 공간에서 힘차게 싸운 여성 노동자들의 이야기를 듣기는 쉽지 않습니다.

이는 노동운동조차 조직과 운영, 기록의 과정이 모두 남성 중심으로 되어 있는데 따른 결과입니다. 해방 뒤 공장자주관리운동 과정에서의 갈등을 소재로 한 이동규의 소설 《오빠와 애인》은 노동운동의 현장에서 여성의 자리가 얼마나 협소했는가를 잘 보여줍니다.

> "공장 일이라니, 너 병찬이한테 들었구나."
> "네, 얘기 다 들었어요. 왜 제가 알면 못써요?"
> "큰일에 여자가 참견을 하면 재수가 없느니라."
> "아이 오빠도" 하며 나는 눈을 흘겼다.
> ……
> "그래, 이 담에 우리 공장의 여사무원으로 써 주마."

노동운동 현장에서 여성들은 남성 노동자를 도와주거나 '다음에' 무엇인가를 할 수 있는 자리에 있었습니다. 그러나 여성 노동자들은 참으로 힘차게 싸웠습니다. 1946년 2월 전국노동조합평의회(전평)의 조합원 57만여 명 가운데 여성 노동자는 25%나 되었습니다. 여성 노동자들은 태양피복공장, 고려피복공장 같은 곳에서 공장자주관리위원회를 조직했고 태창직물, 경성방직 등에서는 자주관리위원회에 참여해 자본가들과 싸우는 데 앞장섰습니다.

그 가운데 널리 알려진 곳의 하나가 동방으로 불린 인천 동양방직(뒷날의 동일방직)이었습니다. 동방에서 일하던 9백여 명의 노동자(대부분 여성 노동자)들은 1946년 메이데이 행사에 참가하려고 일을 하루 쉬었습니다. 그러자 회사는 노동자들에게 일요일에 출근하도록 지시했고 이에 노동자들은 반대 시위를 조직했습니다. 회사와 결탁한 경찰이 노조 간부들을 잡아가자 여성 노동자들이 '연행자 석방'을 요구하며 연좌시위를 벌였고 노동자들은 투쟁위원회를 조직하여 '해고 반대, 품삯 인상, 8시간 노동'의 요구 조건을 내걸고 파업에 돌입했습니다. 회사는 경찰과 미군 헌병을 동원하여 여성 노동자들을 기숙사에 가두고 공장을 폐쇄한 다음 저항하는 노동자들을 부평, 소사 등지에 내다버렸습니다. 결국 400여 명의 노동자들이 본사를 상대로 투쟁을 계속하기 위해 서울로 올라왔습니다. 이들은 동방쟁의단을 결성해 전평회관에서 머물면서 계속해서 싸움을 이어갔습니다.

이 밖에도 홍한피복의 여성 노동자들은 서북청년단원들이 공장에 들어와 식도로 위협하고 옷을 찢는 수모를 당하면서도 노동조건을 개선하기 위한 투쟁을 벌였으며 종연방직의 노동자 1천4백여 명은 메이데이 행사에 참석해 즉석에서 노조를 조직했습니다. 또한 복직 투쟁을 벌이다 공장에서 30리 떨어진 들판에 버려진 제사공장 여성 노동자들은 버선발로 한 겹의 얇은 옷만 입은 채 2월의 차가운 들판을 걸어서 돌아와 물 세례를 받으며 싸움을 계속해 승리를 쟁취했습니다.

이렇게 해방 뒤 여성 노동자들의 투쟁은 누구 못지않게 치열했고 투쟁 의지 또한 높았습니다. 1946년 메이데이기념대회에서 태양피복공장 여성 노동자 박순희의 연설과 1947년 3·22총파업에 참가한 이재희가 〈노동자신문〉에 기고한 글 '어리고 여자라도 투쟁할 줄 안다'는 군더더기 없이 당시 여성 노동자들의 치열한 투쟁 의지를 보여줍니다.

나도 여러분과 같은 노동자입니다. 우리는 직접 물건을 만드는 사람이고 일제의 모진 압박 밑에서도 가장 열렬히 싸워온 애국자입니다. 우리에게는 단결이라는 무기가 있습니다. 우리는 굳게 단결하여 우리의 손으로 공장과 직장을 지켜 나갑시다.

우리는 옛날의 못난 노동자가 아니고 우리는 이제야 우리의 살 길과 조국의 독립을 위해서는 우리의 무기인 단결의 힘으로 파업을 할 줄 알고 싸울 줄 압니다. 지난 3월 1일 서대문 편창공장에서는 악질 관리인이 어린 여공 동무들을 얕잡아 보고 서울운동장으로 강제 동원을 시키려고 고무신과 옷감 배급을 한다고 꼬였습니다. 그러나 여공들이 듣지 않으니 문을 닫아 걸고 외출 금지를 시켰던 것입니다. 15, 16세의 여자 동무들은 문을 때려부수고 남산으로 남산으로 나와서 여러 동무들과 발을 맞추지 않았습니까(〈노동자신문〉, 1946년)

우리는 민주노조를 조직하고 노동자의 권리를 보장받기 위해 똥물을 뒤집어쓰고, 구사대와 경찰의 폭력에 맞서 싸운 1970, 80년대 여성 노동자들의 치열했던 투쟁이 오늘날 노동운동의 밑바탕이 되었음을 알고 있습니다. 미군정기 여성 노동자들은 자본과 미군정의 탄압에 맞서 노동자의 권리를 지키기 위해 목숨을 건 싸움을 벌였습니다. 해방 공간에서 여성으로서, 노동자로서 치열하게 싸웠던 여성 노동자들의 자각과 투쟁은 그녀들이 노동운동의 역사에서 주변이 아니라 중심이었음을 분명하게 보여주고 있습니다.

얼마 뒤 전쟁이 일어났습니다. 오늘날 영화를 보면 여전히 전쟁을 전후방으로 나누지만 실제 한반도 전 지역이 전쟁터였지요. 그러나 영화에서는 전후방을 나누어 전방은 남성의 영역으로, 후방은 여성의 영역으로 그립니다. 또한 소년의 시각으로 전쟁을 보는데 소녀의 눈으로 말하는 전쟁은 없습니다. 남성 중심으로 전쟁을 그리다 보니 '강간당한' 어머니라는 이미지가 강하게 남아 있는데 전쟁 때에도 이런 이미지는 강했습니다. 이는 남북 공통으로 전쟁에서 이용합니다.

미국 놈들은 당신들을 전선에 내몰아 동족끼리 피를 흘리게 해 놓고

아기와 어머니
(인민군을 상대로 한국군이 뿌린 삐라)

국방군 장병들
(인민군이 뿌린 삐라)

후방에서 당신들의 안해와 누이들의 정조를 유린하고 있다. … 조선 민족의 피가 흐르는 사람이라면 이 어찌 원통한 일이 아니겠는가! 미국 놈들이 조선녀성을 강간하며 굶어 죽게 된 것을 이용하여 양담배와 통조림을 가지고 롱락하는 것을 어떻게 참을 수 있겠는가! … 당신들은 누구를 위하여 싸우고 있는가? 원쑤는 미국놈이다! 동족끼리 피를 흘리지 말자! 당신들도 당신들의 처와 누이들을 구원하기 위하여 원쑤 미국놈들에게 총뿌리를 돌려대고 싸우라!

(인민군이 한국군을 상대로 살포한 '국방군 장병들' 삐라의 일부분)

아가 아가 울지마라

악마 같은 중공 되놈

담을 넘어 들어와서

어머니를 욕 뵈우리

(한국군이 인민군을 상대로 살포한 삐라에 실린 시 '아기와 어머니'의 일부분)

전쟁의 폐허 속에서 여성들은 전후의 생활 세계를 새롭게 만들었습니다. 전쟁으로 인한 극심한 생활고는 많은 여성들에게 살림 도구, 옷가지 등을 내다 팔아 생계를 유지하지 않으면 안 되도록 내몰았습니다. 일제시대 때 장사를 하는 사람은 거의 남성이었습니다. 그러나 전쟁 동안 채소나 생선 광주리를 머리에 인 행상에서부터 상설 시장의 곳곳에까지 '여자들의 판국'이라 불릴만치 많은 여성들이 장사에 나서게 되었습니다. 상업 활동을 하는 여성들은 한국전쟁을 계기로 120만 명으로 증가했고 전후에도 50만 명을 유지하고 있었습니다. 만두, 분식점, 국밥집 들이 많이 생겼으며 대체로 여성들이 운영했습니다. 전쟁으로 남편을 잃은 '전쟁미망인'은 슬퍼할 겨를이 없었으며 가족을 부양하기 위해 울타리 밖으로 나왔습니다. 통계에 잡힌 여성 상업 인구는 1949년 8만 명 → 1951년 59만 명 → 1952년 거의 60만 명 → 1953년 13만 명 → 1956년 16만 명 → 1958년 18만 명으로 나타납니다.

1950년대 대표적인 여성노동은 식모인데요. 식모는 기혼 여성이거나 아니면 어린 소녀들이었습니다. 농업노동에서도 많은 여성들이 일을 하게 되었습니다.

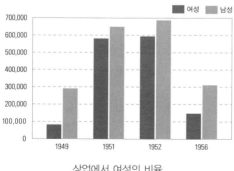

상업에서 여성의 비율

1950년대, 60년대 공장 노동자는 미혼 여성, 특히 농촌의 미혼 여성이 진출하기를 희망하는 직업 가운데 하나였습니다. 일제시기부터 섬유공업에서 제사와 방직공업을 비롯하여 성냥,

고무화 제조 공업 분야에서 여성 노동자의 진출은 두드러졌습니다. 방직공장에의 취직은 10환짜리 한 장이 귀하기 짝이 없는 농촌에서 연약한 여자의 힘으로 송아지도 사고 옷가지도 장만하고 밭뙈

고무공장의 여성노동자들

기도 장만할 수 있는 유일한 길이었습니다. 천대받았던 식모보다 훨씬 안정된 직업이었습니다.

못다 한 강의 3 : 몽실언니의 식모살이

지난 봄 딸아이와 함께 도서전에 갔다가 권정생 선생님께서 쓴 《몽실언니》란 책을 산 일이 있습니다. 한동안 책꽂이에 꽂혀 있던 《몽실언니》를 뒤늦게 읽은 딸아이가 어른들 세계의 폭력을 성토하고 다녔습니다. 딸아이는 새아버지의 폭력으로 몽실이가 다리를 다친 사실에, '검둥이' 아기를 사람들이 발로 찬 사실에 무척 흥분해 있었습니다. 딸아이의 흥분에 떠밀려 《몽실언니》를 읽으면서 아이들이 느끼는 어른들 세계를 새삼스레 생각하게 되었습니다. 지금은 그리 많지 않지만 한때는 너무나 흔했던 식모 노동을 다시금 생각해 보았습니다. 책 속 주인공 몽실이는 아버지가 한국전쟁 때 군인이 되어 전쟁터로 나가고 새아버지 때문에 더는 어머니와 살 수 없게 되자 동생 난남이를 데리고 읍내에서 장사를 하던 최 씨네 집에서 식모살이를 했습니다. 몽실이는 남의 집에서 장보기, 부엌살림, 청소, 빨래 같은 주인집 식구 뒤치닥거리로 10대를 보냅니다. 몽실이는 50년대, 60년대 우리 사회에서 흔히 볼 수 있

었던 식모였습니다.

우리나라에서 '식모살이'가 여성의 직업 가운데 하나가 된 때는 1920년대를 전후한 시기입니다. 부자나 양반집에서 주부를 대신해 살림살이를 하는 사람들은 노비이거나 몇몇 더부살이를 하는 사람들이었습니다. 그러나 노비 해방이 이루어지고 봉건 신분 질서가 무너지면서 가난한 집 여자 아이나 의지할 데 없는 중년 여성들은 돈을 벌거나 '입 하나 덜기' 위해 부잣집에 들어가 부엌일, 빨래, 어린애 보기 따위를 하는 식모살이를 했습니다. 이런 식모살이가 폭발적으로 늘어난 것은 한국전쟁을 앞뒤로 한 때입니다. 전쟁과 여러 가지 세금, 잡부금이 겹치면서 살림이 어려워졌고, 전쟁 통에 남편이나 아버지를 여읜 가난한 집안의 딸들, 전쟁고아들이 당장 먹고살기 위해 식모살이에 나설 수밖에 없었습니다.

식모는 가진 것, 배운 것 없는 여성들이 가장 손쉽게 구할 수 있는 일자리였습니다. 식모 노동은 일정한 시간이 정해져 있지 않은 채 하루 종일 '빨래, 다듬이질, 다림질, 바느질, 물 긷기, 장작 쪼개기, 장 봐 오기, 방 치우기, 요강 부시기, 아궁이 지피기, 양칫물 떠 바치기, 세숫물 버리기'로 온 집안 구석구석을 헤매는 고된 노동이었습니다.

그래도 힘든 노동은 참을 만했습니다. 정작 이들을 괴롭힌 것은 강간, 희롱 같은 성폭행과 도둑 누명, 폭행 따위였습니다. 식모살이에 나선 여성들은 대개 가난하거나 연고가 없다 보니 '도둑질'의 유혹에 빠져들기도 했지만 도둑 누명은 집주인이 임금을 주지 않고 식모를 내쫓는 수단이기도 했습니다. 당시 다달이 임금을 주지 않고, 식모살이를 끝내고 나갈 때나 결혼할 때 한꺼번에 임금을 주기로 계약하는 일이 흔했습니다. 도둑 누명은 누명으로 끝나지 않고 폭행으로 이어지곤 했습니다. 시계를 훔쳤다고 열두 살 난 소녀를 가둬 둔 채 장작으로 때리고 부젓가락으로 성기를 찌른 일도 있었고, 식모를 때려 죽여 구속된 주인 이야기는 50, 60년대 신문을 읽노라면 1년에 10여 차례 이상 만날 수 있습니다.

폭행만큼이나 흔한 일이 성폭행이었습니다. 성폭행은 식모살이를 하는 여성에게 큰 충격이어서 이를 비관해 자살하는 사람도 많았고 때론 주인집 아이를 유괴하거나 살해하기도 했습니다. 1956년 7월엔 성폭행당한 뒤 주인집 아들을 살해했다가 체포되어 법원에서 사형이 확정된 식모 소녀 이야기가 화젯거리가 되기도 했습니다. 결국 고된 노동과 폭력, 성폭행으로 상처받은 소녀들 가운데 일부는 성매매 시장으로 유입되었습니다.

한국전쟁과 함께 급격하게 증가했던 식모의 숫자는 60년대 말부터 점차 줄어들고, 대신 '파출부'로 불리는 시간제 가정부가 증가했습니다. 파출부는 동네 부자나 지주의 잔치며 명절맞이를 준비해 주고 먹을거리를 얻어 오던 풍습을 연상시키지만, 근대적 고용 관계라는 점에서 차이가 있습니다. 파출부라는 형태의 노동은 1962년 YWCA가 처음 소개했는데, 남편이 없는 여성들에게 자녀를 키우면서도 할 수 있는 직업을 만들려는 시도에서 비롯되었습니다.

식모살이가 줄어들고 파출부가 많아진 데는 여러 이유가 있지만 가장 큰 까닭은 산업 구조가 바뀐 데 있었습니다. 특히 섬유공업의 발전은 식모살이를 할 수 있는 어린 여자 아이들을 공장 노동자로 흡수해 버렸습니다. 식모살이의 수요는 줄지 않았는데 공급은 빠르게 줄어드는 현상이 나타났고, 농촌을 떠나 도시로 나온 미혼 여성을 대신해 가난한 가정 주부들이 파출부라는 형태로 유입되었습니다. 또한 수출 주도형 산업 정책의 필연적인 결과인 저임금 구조가, 도시 빈민과 노동자계급의 여성들로 하여금 집 밖에 나가 돈을 벌지 않고는 생활할 수 없도록 강제한 점도 파출부가 늘어난 한 원인이었습니다.

도시 지역의 주거 환경과 가족 구조의 변화도 파출부 수요를 증가시킨 한 요인이었습니다. 아파트가 늘어나고 살림살이를 손쉽게 해 주는 가전제품이 늘어나거나 아궁이가 사라지고 연탄이 널리 사용되었습니다. 또한 핵가족화로 식구 수가 줄어들었습니다. 따라서 집안일이 줄어들었고 동거 생활을 하는 식모보다는 출퇴근하는 파출부가 주부들에게 좀 더 편한 형태로 받아들여졌습니다.

이렇게 산업 구조와 가족 구조의 변화, 주거의 변화는 식모보다는 파출부 수요와 공급을 증대시켰습니다. 그러나 살림살이를 거들어 주는 노동에 종사하는 여성들에 대한 대우는 전혀 변하지 않았습니다. 짧은 시간에 많은 집안일을 하는 '파출부 노동'의 특징 때문에, 폭행이나 강간은 줄었지만 대신 임금에 견줘 노동 강도가 높거나 인간적인 모멸감을 주는 경우가 많았습니다.

십여 년 전부터 식모, 파출부(도우미)로 이어 온 노동시장이 빠르게 바뀌고 있습니다. 무엇보다 이주 노동자, 그 가운데서도 말이 통하고 식성이 비슷한 중국 동포 여성들이 들어오면서 가사 노동자 구성 자체가 바뀌었습니다. 그러나 시장의 변화에도 바뀌지 않는 것은 가사 노동자를 대하는 우리의 의식인 듯합니다. 그이들이 불법 체류하는 경우가 많다 보니 도둑 누명이나 임금을 받지 못한 채 쫓겨났다는 이야기를 들으며 바뀌지 않는 가사 노동시장의 모습과 가사 노동을 천시하는 우리 사회의 모습이 씁쓸하게만 느껴집니다.

전태일 평전에 묘사된 여성 노동자의 모습은 잠 안 오는 약 먹으면서 일하는 현실을 이야기합니다. 그러다 서서히 공순이라는 말이 부끄럽지만 이제는 자랑스럽다는 자각을 가지게 됩니다. 대단한 교육을 받아서 생긴 것은 아니었구요. 1970년대에 노동조합을 만들어서 박정희 정권 때 대항할 수 있었던 것은 소모임 때문입니다. 아주 사소한 일상의 문제에 대한 수다에서 여성 노동자들은 신뢰감, 동질감을 형성하고, 바로 노조의 필요성을 감지하게 됩니다. 초기에는 반장이나 관리자에 대한 흉보기 비난에서 출발한 여성 노동자들의 관계는 그녀들이 서로가 비슷한 환경에서 자라난 빈농, 빈민의 딸들이며 스스로의 힘을 통해 현재 상황이 변할 수 있다는 신뢰감을 형성했습니다. 수다를 통해 작업장에서 불만을 토로하고 공유할 수 있는 장이 소모임이었습니다. 이러한 소모임은 석정남의 "이렇게 엎치락뒤치락하는 논쟁으로 우리는 몇 번이나 밤새는 줄 모르고 날을 밝혔다. 사회문제라든가 노동문제, 학생 데모, 정치 문제에 이르기까지 우리들 주제에 어울리지 않는 이상에 들뜬 대화들이 우리에게서 쉽게 잠을 빼앗아 갈 수 있었던 것이다" 하고 말한 것처럼 이러한 과정은 일종의 일상적 저항이었습니다.

동일방직에 최초로 여성지부장이 선출되었는데 회사에서는 이것을 매우 위협적으로 보았습니다. 대의원 대회를 열어 조합장을 뽑을 때 회

똥을 뒤집어 쓴
동일방직 노동자들

사에서 똥을 뿌리기도 했습니다.

동일방직 노동조합은 동양방직이었던 1946년에 결성되었습니다. 그러나 노동조합은 조합원과 유리된 채 회사의 한 부서처럼 인식되고 있는 형편이었습니다. 이에 여성 노동자들은 여성 지부장을 선출해야 한다고 생각했고, 결국 동일방직에서 최초로 여성 지부장이 나오게 되었습니다.

당시 노조 지부장이 여성 노동자가 되었다는 것은 '경악'이자 '충격'이었습니다. 1975년 또다시 동일방직 여성 지부장이 노조원 절대 다수의 지지로 선출되어 여성 집행부로 이어지자 회사뿐 아니라 정부에서도 위협적으로 보기 시작했습니다. 그러자 회사 측은 1년에 한 번씩 선출되는 대의원 수를 확보하려고 했습니다. 그러나 대의원대회마저 회사 뜻대로 진행되지 못하자 회사 측은 대의원대회를 무산시키려고 했습니다. 1978년 2월 21일, 대의원대회를 하려고 노조원들이 모여들자 회사 측은 '똥'을 담아 가지고 노조 사무실로 달려들어, 투표하러 오는 여성 조합원들의 얼굴과 옷에 닥치는 대로 똥을 발랐습니다. 이들은 투표함을 부수고 사무실을 온통 아수라장으로 만든 후 사라졌습니다. 결국 대의원 선거는 수포로 돌아갔고 이에 저항하는 여성 노동자들이 무더기로 해고를 당했습니다. 그 뒤 해고 노동자들은 복직 투쟁을 했습니다. 그이들의 투쟁은 오늘날 절차적 민주화를 가져온 중요한 밑거름이 되었습니다.

YH무역주식회사는 1966년 1월 자본금 1백만 원과 10명의 종업원으로 시작된 회사인데요. 1970년에는 종업원 4천 명에 국내 최대 가발 업체로

성장했고 수출 실적 1백만 달러를 달성하여 국내 수출 순위 15위를 기록했습니다. 그런데 많은 돈을 외국으로 빼돌린 장용호 회장은 가족을 데리고 미국으로 이민을 갔습니다. YH노동자들은 하루 13, 14시간씩 근무를 했고 일요일도 격주로만 쉬었고, 일체의 수당과 상여금도 없었습니다. YH무역은 점차 기울어지기 시작하면서 1979년 4월 폐업을 단행했습니다. 폐업에 반대하면서 기숙사에서 농성하던 YH 여성 노동자들은 8월 9일 신민당사로 농성장을 옮겼습니다. 그러나 8월 12일 새벽 2천여 명의 경찰력에게 180명의 18세에서 23세에 이르는 나이 어린 노동자들은 강제로 끌려 내려졌습니다. 이 과정에서 노동자 김경숙이 목숨을 잃었습니다. 여성 노동자들은 농성장에서 강제로 끌려 나왔지만 이러한 폭력은 곧 박정희 정권을 무너뜨리는 결과가 되었습니다.

1980년대, 90년대에 접어들면서 사무직 여성 노동자가 증가했습니다. 그러나 여성 노동자의 70%가 비정규직입니다. 비정규직 여성 노동자는 임금, 채용에서 차별받고 있습니다. 결혼과 출산에 따른 퇴직 압력을 받고 있습니다. 또 비정규직이라 노동법에서 보장된 노동자로서 권리를 행사할 수도 없습니다.

여성은 들풀과 같은 존재

여성은 누구나 흔히 볼 수 있는 들풀과 같은 존재입니다. '우리의 일상 자체가 민주화되는 것이 어떤 것인가' 하고 고민하려면 바로 옆에서 함께 살아가는 다른 성에 대한 관심과 성에 따른 차별을 없애는 것이 중요하고 봅니다.

그러면 어떻게 성 차별을 조금씩 변화시켜야 하나요. 지금까지 몸에 익숙하고 교육받은 생각과 습관을 고치기는 정말 힘듭니다. 그러나 여성주의자들이 주장하는 것처럼 '자신이 지금과 똑같은 사람인데 여자로 태어났다면 어떤 느낌을 가질까 생각해 보라' 하는 충고는 우리 일상 생활에도 유용합니다. 누군가 설거지를 하면 방바닥을 닦으면 되잖아요. 그게 관계를 같이 맺어 가는 거라고 봅니다. 그래야 같이 힘이 된다고 봅니다. 성 차별에 눈을 뜨는 사람은 민족 차별, 계급 차별, 인종 차별의 문제에 눈을 뜰 수 있다고 봅니다.

제 딸아이 학교에 아이들이 책을 빌려 가면 그래프를 그려 놓았대요. 남학생들이 빌려간 횟수나 여학생들이 빌려 간 횟수가 나타나 있답니다. 그런데 어느 날 딸아이가 저한테 "엄마, 여자 아이들이 책을 남자 아이들보다 더 빌려 가면 학교가 망한대. 그래서 여자 아이들이 책을 많이 빌려 가면 안 된다"고 하더라구요. 누가 이야기했냐고 했더니 아이들이 서로 이야기하더래요. 여전히 여성은 책을 많이 읽으면 안 되는, 너무나 많은 지식을 알면 안 되는 존재인가 봅니다. 흘러버릴 수 있는 아이들의 농담 속에도 여성다움과 남성다움이 구분되어 있습니다. 이런 것들을 경험하고 배우면서 여성들은 자라게 됩니다.

그래서 여성의 역사가 정말 필요하다고 봅니다. 역사 속에서 다양한 여성들의 모습이 드러나야 됩니다. 저는 다양한 삶을 살아 나가는 여성의 삶에 관심이 많습니다. 앞으로도 이 문제에 대해 끊임없이 공부할 생각입니다.

오늘 비도 오고 해서 걱정을 많이 했는데요. 많이 오셔서 좋은 자리가 되어 즐거웠습니다. 고맙습니다.

못다 한 강의 4 : 축첩과 불륜의 역사

주부들이 주 시청 시간대인 아침 드라마의 단골 소재는 단연 '불륜'입니다. 봄이나 가을철에 드라마를 개편할 때마다 으레껏 밝은 내용의 소재를 찾아 웃음을 주는 드라마를 보여 주겠다는 방송국의 다짐은 사라지고 어느새 '불륜'이 중심 이야기가 되어 버리곤 합니다. 현재 이 소재는 일일 드라마, 주말 드라마, 미니 시리즈까지 장악하고 있습니다.

불륜이란 '인간의 도리에 어긋난 행위'로 주로 '아내(남편) 아닌 여성(남성)과의 애정 관계'를 가리키는 말입니다. 그리고 이 말의 쓰임새가 인정받기 위해서는 '결혼한 사람은 단 한 사람의 이성(남편 또는 아내)과만 애정 관계'를 가는 것이 인간의 도리라는, 곧 일부일처제만이 옳다는 전제 조건이 필요합니다.

그런데 우리 역사를 되짚어 보면 불과 60년 전만 해도 남성이 아내 아닌 여성과 살아도 사회적으로 크게 문제되지 않았습니다. 남성들의 경우 상대 여성이 기혼 여성이 아니라면 어떠한 경우도 합법적 관계로 인정되었기 때문입니다. 축첩, 곧 첩이나 소실을 얻는 일이 그것입니다.

우리 사회에서 '축첩'은 돈이나 권력을 가진 자들이 오랫동안 저지른 관행이었습니다. 왕은 왕비뿐만 아니라 여러 명의 후궁을 거느렸고 웬만한 양반이나 돈 많은 지주들은 가난한 집 딸이나 기생을 첩으로 들였습니다. 우리가 잘 알고 있는 홍길동의 어머니는 양반의 노비 첩이었습니다. 더구나 축첩은 아내 된 여성이 간섭할 수 없는 남성 고유의 일로 남편이 첩을 얻었다고 듣기 싫은 소리라도 한마디 했다가는 당장 투기했다 하여 쫓겨날 수도 있었습니다.

일제강점기까지만 해도 첩은 사고파는 대상 곧 물건으로 취급되었습니다. 이를 극단적으로 드러낸 사례가 경성부가 구상했던 '축첩세'입니다.

> 사치품 일체에 대하여는 세금을 비싸게 할 작정인데……이목구비가 남과 같이 멀쩡하여 가지고 사람으로 물품 취급을 받는 남의 집 첩을 일종 사치품으로 인정하여 축첩세를 신설하여 볼가 한다. (《동아일보》, 1924년 7월 5일)

첩은 사고파는 물건이라는 점을 드러내 놓고 말했음에도 사회에서 커다란 문제가 되지 않았습니다. 해방은 이런 생각과 제도를 바꾸기 시작했습니다. 무엇보다 사람들은 해방이라는 말을 사람들의 삶을 압박하는 모든 낡은 제도와 생각으로부터의 해방으로 받아들였습니다. 그리고 그 속에는 여성 해방 또한 포함되었습니다.

축첩을 둘러싼 의견들이 여기저기서 이어져 당시 간행된 신문치고 이 문제를 한두 번 다뤄 보지 않은 신문이 없을 정도였습니다. "여성은 남의 첩이 되지 말자"며 개화기와 식민지 시기의 축첩 반대 구호는 '축첩자는 공무원이 되지 못하도록 하자', '축첩을 법으로 처벌하자'는 첩을 둔 남성을 향한 구호로 바뀌어 터져 나왔습니다. 그러나 이에 대한 반대도 만만치 않아 1949년 대법관 최병주는 기자회견을 갖고 '여자는 심리적으로 남자와 달라 마음이 쉽게 바뀌고', '남자들의 성욕은 어떤 방법으로 막을 수 없어 남자들의 간통 행위를 처벌하면 안 걸릴 남자가 없다'는 따위를 이유로 여성의 간통 행위만 처벌하자고 주장했습니다. 그럼에도 1953년 제정, 공포된 형법은 '남자든 여자든 배우자 아닌 자와 성관계를 가질 경우 법으로 처벌한다'는 내용의 '간통쌍벌' 조항을 포함해 축첩을 처벌 대상으로 만들었는데 여기에는 경제적, 사회적으로 약자인 여성이 남편의 축첩을 고소할 리 없다는 얄팍한 속셈이 깔려 있었습니다.

그러나 법이 공포되고 얼마 지나지 않아 현이라는 여성이 첩을 둔 남편을 고소하고 5백만 환(그때 방 서너 개 딸린 서울의 단층 양옥집이 삼백만 환 정도였다.)의 위자료를 요구하는 이혼 소송을 제기했습니다. '간통쌍벌죄 제1호' 사건으로 널리 알려진 이 일은 '남편을 고소했다'는 행위 자체만으로도 남성들을 당황하게 만들었지만 더 큰 충격은 그 뒤에 이어진 여성들의 행위였습니다. 이 사건의 재판이 열리는 날이면 법원은 여성들로 북새통을 이루었고 법정에 미처 들어오지 못한 여성들이 창문에 매달려 재판 과정을 지켜보기도 했습니다.

그 뒤에도 축첩과 관련된 재판이 열리면 법원은 언제나 여성들이 '떼 지어' 몰려와 북적대며 첩을 둔 남성이나 그 편에 서 있는 사람들을 향해 야유와 욕설을 퍼부었고, 법정을 장터로 바꾸어 놓곤 했습니다. 1959년에 열린 '전 부흥부 차관의 이혼 소송' 때에는 법원에서 시작된 여성들의 행렬이 덕수궁 앞까지 이어져 말 탄 경찰들이 교통을 정리해야 할 정도였습니다.

이런 일들을 지켜 본 당시 법원 법정국장은 "남편이 딴 여자와 상통하고 있지 않으면 자기가 부인 있는 남자와 사통하고 있는 …… 광증을 부리는 숙녀들"이라고 악담을 쏟아 내기도 했습니다. 또 한 법학자는 "(남편을 간통죄로 처벌하느니) 여자도 방탕하면 되지 않는가" 하는 생뚱맞은 궤변을 늘어놓기도 했습니다. 1965년 법원의 판결에 따르면 아내 된 여성이 결혼하기 전 다른 남성과 성관계를 가진 사실만으로도 남편은 이혼을 요구할 수 있을 정도로 아내 된 여성의 정조는 오직 '남편만의' 것으로 간주하기도 했습니다.

사실 당시 여성들의 행동은 적어도 '떼 지어' 몰려다니며 소란을 피우는 여성들을 그때까지 어디에서도 찾아볼 수 없었다는 점에서 광기였을지도 모릅니다. 그러나 그 광기의 뒷자락에 숨겨진 여성들의 생각은 명백했습니다. 자신들의 힘으로 축첩이라는 일상의 모습을 바꾸기, 또 바뀌기 시작한 일상의 모습을 더 넓게 퍼트리기입니다.

곧 법정에 떼 지어 몰려다닌 여성들의 행동은 차별받고 부당한 대우를 받아온 삶의 분출이었고 이를 바꾸기 위한 투쟁이었습니다. 그렇게 힘든 일상이 지나면서 한집에 살던 처와 첩은 서로 떨어져 살게 되었고, 다시 부첩(夫妾) 관계는 어두운 공간으로 숨어들어 '내연 관계', '불륜'이라는 이름이 붙여졌습니다. 곧 누구든 축첩이 올바르지 않다는 사실을 분명히 알게 되었던 것입니다.

오늘날 '불륜'이나 '내연'을 소재로 하는 드라마가 끊임없이 소비되는 이유는 무엇입니까? 이 소재는 일부일처제가 견고하게 유지되는 한, 남성이냐 여성이냐에 따라 차별해서 적용되는 성적 이중 규범이 존재하는 한 끊임없이 다양한 형태로 변용되어 소비될 것입니다. 여성들이 '불륜' 드라마를 환호하는 하나의 이유는 지금과 같은 부부 관계, 가정 안에서 불평등한 관계를 더 이상 바라지 않는다는 것입니다. 물론 이러한 관심이 일상을 크게 변화시키지 못할 것은 분명합니다. 왜냐하면 대부분의 드라마는 '신데렐라는 왕자님과 결혼하여 오랫동안 행복하게 살았습니다' 하는 결론과 마찬가지로 '불륜' 그 뒤의 일상을 보여 주지는 않기 때문입니다. 아마도 이전의 생활과 크게 다르지 않기 때문이지 않을까요. 오히려 열정적 사랑의 감정이 오랫동안 지속되는 것이 아니라면 그 감정을 보완하는 관계 유지에 훨씬 많은 시간을 보내고 고민해야 할 것입니다.

못다 한 강의 5 : 기지촌 성매매 여성

지난해를 돌아보며 신문에서 눈길을 끈 기사 가운데 하나는 1992년 동두천 기지촌 성매매 여성 '윤금이 살해 사건'의 범인 '케네스 마클'이 8월 25일 가석방되어 미국으로 떠났다는 기사입니다.

법률에 따르면 "형기의 3분의 1을 지낸 수감자 가운데 행형 성적이 우수하고 재범의 우려가 없는 자"는 가석방 대상이 될 수 있습니다. 따라서 13년 이상을 감옥에서 보낸 케네스의 가석방은 법률로는 문제될 것이 없습니다. 그러나 윤금이의 죽음으로 드러난 우리 사회의 잘못된 모습이 바로 잡히지 않고 있는 지금 그자의 가석방이 그리 달갑지 않은 것은 틀림없습니다.

사실 윤금이의 죽음은 우리 사회에서 미군의 구실을 진지하게 돌아보게 한 계기였습니다. 이 사건이 발단이 되어 미국만 유리하도록 맺은 소파(한미행정협정)를 개정하려는 운동이 들불처럼 일어났고, 주한미군 주둔이 정말 필요한지 진지하게 생각해 볼 수 있었습니다. 그리고 어느 유인물의 제목이 '우리 딸이 처참하게 살해되었습니다' 일 정도로 기지촌 여성들의 인권과 삶이 우리 사회 모두의 문제임도 알게 되었습니다. 곧 기지촌 여성도 '우리네 딸' 로 불리게 된 것입니다. 그러나 우리가 단지 그 여성들을 '우리 딸' 로 부른다고 그 여성들이 우리와 한 울타리에 존재하는 것일까요?

1960년 1월 6일을 앞뒤로 신문 사회면에는 일제히 동두천 미군 부대에서 미군들이 한국 여성 2명을 상대로 벌인 삭발 사건이 사진과 함께 크게 보도되었습니다. 삭발당한 여성들은 평소 뚫려 있는 철조망을 통해 미군 부대를 드나들며 성(性)을 파는 여성들이었습니다. 당시 이는 미군 부대 주변에서 흔한 일이었습니다.

1월 2일 밤 두 여성은 다른 때처럼 부대 안 막사에 들어가 알고 지내는 미군을 깨우려다 다른 미군들에게 붙잡혔습니다. 미군들은 두 여성을 가둔 채 온갖 욕설을 퍼부으며 머리칼을 모두 깎은 뒤 한국 경찰에 넘겼습니다. 이 사건이 알려지자 미군은 "부대를 따라 다니는 자들을 삭발로 벌하는 것은 오래된 전통"이라며 논평을 거부하였습니다.

여론은 미군들에 대한 비난으로 들끓었습니다. 우악스럽고 심술궂은 얼굴로 여성들을 삭발하는 미군을 그린 〈코리안타임스〉의 만화는 이런 여론의 결과였습니다. 이와 함께 소파를 체결하라는 요구가 이어졌습니다. 그러나 비난은 "한미 우호를 해치면 안 된다" 는 여론에 밀려 곧 잦아들었습니다. 〈한국일보〉의 만화는 '머리도 한미 우의도 어서 먼저대로 되돌아가길 바랍니다' 라는 제목 아래

가해자 미군이 피해 여성들에게 모생수(毛生水)를 발라 주는 인자한 모습으로 표현했습니다. 이 사건은 기지촌 여성들의 인권보다는 한미 우호라는 안보 논리를 더 중요하게 생각하는 우리 사회를 적나라하게 보여 주었습니다.

사실 지난 50여 년 동안 미군 부대 근처나 기지촌에서는 폭력, 살인, 강간 같은 범죄가 셀 수 없을 정도로 자주 일어났고, 이런 범죄에 기지촌 여성들은 맨몸으로 드러나 있었습니다. 더구나 정부는 '불상사를 미연에 방지하기 위해' 여성들을 단속하거나 사건이 밖으로 알려지지 않도록 막는 것으로 대응했습니다. 결국 미군의 폭력에 맞선 사람들은 기지촌 여성 자신들이었습니다.

1960년, 〈코리안타임스〉 만평만화

1960년, 〈한국일보〉 만평만화

1967년 11월 5일 동두천에서는 스물한 살 된 김춘자라는 여성이 동거자인 '유진 테일러' 일병에게 살해되는 사건이 있었습니다. 테일러는 그 전부터 자주 폭력을 행사해 주변 여성들에게 잘 알려져 있었고 생활비조차 제대로 주지 않았다고 합니다.

테일러가 김춘자를 죽였다는 사실을 알게 된 여성들은 분노했고 11월 7일 동료 3백여 명은 소복을 입고 상여를 맨 채 …… 주민들 1천여 명이 보는 가운데 테일러 일병이 소속해 있는 사단 영내에 몰려 들어가 1시간 동안 연좌 데모를 했습니다. 이 밖에도

1969년 9월 부평에서는 폭력을 행사하는 미군들에 맞서 '위안부 1백여 명'이 미군 헌병과 투석전을 벌였으며, 1972년 8월 평택에서는 기지촌 주민과 성매매 여성들이 합세하여 미군 병사들과 대규모로 난투극을 벌이기도 했습니다. 이처럼 기지촌 여성들과 미군 사이의 충돌은 자주 일어나곤 했습니다.

그러나 기지촌 성매매 여성들의 분노는 결코 기지촌 울타리를 넘지 못했습니다. 이는 한편으로는 그 여성들이 폭력에 순응해 자신감을 잃어 가면서 스스로 기지촌 안으로 몸을 숨기기 때문이었습니다. 그리고 다른 한편으로는 우리 사회가 성매매 여성들을 인정하지 않기 때문이었습니다. 2001년 소파 개정 운동이 전국에서 벌어질 때 서울역 근처의 담벼락에 '소파 개정으로 우리 처녀 지키자'라는 구호가 적혀 있었습니다. 단순해 보이고 별다른 거부감조차 느낄 수 없는 이 구호는 기지촌 여성들의 분노와 저항이 기지촌에 머물 수밖에 없는 현실을 적나라하게 보여 줍니다. 기지촌 여성들은 결코 순결한(?) 처녀들도 아니고 주체가 아닌 대상에 머물러 있기 때문입니다.

얼마 전 두레방(동두천에 있는 기지촌 성매매 여성들의 쉼터)과 박경태 감독이 만든 다큐멘터리 영화 〈나와 부엉이〉를 볼 기회가 있었습니다. 한국전쟁 때 고아가 된 영화 속 주인공은 어릴 때 팔려와 기지촌 성매매 여성이 되었고, 그 뒤 미군과 결혼해 미국으로 건너갔습니다. 그러나 그곳에서 남편의 지독한 폭력에 시달리다 버려진 주인공은 1980년대 다시 한국으로 돌아와 동두천에 정착했습니다. 영화 속에서 들판에 나가 나물을 캐 시장에 내다 파는 모습을 보면서, 나물을 한 웅큼 캔 뒤 환성을 지르고 흙을 털어 분홍색 보자기에 꾹꾹

눌러 담는 모습과 발목이며 등짝이 온통 땀에 젖은 채 걸어가는 뒷모습을 보면서 '민족의 수치' 도, '민족의 딸' 도 아닌 현대사의 숲을 살아가는 한 여성의 모습을 볼 수 있었습니다.

뒤늦게 '케네스 마클' 의 가석방 소식을 들으면서 '케네스 마클' 이나 그자를 석방한 '가석방 심사위원회' 에 소속된 법무부 차관, 변호사, 교수들에 대한 분노보다도 함께 우리 현대사를 살면서도 기지촌 성매매 여성들을 '우리' 밖으로 내쫓은 우리 자신을 새삼 돌아보게 됩니다.

1970년대까지 기지촌 성매매 여성을 일컫는 이름은 '위안부' 였습니다. 당시 '위안부' 라는 말은 군인, 그 가운데서도 미군을 상대하는 여성이라는 뜻으로 쓰였습니다.

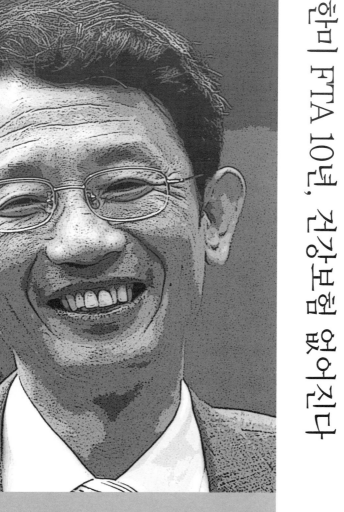

정태인이 바라본 세상

한미 FTA 10년, 건강보험 없어진다

"한미 FTA 10년 되면
분명히 건강보험 없어집니다.
우리들의 자식들은 건강보험 없는 세상에서 삽니다.
10% 안에 들지 못하면 감기 걸려도 병원 못 갑니다.
미국 슈퍼마켓에서는 간단한 수술 도구를 팔아요.
알아서 수술하라는 얘기죠."

한미 FTA 10년,
건강보험 없어진다

지 난 4월 2일 한미 FTA(Free Trade Agreement, 자유무역협정)가 타결되었습니다. 그리고 6월 30일 체결이 되었습니다. 그 과정에서 50%를 넘지 못하던 찬성 비율이 60% 이상으로 늘어났습니다. 여러 가지 이유가 있겠지만, 이제는 끝났다는 생각 때문인 것 같습니다.

열심히 한미 FTA 반대 운동하시던 분들도 이제는 더 이상 안 되는 거 아니냐고 생각하시는 것 같습니다. 특히 농민운동하시는 분들은 이제까지 한 번도 이겨 보지 못해서 그런지 한미 FTA 반대 운동도 마찬가지 아니냐며 실망도 크십니다. 그러나 한미 FTA는 그전의 한칠레 FTA나 우루과이라운드와는 사뭇 다릅니다. 어떤 그룹이나 일부분의 사람에게 피해를 주는 게 아니라 온 국민에게 오랜 기간 동안 영원히 영향을 미칠 수 있는 FTA이기 때문에 만일 내용이 알려지면 많은 분들이 반대하는 쪽으로 돌아서게 될 겁니다.

농민만의 문제는 아니다

타결되었다는 것은 일단 실무 협상이 끝났다는 뜻입니다. 영어로는 컨 클루전(conclusion, 종결), 더 쉽죠? 양국의 통상교섭본부장, 미국 무역대표 부(USTR) 대표 수준에서, 가서명을 했다는 정도로 이해하면 됩니다. 가짜 라는 건 아니고 연필로 서명했다, 이렇게 이해하시면 됩니다.

다음 체결은, 영어로는 사이닝(signing, 서명)인데, 대통령 급에서 행정부 차원의 협상이 모두 끝났다는 뜻입니다.

이제 국회에서 비준 동의를 얻으면 법률로 발효가 됩니다. 그러나 우리 나라에는 통상 절차법이 없어서 국회에서 정부가 국제 협정 맺는 것을 견 제할 수 있는 것이 전혀 없습니다. 극단적으로 4월 2일 타결하고, 4월 3일 체결하고, 4월 4일 국회 비준 동의를 받아도 상관이 없습니다. 그리고 9월 쯤 청와대에서는 비준 동의를 요청할 것으로 보입니다.

미국에서는 700여 명의 각계 이해 당사자, 전문가들이 자문위원회 보 고서를 제출해야 합니다. 이 보고서는 협상문이 공개될 때 같이 발표했 습니다. 또 행정부 무역위원회에서는 체결된 협상안에 관해서 의회에 보 고서를 제출해야 합니다. 이 두 보고서가 들어와야 부시대통령이 사인을 할 수 있습니다.

그 다음 체결이 되면 미국 행정부가 한미 FTA 특별법 이행 법안을 만 들어야 됩니다. 9월이 되면 의회에 제출해야 되는데, 중간에 휴가도 끼 고 해서 아무리 빨라도 9월 초일 것이라고 예측합니다. 9월이 되면 의회 에 3개의 보고서가 제출되게 됩니다. 하나는 자문회의 보고서, 그리고 무역위원회 보고서, 특별법 이행 법안 이 세 개가 들어가야 미국법상 의 회에서 심의를 할 수 있게 됩니다. 세 개를 기초로 해서 샅샅이 뜯어보게 된다는 겁니다. 그렇기 때문에 9월입니다.

그런데 9월부터는 우리나라 사정이 작용하게 됩니다. 9월은 아시다시피 대통령 선거가 본격적으로 전개될 시기고, 한미 FTA는 이번 대선에 최대 이슈가 될 것입니다. 물론 한나라당이나 열린우리당 잔류파들은 이번 한미 FTA가 최대 이슈가 되기를 바라지 않습니다. 한나라당은 큰 이슈가 생기면 뒤집어질 수 있기 때문에 부자 몸조심하는 것이고, 열린우리당 잔류파나 중도 개혁을 이야기하는 세력 있죠? 이분들은 한미 FTA가 자신들의 통합을 둘로 가르는 이슈이기 때문에 묻어버리려고 합니다. 한미 FTA에 반대하는 단식까지 한 김근태 씨가, 이른바 '범여권'에서 가장 강하게 한미 FTA를 찬성하는 손학규 씨를 끌어들이는 것이 그런 예이죠. 우리 아이들의 아이들 운명까지 결정할 아주 중요한 정책에서 서로 입장이 달라도 반한나라 연합이라는 명분을 세워야 하니까요.

그러나 이제 협정문의 많은 내용이 알려졌습니다. 국민들은 '이게 농민의 문제가 아니라 내 문제다, 나뿐만 아니라 내 아들, 내 아들의 아들의 문제다' 하고 알게 될 거고 그러면 이슈로 떠오를 수밖에 없게 될 것입니다. 절대로 박근혜 씨나 이명박 씨가 아무리 속으로 찬성을 하더라도 겉으로는 하나하나 찬성한다고 이야기 못합니다. 그리고 만약에 그 이전에 통과시켜 버리면, 반대표가 완전히 떨어져 나가는 것이기 때문에 12월까지 통과시키지 않을 가능성이 큽니다.

물론 상대가 노무현 대통령이라는 것이 언제나 변수가 됩니다. 오히려 이렇게 생각할 수도 있겠죠. 열린우리당 잔류파 대통령 후보에게 부담을 없애 주기 위해 통과시켜서 사람들을 체념시키겠다, 이럴 가능성도 없지는 않습니다. 그러나 그것은 어려울 것입니다. 왜냐하면 국회의원들이 비준 동의할 때, 아주 산술적으로 기계적으로 계산하면 25%의 국회의원들이 필요합니다. 과반수 출석에 과반수 찬성이면 통과됩니다. 그러나 농촌 지역 출신 의원은 절대로 자기 생각을 표시 안 할 거예요. 찬성했다면 확실히 농촌 지역에서 떨어지는 것이기 때문에, 열린우리당과 한나라당 도시 출신 의원, 특히 서울 쪽만 해도 25%가 넘습니다. 통과시킬 수는 있는데, 지금 한미 FTA에 반대하는 국회의원들만 해도 60명이고 특히 민주노동당 국회의원들은 아마 필사적으로 막으려 할 겁니다. 이 상황에서는 날치기 통과라는 편법을 쓰지 않을 수 없는데, 그것은 아주 나쁜 이미지를 남기게 될 것입니다. 특히 도시 지역에서는 치명타가 될 것입니다. 근데 내년 4월이 총선입니다. 이 사람들이 또 국회의원을 하려면 날치기 통과를 시도하지 않을 것입니다. 결국은 '내년 4월은 넘어갈 것이다'라고 봅니다. 그러면 9개월의 시간이 남았습니다.

최악의 경우 한나라당 대통령이 나오고 한미 FTA 찬성하는 의원이 50%가 넘어가면 아마 전격적으로 처리하려 할 겁니다. 되도록 빨리 처리해야지 그 다음 선거에 부담이 없어지기 때문에 빨리 처리하려 할 겁니다. 어쨌든 9개월이 남아 있습니다. 굉장히 중요한 9개월, 대선과 총선이라는 정치적인 조건 속에서의 9개월이기 때문에 충분히 반대 운동을 할 수 있는 공간이 남아 있습니다. 주체가 어떻게 하느냐에 따라서 완전히 반대의 결과를 낼 수도 있다는 사실이 중요합니다.

고속도로 순찰차를 미국 차로 바꾼다

지난 4월 2일 저는 KBS 스튜디오에 있었습니다. 한미 FTA가 타결되니까 방송3사에서 전부 긴급 토론회를 개최했어요. 근데 이상하게 KBS가 어떻게 정보가 알았는지 굉장히 빨리 움직였나 봐요. 이른바 반대쪽이 호화로운 팀으로 구성됐어요. 저, 심상정 의원, 최재천 의원, 이해영 교수 이렇게 구성됐습니다.

그날 김종훈 대표가 오기로 되어 있었습니다. 와서 타결 내용을 설명하고 질의 응답을 하고 토론에 들어오기로 되어 있었는데, 안 왔습니다. 안 온 이유가, 대통령이 그날 9시쯤인가 특별담화문을 발표했죠. 거기에 배석하기 때문에 안 왔답니다. 속으로 기가 막혔죠. 제가 청와대 비서관 출신입니다. 배석 많이 해 보았습니다. 그거 아무것도 아닙니다. 그냥 서 있는 거죠. 텔레비전 카메라 돌아가면 몸도 이렇게 움직이면서 아무것도 아닌데, 거기에 가느라 못 왔다고 해요. 그래서 제가 대표에게 전화를 했습니다. 한미 FTA에 대해 스스로 평가를 하면 점수를 어떻게 주겠느냐, 수, 우, 미, 양, 가로 평가를 해 달랬더니, 수를 주겠다, 더 이상 잘할 수 없다, 이런 얘기죠. 그러면 그 중에서 가장 잘한 걸 들라면 어떤 걸 들겠느냐고 했더니, 자동차 분야라고 대답했습니다. 아마 여러분이 알기에도 정부가 '자동차가 가장 큰 수혜 분야다' 라고 얘기하고 있죠?

그럼 자동차 분야부터 살펴보기로 하죠. 자동차에서 정부가 성과라고 내세우는 것이 3000cc 이하 자동차(우리나라 수출품의 대종인 소나타를 생각하면 됩니다)에 붙어 있는 관세 2.5%를 즉각 철폐했다고 합니다. 내년 5월이 될지 언제가 될지, 한미 FTA가 국회 비준 동의만 얻으면 발효가 되는데, 그 다음날 즉시 2.5%의 관세는 제로가 됩니다.

이건 잘한 겁니다. 특히 저는 '잘한 거다' 하고 말해야 됩니다. 왜냐면 작년에 200회의 강연을 했는데, '2.5%의 관세도 즉각 철폐 못한다. 두고 봐라. 5년이나 10년에 걸쳐서 철폐할 것이다' 하고 말했거든요. 즉각 철폐되었으니 이것은 성과를 거둔 것이라고 할 수 있습니다. 그런데 이 2.5%의 관세 인하는 실제로 어떤 영향을 미칠까요? 소나타 값을 2000만 원이라고 했을 때 2.5%는 약 50만 원 정도에 해당합니다. 물론 값을 내릴지 말지는 정몽구 회장이 결정합니다. 다만 미국 국경을 넘을 때 한 대당 50만 원씩 미국 관세청에 내던 세금을 내지 않게 됐으니 미국 시장에서 50만 원 정도 깎을 수 있는 거죠. 이것이 한미 FTA에서 제일 많이 얻어 냈다고 정부가 자랑하는 내용입니다.

그러면 반대로 우리는 무얼 줬느냐. 우리 나라가 자동차를 수입할 때 붙이는 관세 8%를 즉각 철폐하기로 한 겁니다. 우리가 세 배 이상 더 빨리 관세를 철폐하기로 한 겁니다. 이것은 섬유, 의류를 제외하고는 모든 부분에서 마찬가지입니다. 우리 나라가 평균 관세율이 미국의 세 배쯤 됩니다. 미국은 워낙 큰 나라고 이미 많이 개방했기 때문에 FTA나 다른 국제협정을 통해서 동시에 관세를 제로로 만들고자 한다면 미국은 무조건 유리합니다. 미국에 비해 우리는 세 배 정도 많이 관세를 내려야 하기 때문입니다.

관세 8%를 내린 것 외에도 우리는 이른바 '비관세장벽'을 철폐합니다. 우선 세제 개편을 합니다. 우리나라 자동차 보유세는 5단계로 되어 있습니다. 제일 작은 차에서 가장 큰 차까지 다섯 단계로 나누고, 큰 차에 높은 세율을 물리고 있습니다. 그런데 이번에 미국의 요구로 5단계의 세제를 3단계로 축소시키고, 최고 세율을 낮춰 버립니다. 그럼 어떤 차에 유리해지는 거죠? 네, 큰 차에 유리해집니다.

그리고 특별소비세 8%를 5%로 낮춰 버립니다. 특별소비세는 어떤 거죠? 사치재에 붙이는 세금입니다. 골프채라든가, 대형차에 붙이는 세금인데, 이것도 미국의 요구로 3%로 인하합니다. 다음은 환경 규제를 약화시킵니다. 우리나라의 자동차 환경 규제는 유럽 수준에 가까울 정도로 상당히 높습니다. 사실은 우리나라 자동차 산업을 보호하기 위해 상당히 높은 규제를 두어 수입을 막았던 거예요. 그런데 규제가 약화됩니다. 우리나라 환경부는 원래 배기가스가 덜 나오게 하는 자동차 배기가스 저감 장치를 다는 것을 의무화하는 법안을 만들고 있었는데, 그걸 포기하게 됩니다. 그리고 자동차를 시장에 내놓을 때 적용하는 환경 규제 기준을 미국 기준, 캘리포니아 기준으로 바꾸게 됩니다. 그것도 사실은 우리나라 기준보다 훨씬 약화된 기준으로 바꾸는 겁니다. 이것 역시 대형차, 고급차인 미국 차에 유리하게 바뀌는 겁니다.

여기에 더해서 협정문 외에 얼마나 더 양보했는지는 모릅니다. 타결 3일 전에 미국은 여든 가지 법과 제도를 바꾸라고 우리에게 요구했습니다. 관세는 관세대로 떨어뜨리고, 한국 제도 때문에 미국 차가 잘 안 팔리니까, 여든 가지 제도를 바꾸라고 우리에게 요구했는데, 얼마나 수용했는지 모릅니다. 한국 정부가 밝힌 것은 요 정도입니다.

그런데, 거기에 어떤 것도 있었냐면, '한국 소비자 인식을 전환시켜라' 하는 것도 있었습니다. 정부가 무슨 뇌 수술을 하나요, 어떻게 소비자 인식을 전환시켜요?

공무원들이 어떻게 대답했는지 궁금하죠? '고속도로 순찰차를 미국 차로 바꾼다'고 이렇게 되어 있습니다. 고속도로를 왔다 갔다 하면 미국 차에 친숙해질 거라는 거죠. 그리고 뺑소니차 잡는데, 미국 차가 잡는다 이러면 미국 차는 성능도 좋네, 이런 식으로 소비자 인식이 전환된다는 겁니다. 우리 공무원들 미국한테 양보할 때는 천재적입니다.

세제 개편만으로도 세금이 1년에 4000억 원 줄어듭니다. 세금은 가난한 사람들을 위해서 쓰는 것인데, 우리 자동차 수출을 늘리기 위해서 가난한 분들을 위한 재원을 줄였다고 볼 수 있습니다.

여기에 하나 덧붙였는데, 자동차 협상에서는 도대체 볼 수 없었던 '분쟁의 신속 처리'라는 항목이 들어갔습니다. 원래 이 조항은 농수산물 협상에 나오는 겁니다. 분쟁이 붙어서 오래 끌게 되면 다 썩어 버릴 테니 예컨대 6개월 이내에 신속하게 처리하기 위한 겁니다. 그런 조항이 자동차에 들어갔는데, 아마도 미국 자동차는 잘 썩는 모양이에요.(웃음)

왜 이런 조항이 들어갔는가 하면, 스냅백(snap back)이라는 제도를 넣기 위한 것입니다. 위에서 얘기한 여러 약속, 즉 미국 차에 유리하도록 한국의 법과 제도를 바꾸겠다는 약속을 정부가 잘 지키면 스냅(관세 0%)이지만, 지키지 않는 순간 백하겠다는 얘깁니다. 다시 2.5% 관세 장벽을 세우겠다는 얘깁니다. 이건 굉장히 치욕적인 불평등 조항입니다.

더구나 이 스냅백에는 비위반 제소의 원리가 적용됩니다. 즉 정부가 한미 FTA에서 한 약속을 어긴 것이 아니라 할지라도 미국 자동차 수출이 기대했던 것만큼 증가하지 않으면 보복을 할 수 있다는 겁니다. 어떤 트집을 잡을지 모르는 거죠. 아시다시피 미국은 깡패입니다.

그럼 8% 관세 인하의 효과는 어떻게 될까요? 미국 차는 보통 대형차고, 비싼 차지만, 비교를 위해서 한국에 소나타급의 중형급 차가 들어온다면 이제 미국 회사는 160만 원 정도의 여유를 가질 수 있습니다.

이게 자동차 분야 협상 결과의 전부입니다. 제가 보태거나 뺀 거 없습니다. 정부 발표를 보셔도 똑같습니다. 그러면 이런 협상 내용이 결국은 경제적으로, 국민들에게는 어떤 영향을 미칠까 살펴 볼까요? 정부가 11개의 국책 연구원을 동원해서 경제적 효과를 발표했습니다. 그 내용은 한미 FTA로 자동차 값을 50만 원 정도 떨어뜨리면 매년 수출이 10억 달러 증가한다는 겁니다.

그런데 소나타와 미국에서 실제로 경쟁하는 차는 미국에서 생산되는 일본 차입니다. 혼다 아코드나 도요타 캠리입니다. 미국이나 유럽에 살아 보신 분은 잘 아시겠지만 소나타는 아코드나 캠리에 비해 한 급 아래로 평가받고 있습니다. 소나타는 각종 보너스를 왕창 붙이고 초기 품질 평가에서 높은 점수를 따서 미국 시장 점유율이 많이 늘어났지만, 요즘 들어와서는 굉장히 고전을 하고 있습니다. 좀 무리를 많이 했어요. 십 년 보증, 이런 것도 막 집어 넣고. 렌트카 싸게 공급해서 점유율을 늘렸는데 그 약효가 떨어진 거죠. 중고차 가격이 떨어졌거든요.

그런데 과연 정몽구 회장은 50만 원의 여유를 가격 인하에 사용할까요? 제가 보기에는 현대자동차는 가격 안 떨어뜨려요. 현대는 이렇게 판단할 거예요. 가격을 떨어뜨려서 판매가 급증한다면 가격 인하를 선택하겠지만 만일 가격을 내려도 비슷하게 팔린다면 한 대당 50만 원씩 주머니에 넣는 것이 훨씬 이익입니다.

과연 50만 원 떨어진다고 한 급 위로 평가하는 혼다 아코드나 도요타 캠리를 타던 사람들이 소나타로 차를 바꿀까요? 아니면, 새 차 사려는 사람이 '소나타 값 50만 원 떨어졌네. 소나타 사야지' 이렇게 마음먹어야 되는데 과연 그럴까 의문입니다.

반대로 한국 쪽은 어떨까요. 원산지 규정이라는 것이 있습니다. FTA에서 원산지 규정이라는 것은 아주 중요합니다. 왜냐면 FTA는 차별관세잖아요. 한국은 미국에 대해서만, 미국은 한국에 대해서만 관세를 떨어뜨려 줍니다. 제가 만일 이 마이크를 미국에 수출한다 했을 때, 관세 등에서 특혜를 얻으려면 이걸 한국산이라고 증명을 해야 합니다. 그럼 어떤 기준이 있어야 합니다. 그래서 모든 품목에 원산지 규정이라는 규정이 따라붙게 됩니다.

이번 한미 FTA에서 자동차는 현지에서 50% 이상 부품을 조달하면 그 나라 제품으로 인정하자고 결정했습니다. 혼다 아코드나 도요타 캠리는 이미 미국에서 75% 이상의 부품을 조달합니다. 즉 미국에서 생산된 혼다 아코드나 도요타 캠리는 한미 FTA에서는 미국산으로 인정받습니다.

미국산 혼다 아코드나 도요타 캠리는 한미 FTA 상의 특혜를 다 받을 수 있다는 얘기죠. 혼다 아코드, 도요타 캠리가 160만 원, 심지어 여기 있는 다른 비관세장벽상의 이익을 다 보게 되면 200만 원 가까이 가격이 떨어질 수 있습니다. 물론 가격을 떨어뜨릴지, 아니면 그냥 관세를 챙길지는 혼다의 판매 전략에 달려 있겠죠. 하지만 가격을 떨어뜨려서 왕창 팔 수 있다면 가격을 떨어뜨릴 것입니다. 지금 정부나 현대는 여유를 부리고 있습니다. 왜? 지금 혼다 아코드나 도요타 캠리가 미국에서 너무나 잘 팔리고 있어서 수출할 여력이 없기 때문입니다.

그런데 정부가 FTA를 추진하는 목표의 첫째로 꼽는 것이 "미국이라는 안정적인 시장을 선점한다"는 겁니다. 마침내 광고에 광개토대왕까지 등장했죠. 광개토대왕이 미국 시장을 정벌하는 것처럼 그런 이미지를 국민들에게 심어 줬습니다. 그럼 거꾸로도 마찬가지죠. 도요타 캠리나 혼다 아코드 입장에서 보면 한국 시장이 안정적으로 확보되는 겁니다. 8% 가격 떨어지죠, 이만큼 더 이익입니다. 확실히 왕창 팔 만한 자신만 있으면, 한국 시장을 장악하려고 할 겁니다.

이에 따라 소나타가 거의 독점하고 있는 한국의 중형 자동차 시장도 무너질 수 있습니다. 근데 한국 정부 판단에는 별로 수입이 늘어나지 않을 거라는 겁니다. 뭐, 어떻게 계산했을지는 대충 짐작이 가는데, 한미 FTA 때문에 자동차의 경쟁 구도가 완전히 달라질 수 있다는 점을 고려하지 않은 계산법입니다.

에이, 한국 사람들이 그렇게 일본 차 많이 살까? 천만에요. 지금 제일 잘 팔리는 외제차가 뭐죠? 렉서스죠. 어디 차입니까? 바로 도요타 차입니다. 이제 우리 국민은 일본 차니까 안 산다, 이런 건 없어졌습니다. 혼다의 전략에 따라 우리의 자동차 시장이 위험에 빠질 소지가 다분합니다.

우리는 세제 개편 등 비관세장벽도 허물었습니다. 비관세장벽이라는 것은 결국 그 나라의 법과 제도입니다. 반면 미국은 하나도 바꾸지 않았습니다. 이런 현상은 자동차 분야 뿐 아니라 전 분야에서 모두 일어났습니다.

그 결과 한미 FTA 하면 우리는 160개의 법을 다 바꿔야 합니다. 최재천 의원의 주장이 그렇고, 정부는 70개 정도라고 하는데 이건 나중에 세어 보면 알겠죠. 반면 미국은 바꿀 게 하나도 없습니다. 즉 우리는 미국의 비관세장벽을 하나도 공략하지 못했습니다. 미국은 자동차에 관해서도 비관세장벽을 많이 가지고 있습니다. 기술 표준 같은 것도 굉장히 많고, 주마다 표준이 다르다는 문제점을 가지고 있습니다만, 우리는 말도 못 꺼냈습니다.

반면 미국의 요구는 대부분 다 들어 줬습니다. 그런데 이런 사실은 이미 예측된 일이었습니다. 미국의회조사국 보고서라는 게 있습니다. 미국의회 조사국은 미국에서 매우 권위 있는 연구기관입니다. 작년 5월 20일자 보고서를 보면 이렇게 돼 있습니다.

"한미 FTA의 목표는 관세장벽보다 비관세장벽을 무너뜨리는 데 있다." 처음부터 미국의 목적은 이것이었습니다. 남의 나라 법과 제도를 왜 바꿔요? 미국은 미국 기업의 최대 이익을 위해서 한국의 법과 제도를 미국식으로 바꾸려합니다. 한미 FTA는 미국의 법과 제도를 한국에 이식시키는 것입니다. 160개의 법을 바꾸는 것은 어마어마한 큰일입니다. 법률 대란이라고 할 만하죠. 이것이 첫째로 정부가 자랑하는 자동차 부문의 결과입니다.

붕어회 드신 분 계십니까?

정부가 자랑하는 둘째 성과는 섬유입니다. 섬유와 의류. 이것은 관세 인하 효과가 있습니다. 미국의 섬유산업은 사양 산업이라 높은 관세로 보호를 받고 있습니다. 정부는 섬유 의류 분야에서 평균 13%의 관세를 인하했다고 자랑하고 있습니다. 그런데 그 효과는 자동차처럼 쉽게 설명하기 어렵습니다. 가령 자동차는 소나타 하나만으로 수출의 반 이상을 설명할 수 있지만 섬유, 의류에는 무지무지하게 품목이 많습니다. 온갖 게 다 있습니다. 여러분 한 100분 되나요? 똑같은 옷을 입으신 분이 하나도 없을 겁니다. 그렇게 품목이 많기 때문에 그래서 쉽게 얘기할 수 없습니다.

섬유, 의류 분야 협상에서 가장 큰 쟁점은 바로 원산지 규정이었습니다. 미국은 섬유 의류 분야에 아주 독특한 원산지 규정을 갖고 있습니다.

와이셔츠를 수출하려면 이 옷에 들어간 실이 한국산이어야 와이셔츠가 한국산으로 인정됩니다. 와이셔츠는 면으로 만듭니다. 그런데 우리 목화 심나요? 문익점 선생이 그렇게 고생해서 목화 들여왔지만 이젠 안 심습니다.

제가 입고 있는 신사복은 모직이죠. 이건 뭐로 만들죠? 양털입니다. 우리나라에 양 치나요? 이 넥타이는 뭐로 만들까요? 예, 비단입니다. 비단은 누에고치에서 나오죠. 누에는 아직 치지만 아주 소량입니다. 잠실이라는 데가 원래 누에 치던 데였지만 지금은 번데기 만들려고 누에 치는 정도입니다. 여러분이 입고 있는 옷 중에서 실이 한국산인 게 있는지 한번 보십시오. 아마 천연섬유라면 한산 모시나 안동 삼베 빼고는 없을 겁니다.

우리나라 원사는 화학섬유, 즉 석유를 정제할 때 나오는 나일론 같은 화학섬유밖에 없습니다. 과연 얼마나 우리 원사를 쓸까요? 한미 FTA 섬유 분야 협상할 때 가장 중요한 자료일 텐데 이것에 대한 통계가 없었어요. 작년 여름까지도. 한참 협상을 하고 있을 때인 작년 가을이 돼서야 우리나라 섬유, 의류에 국내산 원사를 쓰는 것이 몇 %가 되는지 대외경제정책연구원에 의뢰해 30%라는 보고서를 받았는데 제가 보기엔 너무 과장됐습니다.

정부는 한미 FTA를 2003년부터 착실히 준비했다고 합니다. 섬유 분야에서 원사 기준이 중요하다는 건 업계에서 다 알고 있었습니다. 그런데, 우리나라에서 한국 원사를 쓰는 비중이 얼마나 되느냐는 것을 작년 8월이 돼서야 조사를 했습니다. 통계도 없이 협상을 한 겁니다.

사실 이 분야의 경우, 미국의 섬유, 의류가 우리나라에 쏟아져 들어오는 경우는 발생하지 않습니다. 미국은 섬유에서 특허를 팔아서 돈을 벌지, 직접 생산하지는 않습니다. 따라서 고급 스포츠 의류를 제외하고는 미국에서 들어올 것이 별로 없습니다.

예컨대, 등산이나 낚시할 때 입는 옷의 섬유를 뭐라 그러죠? 예, 고어텍스입니다. 미국 항공우주국에서 개발한 겁니다. 우주복 개발하면서 나온 특수 섬유를 상업화한 거에요. 그러나 미국이 이 고어텍스 기술로 직접 낚시, 등산복 만들어 수출하지는 않습니다. 그래서 우리나라 시장에 직접적인 영향을 끼치진 않습니다.

섬유, 의류 분야에서 미국은 시장 보호가 가장 큰 목적이었습니다. 우회 수출 방지 조항이 가장 불공정한데 원산지 규정만으로도 안심할 수 없겠다 해서 여러 가지 서류를 요구합니다. 옷 좀 수출하는데 거기다가 노동자가 몇 명이고, 이 옷을 생산한 기계는 어떤 걸 쓰고 하는지 사실상 기업의 영업 비밀에 해당하는 모든 걸 제출하도록 요구합니다. 중소기업에서는 이런 서류 작성하기도 어렵죠. 또 그렇게 제출한 서류를 미국 관세청이 가짜라고 판단하는 경우, 미국 관세청에 우리나라 해당 기업을 직접 조사할 수 있게 했습니다. 정부는 우리 기업이 거부하면 그만이라고 말합니다. 물론 그러면 되겠죠. 단 수출은 포기해야 합니다.

더 큰 문제는 다른 데 있었습니다. 타결 3일 전 미국 섬유의류분과장이 엉뚱하게도 한국의 LMO(유전자 변형 생물체) 규제 완화를 요구합니다. 한국 정부는 부정하고 있고 협정문에도 그 내용은 없습니다. 한국에서 써 준 건 양해 각서인데 이번 공개 대상이 아니고 3년이나 지나야 볼 수 있습니다.

이런 게 어떻게 보도가 됐느냐? 〈한겨레〉 기자가 협상단 책상 위에 있는 서류를 집어 왔는데 너무 기막힌 내용이라 특종 보도를 했습니다. 통상교섭본부는 〈한겨레〉를 절도죄로 고발한다고 합니다.

LMO 규제는 EU(유럽연합)가 가장 강하고, 미국이 가장 약합니다. 그 LMO를 만드는 기업은 몬산타 같은 세계적인 대기업들이에요. 첨단의 유전공학이 필요하고 세계 LMO의 70%를 미국에서 만들어 냈습니다. 그 기업들이 미국 내에서 로비를 해서 미국의 규제를 이미 약화시켜 놓은 겁니다. EU는 두 가지 이유로 LMO 규제를 강화합니다.

EU와 미국이 통상 마찰에서 제일 큰 이슈가 바로 LMO입니다. 유럽 입장에서는 미국에서 생산량이나 맛이 좋은 농산물이 들어와서 유럽 농업이 무너지는 것을 막아야 한다는 측면이 첫째 이유입니다만, 실은 더 중요한 것은 국민 건강을 보호해야 하기 때문입니다.

여기 붕어회 드신 분 계십니까? 없으시죠? 없는 게 정상입니다. 붕어는 회로 먹으면 잘못하면 죽습니다. 붕어는 아주 작은 기생충을 많이 가지고 있는데 이걸 회로 먹으면 그 기생충이 산 채로 사람의 위와 장에 들어가기 때문입니다. 그래서 잉어는 회로 먹어도 붕어는 먹지 않습니다.

어느 식당에서도 붕어회는 팔지 않고 또 아마 누가 먹으려고 했다면 주위 어른들이 못 먹게 했을 겁니다. 왜 이런 얘길 하냐면 우리가 먹을거리에 가지고 있는 지식은 아주 오랜 지혜가 쌓인 결과라는 겁니다. 그래서 어떤 건 끓여 먹어야 하고 어떤 건 생으로 먹어도 되는지를 아는 겁니다. 그러나 LMO는 전혀 새로운 생물체입니다.

북한 백두산 기슭에 감자가 자라는데, 원래 감자는 추운 데서 안된다고 합니다. 그 감자는 미국에서 유전자 변형을 해서 북한에 들어온 겁니다. 감자의 유전자 중에서 추위에 견디는 유전자가 있는데, 그걸 바꿔치기한 겁니다. 추위에 잘 견디도록. 그 감자는 유전자가 변형된 새로운 생물체입니다.

이거 먹고 어떤 일이 벌어질지 아무도 모릅니다. 유전자 변형 물질이 생긴 지 20~30년 되는데, 적어도 50년, 한 세대가 지나야 그것이 어떤 병을 유발하는지, 사람들 건강에 어떤 영향을 미치는지 알 수 있습니다.

아직 확실히 모를 때는 일단 예방을 해야 합니다. 먹지 못하게 하는 거죠. 그래서 건강과 환경 정책은 예방 우선의 원칙이라는 걸 적용합니다. 그런데 이 원칙은 미국식 FTA의 상업성 원칙과 부딪칩니다.

과학적 근거 없이 규제를 하는 것은 무역 장벽이라는 것이 미국의 주장입니다. 스위스는 바로 이 문제 때문에 미국과 FTA를 중단했습니다. 스위스 국민들은 국민투표를 해서 LMO 표시를 하지 않으면 안 된다고 해서 중단시켰습니다. 그런데, 우리는 엉뚱하게 섬유 쪽에 끼워 넣어서 규제를 약화시켰어요. 우리의 규제 수준은 미국과 유럽 중간쯤 됐는데 이제 미국 수준으로 낮추겠다고 약속을 한 겁니다.

지금도 우리나라에서 LMO를 수입합니다. 사료로 수입해요. 돼지 사료, 닭 사료로 수입하는데, 그걸 돼지나 닭이 먹고 그 돼지고기나 닭고기를 사람이 먹었을 때 어떤 일이 벌어질지 아직 아무도 모릅니다. 사실 규제를 더 강화해야 하는데, 별로 영양가도 없는 섬유, 의류 수출 조금 더 늘리려고 국민 건강을 내준 겁니다. 이게 정부가 두 번째로 잘했다는 섬유, 의류 분야 협상 내용입니다. 나머지는 짐작이 가시죠?

개성공단 문제의 나쁜 선례

셋째로 잘했다고 하는 것이 개성공단입니다. 개성공단 건은 매우 중요합니다. 개성공단에서 생산되는 것을 한국산이라고 인정받게 되면, 한미 FTA의 적용을 받아 관세를 적게 냅니다. 그러나 그것보다 더 중요한 것은 메이드 인 노스코리아와 메이드 인 코리아는 다르다는 거죠. 똑같은 기업이 하나는 개성에서 만들고, 하나는 서울에서 만들었다면 가격 차이는 얼마나 날까요? 엄청날 것입니다. 외국에서 볼 때, 소비자들의 북한에 대한 신뢰성, 한국에 대한 신뢰성이 완전히 다르기 때문에 10배까지 차이가 날 수 있습니다. 개성공단에서 생산된 것을 한국산이라고 붙이는 것은 아주 중요합니다.

이걸 FTA에서는 '역외가공지역' 이라고 표현합니다. 한미 FTA의 역내, 즉 지역 내부는 미국과 한국입니다. 북한은 지역 바깥, 즉 역외입니다만 북한을 한국의 가공 지역으로 인정하면 한국산이 될 수 있는 겁니다.

한미 FTA는 북한을 역외가공지역으로 인정했습니다. 그래서 정부가 엄청난 성과를 냈다고 자랑하는 겁니다. 그러나 협정문을 보면 단서가 붙어 있습니다. 단 한국과 미국이 역외가공위원회를 만들어서 북한에서 생산하는 그 공장의 환경 기준과 노동 기준을 보고 판단, 결정한다는 것이고 나아가서 북핵 문제 등 남북 관계도 해결되어야 한다는 것도 전제로 붙어 있습니다. 북한이 어느 세월에 기준이 국제 기준으로 올라갈까요? 더구나 미국이 지금 북한하고 절대적으로 대립하고 있기 때문에 미국이 안 된다고 하면 안 되는 거예요.

그러나 그래도 가능성을 열어 둔 거 아니냐 하고 말할 수는 있지요. 그러나 문제가 어디 있냐면, 성과라고 설명한 것이 다 거짓이라는 겁니다. 과거 우리가 맺은 FTA에서는 어떻게 했을까요? 처음으로 개성공단 문제를 FTA에 넣은 것은 한국과 싱가포르간의 FTA입니다. 한싱 FTA에서 처음으로 개성을 역외 가공 지역으로 한다는 조항이 들어갔습니다. 개성 및 그 외 북한 지역을 역외 가공 지역으로 한다로 끝났습니다. 뒤에 뭐 없습니다. 한국과 에프타(EFTA) FTA에도 똑같이 들어갔습니다. 에프타라고 하는 것은 EU에 속하지 않은 유럽의 작은 나라들의 연합입니다. 스위스, 리히텐슈타인, 노르웨이, 아이슬란드, 이렇게 작지만 잘살고 있는 나라들이 있는데, 거기도 그렇게 되어 있어요. 한국과 아세안 FTA도 마찬가지입니다.

그러나 미국은 달라요. 단서가 붙었어요. 무슨 위원회에서 판단한다! 이게 성과입니까? 후퇴입니까? 명백한 후퇴입니다. 후퇴일 뿐 아니라 해악입니다. 아주 나쁜 선례를 남긴 겁니다. 지금 EU와 FTA 한다 그러죠? 이건 잘못되고 한마디로 미친 짓입니다. 어쨌든 EU는 개성공단 문제를 어떻게 할까요? 제가 사실 처음에 정부가 개성공단 문제를 말하길래 차라리 얘기를 하지 마라, 꺼내지도 마라 그랬어요. 우리가 말을 안 꺼내면 한미 FTA에 이 조항은 아예 없었을 겁니다. 그러면 한 EU FTA 협상 때 EU가 참조할 외국 사례는 한에프타 FTA, 한싱 FTA, 한아세안 FTA밖에 없잖아요. 전부 역외 가공 지역으로 인정한다. 그렇게 되어 있습니다. 그러나 이제는 미국의 사례가 있으니까 EU는 분명히 미국 FTA를 준거로 삼을 거예요. 큰 나라고 그게 유리하니까요. 이게 성과입니까? 후퇴입니까? 이건 명백한 후퇴입니다. 차라리 얘기를 안 했으면 훨씬 나았어요.

뼈 있는 쇠고기도 수입하겠다

이상이 우리가 얻어 냈다고 하는 것들입니다. 이 별것도 아닌 것을 얻어 내기 위해 협상장 안이 아니라, 협상장 밖에서 대통령이 전화해서 약속한 게 있습니다. 뭐 약속했죠? 네, 바로 쇠고기 수입 재개입니다. 이때 약속한 것은 30개월 미만 소의 뼈 있는 쇠고기까지입니다. 원래 광우병 때문에, 쇠고기 협상을 했을 때는, 30개월 미만 소의 뼈 없는 쇠고기를 약속했는데, 엑스레이 검사에서 뼛조각이 발견되니까, 전량을 반품했다가 미국이 막 압력을 가하니까, 뼈 나온 쇠고기 상자만 반품한다, 그렇게 했다가 나중에는 대통령이 국제수역사무국이 미국을 광우병 통제 국가로 인정하는 경우, 뼈 있는 쇠고기도 수입하겠다고 약속을 한 겁니다. 대통령은 적절한 시기에 합리적인 수준에서 개방하겠다고 했지만, 누구나 그 얘기가 무슨 얘긴지 압니다. 국제수역사무국 발표를 빌미로 해서 뼈 있는 쇠고기도 수입한다는 거죠. 최근에 나온 미국의회조사국 보고서를 보면 '쇠고기 수입 재개 없이는 한미 FTA 체결 없다' 고 되어 있습니다. 제가 이런 얘기 하면 많은 분들이 그런 질문을 해요. 한미 FTA를 어떻게 막을 수 있냐구요. 가장 간단한 답은 미국 쇠고기 수입을 막으면 된다는 겁니다. 그럼 미국 의회에서 비준되지 않아요.

광우병, 막아야 합니다. 한미 FTA보다도 우리들 건강을 위해서라도 막아야 합니다. 제가 광우병이 극성을 부릴 때 영국에 있어서 잘 압니다. 영국에 있다가 한국에 돌아온 후 우리 딸이 다니던 고등학교에서 광우병 환자로 소문이 났어요. 고등학생들은 헌혈을 할 때, 줄 서서 하나 봐요. 헌혈할 때 영국에서 몇 년에서 몇 년까지 살았냐고 묻더래요. 살았으니 살았다고 답했죠. 그러니까 간호사 언니가 친절히 얘기해 주더래요. 너는 영국에서 몇 년 살았으니, 광우병에 걸렸을 확률이 있으니, 헌혈을 하면 안 된다, 우리 가족은 헌혈 못합니다. 우리 방역 당국이 잘 아는 겁니다. 광우병이 얼마나 무서운지. 우리는 아직 광우병이 얼마나 무서운 병인지 실감하지 못합니다.

영국은 정말 공포 분위기였습니다. 우리 가족은 영국에서 쇠고기 한 점도 안 먹고 살았습니다. 광우병의 원인은 아직 아무도 모릅니다. 현재까지 과학자들이 밝혀 낸 것은 뇌, 척수, 뼈, 뼈에 붙어 있는 근육, 내장 등에 들어 있는 변형 프리온이라는 단백질이 원인이라는 것입니다. 뼈와 뼈 사이에 붙어 있는 근육이 뭐예요? 우리는 갈비라고 부르죠. 미국 사람, 영국 사람 뼈 안 먹습니다. 스테이크 썰 때, 뼈가 걸렸다면 해고입니다. 그러나 우리는 뼈를 고아 먹습니다. 변형 프리온을 추출해서 먹습니다. 그걸 진국이라 부르죠. 굉장히 위험한 식생활을 우리가 하고 있는 겁니다. 그런데 우리 국민들이 지금 설득당하고 있는 것은, 3억 명의 미국 국민들이 아무 소리 없이 먹고 있다, 그런데 왜 그렇게 까탈스럽게 그러느냐, 한국 소는 깨끗한 줄 아느냐? 하는 논리죠. 실제로 우리 동포들이 미국 쇠고기 수출업자의 광고에 등장하기도 합니다. 이건 정말 무식한 일이에요.

아직 미국에서는 인간이 광우병에 걸릴 시기가 되지 않은 거예요. 광우병 소가 발견된 지 최소한 10년이 지나야 인간 광우병이 등장합니다. 잠복기가 10년 이상입니다. 최장 50년. 제가 10년 지났어요. 1996~1997년에 영국에 있었기에 10년 됐어요. 제가 이상한 짓하면, 광우병 걸린 겁니다. 근데, 미국은 2003년에 발견했기 때문에, 빨라도 2012년이 되어야 인간 광우병이 발생하게 됩니다. 물론 발병 확률은 낮지만 걸리면 100% 죽습니다. 내 의지나 잘못 없이도 언제나 죽을 수 있는 거지요. 그래서 막아야 하는 겁니다. 영국에서 그랬어요. 지금 미국처럼 똑같이 했어요.

광우병 소가 발생해서 소비도 안 되고, 수출도 안 되니까, 고위 관료들이 쇠고기를 시식합니다. 저도 청와대 있을 때 했어요. 조류 바이러스 생겼을 때, 기자들 불러 놓고, 삼계탕 먹고 했어요. 그건 바이러스니까, 끓이면 죽습니다. 그러나 변형 프리온은 600도로 끓여도 없어지지 않습니다.

그런 연출의 하이라이트는 영국 농림부 장관이 자기 딸 데리고 나와 시식한 겁니다. 난 딸애도 먹일 수 있다, 이렇게 과시를 한 거죠. 그게 SBS '그것이 알고 싶다'에 나왔다면서요? 근데, 6년 뒤에 인간광우병이 나타나 150명이 죽습니다. 농림부 장관이야 그렇다 해도, 그 딸이 무슨 죄입니까? 제가 텔레비전 토론 때 해법을 제시한 적이 있습니다. 국민들이 딴 얘기할 필요가 없어요. 대통령이 한 달 동안 손녀하고 미국 쇠고기로 설렁탕 먹어라. 아무 문제없다고 주장하는 책임 있는 국장들, 농림부, 보건복지부 국장들도 가족들과 한 달 이상 곰탕 끓여 먹어라. 그럴 자신 있으면 수입해라. 절대 그 사람들 애들은 못 먹입니다. 자기들 못 먹으면서 왜 국민들 먹이려 합니까? 집에서는 안 먹는다고 해도 군대 급식, 학교 급식, 공장 급식은 어떻게 합니까? 그런 쇠고기를 안 먹는다 해도 국은 쇠고기로 끓이잖아요. 거기에 미국 소가 들어갔는지 어떤지 어떻게 압니까? 국을 끓여도 안 없어집니다. 그러니 막아야 합니다. 발생한 다음에 누구를 어떻게 할 거예요? 그게 왜, 어디서 발생했는지 잡아낼 수 없습니다. 10년이나 지났는데 그 병이 미국 수입 쇠고기에서 발생한 건지 어떻게 규명하겠어요? 공무원들도 책임질 일도 없는 거지요.

한미 FTA는 전체적으로 우리 법과 제도를 바꾸어야 하고, 경제적으로도 손해인 데다가, 국민 건강을 심각하게 위협합니다.

각개격파

　이번엔 미국이 잘했다고 하는 쪽을 들여다 볼까요? 실제로 미국이 다른 나라 협상에서도 총력을 기울여서 하는 것은 지적재산권, 서비스, 투자 분야입니다. 사실 지적재산권, 서비스업을 무역한다는 게 어색하죠. 실제로 처음부터 통상 협상의 대상이 아니었습니다. 우루과이라운드 아시죠? 80년대 말, 90년대부터 본격적으로 협상 대상이 되고, 국제협약이 맺어집니다. 사실 2차 대전이 끝났을 때, 미국은 모든 부분에서 압도적인 생산력을 가졌습니다. 사실 그럴 수밖에 없는 게, 유럽은 서로 싸웠고, 일본은 원자폭탄 맞았잖아요. 그런데, 50년대 60년대를 거치면서 유럽과 일본이 경쟁력을 회복합니다. 그래서 제조업에서는 유럽이나 일본에 따라잡히는 부분이 생깁니다. 적자가 생기게 되고 그걸 메울 수 있는 게 바로 서비스, 투자 같은 것들이죠. 지적재산권이란 한마디로 특허 문제입니다. 미국은 압도적으로 특허를 많이 가지고 있습니다. 그래서 특허 해적질만 막으면 미국은 앉아서 돈을 벌게 되어 있습니다. 서비스 분야 역시 미국이 세계 최고입니다. 고급 서비스는 미국이 경쟁력 1위입니다. 의료, 법률, 금융, 회계 어느 걸 갔다 놔도 세계 1위입니다. 그런 걸 이용해 '안정적으로 돈을 벌겠다' 하고 새롭게 국제 협정을 맺으려는 겁니다. 그래서 많은 국제 협정을 맺었는데, 2000년이 되어 더 강화할 전략을 세우게 된 것이 FTA입니다. 다자간 협상하자고 했는데, 그게 잘 안 돼요. 후진국들이 다 똘똘 뭉쳐서 방어하고, EU도 말을 잘 안 듣습니다. 25개국이었는데, 지금은 동구권이 가입해서 더 많아졌죠. 미국도 깡패지만, 유럽에도 만만치 않은 깡패가 있어요. 프랑스죠. 미국이 적극적으로 추진하던 다자간 투자 협정도 프랑스 때문에 깨졌습니다.

이렇게 말을 잘 안 들으니까 한 놈씩 때려잡자는 전략으로 갔습니다. 그걸 경쟁적 자유화, 경쟁적 자유주의(competitive liberalization)라고 합니다. 저보고 번역하라면 '각개격파'라고 하겠습니다. 한 놈씩 때려잡자는 거죠. 경쟁적 자유화는 가령 한국이 미국에 수출을 할 때 특혜를 주면, 어 한국이 하네, 우리도 해야지, 경쟁적으로 미국과 FTA를 맺겠다고 달라 붙을 것이다, 그러면서 과거보다 더 강한 협정을 만드는 거죠. 현재의 국제 협정보다 강한 국제 협정을 맺어서 그걸 다자간 협상에 가져 가고, 다시 강화된 다자 협정보다 더 강한 FTA를 맺는 식이죠. 다자간 협상과 FTA를 연계시켜서 자기들에게 유리한 분야를 점점 더 강화시키겠다. 이게 미국의 전략입니다. 그러기 위해서는 가장 모범적인 나라와 FTA를 맺어야 돼요. 그게 바로 한국입니다. 영광이죠? 미국은 한국과 골드스탠다드를 맺겠다고 공언했습니다. 미국의회조사국 보고서에 '한국은 경쟁적 자유화의 모범적 사례가 될것이다'라고 되어 있습니다. 모범 사례 정도가 아니죠. 현존하는 FTA 중에서 가장 강력한 것이 나프타(NAFTA, 북미자유무역협정)라고 학자들은 말하고 있습니다. 1994년에 미국, 캐나다, 멕시코가 맺은 협정입니다. 처음부터 미국과 한국은 나프타 플러스를 맺겠다고 했는데, 제가 보기엔 이미 나프타 플러스 플러스입니다. 당분간 이 기록은 안 깨질 겁니다.

맞장뜨자?

지적재산권에서 가장 문제가 되었던 것은 의약품 문제입니다. 약값 적정화 방안이라고 하는 우리의 정책이 최대 쟁점이었습니다. 이건 보건복지부가 3년 전부터 준비했던 정책이에요. 약값을 떨어뜨리려고 하는 거예요. 중요한 것은 우리나라 건강보험에서 약값이 차지하는 비중이 30~40%입니다. 선진국은 15~20%이에요. 약 2배 정도로 약값에 대한 상대적 지출이 많은 거죠. 그래서 약값을 떨어뜨리지 않으면 우리 건강 보험료는 계속 올라가게 되어 있어요. 약값이 올라가는 이유가 어디 있냐면, 약은 특허를 받으면 20년간 지적재산권 보장을 받아요. 20년 동안은 그 약과 비슷하게 못 만드는 겁니다. 사실 약은 화학 성분이기에 분자식만 알려지면 비슷하게 만들 수 있을 거예요. 그걸 못 만들게 하는 겁니다. 그리고 20년이 지나면 복제 약이 나옵니다. 이 복제 약은 원래 약값의 70~80%에서 결정됩니다. 20년간 약값이 독점이에요. 여러분들이 세계적인 제약 회사의 회장이라면 어떻게 하시겠어요? 내 상품, 약이 20년간 독점이라면 어떻게 하시겠어요? 약값을 올리겠죠, 어떤 약값을 주로 올릴까요? 힌트, 수요의 가격탄력성 문제입니다. 그렇습니다. 불치병 약. '저거만 먹으면 산다는 데' 하는 약이면 집을 팔아서라도 무슨 일을 해서라도 사 먹는다는 사실을 기업가들은 알고 있습니다. 가격을 엄청 높여 놓을 겁니다. 수요의 가격탄력성이 거의 제로에 가까운 겁니다. 그러니 20년 후에 복제 약이 나와도 원본이 비싸니까 따라서 가격이 높게 형성되는 겁니다. 이걸 낮추자는 겁니다. 이건 호주의 PBS(Phamaceutical Benefit Scheme, 의약품 급여제도)를 흉내 낸 겁니다. 세계보건기구(WHO)에서 이거 굉장히 좋은 제도니 다른 나라도 본 따서 하라고 하는 권장 제도입니다. 그러나 미국 업체 입장에서는 굉장히 나쁜 제도죠. 딴 나라가 다 이 제도 따라서 하면 가격 떨어지게 되니까요.

어떻게 하는 거냐면, 새로 백혈병 약, 예컨대 글리백이라는 혁신 신약이 나왔다고 합시다. 물론 과거에도 백혈병 약은 있었겠죠. 이 두 약을 가지고 전문가들이 약값 결정위원회라는 곳에 모여서 비교를 하는 거에요. 예컨대 효능이 40% 좋아졌다, 그런데 기업에서 독점적 지위를 이용해 200% 가격을 올려놓았다면 낮추라고 요구를 하는 겁니다. 자기들이 독점적으로 가격을 올린 건데, 감히? 호주 정부가 낮추라고 하면 '싫어' 하고 대답을 하겠죠. 그럼 준비하고 있는 게 뭐냐면 '포지티브 리스트' (positive list)라고 하는 겁니다. 우리나라는 '네거티브 리스트' (negative list) 였어요. 네거티브 리스트를 포지티브 리스트로 바꾸는 것이 가격 적정화 방안의 핵심입니다. 별거 아닙니다. 리스트라고 하는 건, 약 이름이 써 있는 종이입니다. 네거티브 리스트라고 하는 건, 의사가 진단을 하고 약을 처방해 줄 때, 네거티브 리스트에 있는 약 빼고 다 처방해 줄 수 있는 겁니다. 그래서 네거티브 리스트에는 정부가 나쁜 약들만 집어 넣었겠죠. 그래서 그동안 처방할 수 있는 약이 많았어요. 2만 2000개 정도. 하지만 포지티브 리스트는 여기 있는 약만 처방할 수 있는 겁니다. 그런데 이번에는 조건이 까다로워졌어요. 효능이 괜찮고 동시에 약값도 적정한 것만 집어넣어 줍니다. 이제 어떻게 하는지 아시겠죠? 내리라는 요구를 듣지 않으면 리스트에 넣어 주지 않는 거죠. 그러니까, 그 약이 나왔다는 것을 의사들도 알고 있지만, 리스트에 없으니 처방할 수 없는 겁니다. 한 알도 못 팔아요. 그러니 세계적 제약 회사라고 해도 가격을 낮출 수밖에 없는 거죠. 백혈병 같은 불치병 환자들에게는 복음의 정책입니다. 약값이 전체적으로 떨어질 테니까 국민 모두에게도 이익이겠죠. 혁신 신약의 약값이 떨어지면, 나중에 복제 약값도 떨어집니다.

물론 이 제도를 제일 싫어하는 데는 화이저 같은 세계적인 혁신 신약 회사입니다. 혁신 신약 회사는 미국이 제일 많습니다. 그리고 영국, 스위스 정도입니다. 근데 호주가 2004년에 미국과 FTA 협상을 해요. PBS 때문에 난리가 났죠. 미국은 집중 공격을 하고, 호주는 자존심을 걸고 지킵니다. 지키면서 미국이 요구하는 것을 들어줍니다.

첫째, 특허 허가 연계
둘째, 자료독점권
셋째, 특허지연보상
넷째, 재심위원회

첫째, 둘째, 셋째 이거 다 미국법이에요. 미국 법을 그대로 호주가 받아들인 겁니다. 특허 허가 연계를 우리식으로 얘기하면 이렇습니다. 우리나라에서 약의 시판 허가를 내주는 곳은 식약청입니다. 약이 괜찮으면 허가를 내주고, 약국에서 시판되고 병원에도 들어가는 겁니다. 그런데, 이제는 특허청과 연계를 하라는 겁니다. 특허청에 자료를 먼저 보내면, 특허청에서는 기존 특허를 침해했는지 확인을 하고 만일 침해할 우려가 있다면 화이저 같은 곳에 통보를 합니다. 이제 화이저는 약이 시판되기 전에 소송을 할 수 있습니다. 소송이 끝날 때까지 그 약은 시판할 수 없습니다. 보통 미국에서 30개월 정도 걸립니다. 2년 6개월. 옛날 같으면 어떻게 했을까요? 이미 막 돌아다녀요. 그래서 좀 팔린다 싶으면 검토해서 소송을 간다든지 하는데, 이 경우는 시판하기 전에 미국 제약 회사의 검토를 거치는 겁니다. 시판이 적어도 2년 6개월 늦어지는 겁니다.

자료독점권은 뭐냐면, 약에 특허를 20년 주는 이유는 약을 개발하는데

20년 걸리기 때문입니다. 새로운 물질을 만드는 것도 오래 걸리지만, 이 물질이 인체에 부작용이 없다는 것을 증명하기 위해 동물실험, 임상 실험 등 굉장히 많은 실험을 해야 돼요. 그 모든 자료는 특허를 받기 위해 특허청에 제출을 하게 됩니다. 그걸 제네릭 회사 사장이 보면 굉장히 편해지겠죠. 동등성 실험만 하면 된다, 뭐 이런 겁니다. 그 자료를 굉장히 엄격하게 통제하는 겁니다. 미국의 제약 회사들이 워낙 힘이 있어 미국 정계를 완전히 장악하고 있습니다. 그들 뜻대로 미리 법을 만들어 놓은 거예요.

특허지연보상은 특허가 1년 만에 나올 수 있었던 것이 2년 만에 나왔다면 그 1년에 대해 돈으로 보상을 하든지 특허를 연장해 주는 겁니다. 다 미국 제약 회사 같은 데 유리한 법이에요. 마지막으로 재심위원회는 리스트에 들어가지 못한 약에 대해 재심을 하는데, 미국 전문가들이 들어가요. 뭐 할지 뻔하죠. 압력을 넣을 통로를 독립적으로 만들어 준 거죠. 이런 걸 받아들인 결과 20년이었던 특허가 사실상 23년 이상으로 연장됩니다. 한국은 호주보다 더 강하게 다 받아 줬습니다. 미국의사협회에 따르면 한국은 25년 이상 연장되는 결과를 낳을 거라고 합니다. 호주에서는 5년간 1조 7000억 원 약값이 증가할 것이라고 추산했습니다. 정부도 약값이 증가할 것이라고 부정하지 않습니다. 다만 정부는 1년에 1600억 원에서 2000억 원 정도라고 주장하고, 민간단체는 1조 원이라고 합니다. 제가 보기에는 5년간 3~4조예요. 현재 자료가 없어서 계산을 정확히 못합니다. 호주의 계산이 정확하다면, 우리는 호주 인구의 두 배니까, 그럼 3조 4천억이죠. 1인당 약 소비량은 어디가 많을까요? 아무리 봐도 약 소비량 세계 1위가 한국이에요.

이 의약품 분야는 한미 FTA 본질을 그대로 보여 줍니다. 우리는 한미 FTA 안 했으면 포지티브 리스트 이것만 도입했겠죠. 아까 이야기한 메커니즘에 따라서 약값이 떨어집니다. 그런데 오직 한미 FTA 때문에 미국법을 받아들였어요.

그리고 이것들은 모두 미국 제약 회사에게 유리하도록 우리의 법과 제도를 바꾸는 겁니다. 국민들 모두가 손해이고, 특히 불치병 환자들에게는 치명적입니다. 제가 예언하건대, 불치병 환자 가족들이 사투를 벌일 거예요. 왜냐하면 정말 이것 때문에 죽게 생겼으니까 그럴 수밖에 없어요. 국민들도 손해를 봐요. 작년에 건강보험료가 0.6% 올랐어요. 이제는 훨씬 많이 올라갈 겁니다. 몇천억씩 늘어나는데 그거 안 메꾸면 건강보험이 펑크 나기 때문입니다.

우리나라 제약 회사도 손해를 보죠. 복제 약 만드는 게 굉장히 까다로워집니다. 이익을 본 데는 오로지 화이저 같은 세계적인 제약 회사 뿐입니다. 작년 5월 24일에 미국 의회에서 밝혔듯이 한미 FTA의 본질은 한국의 관세보다 비관세장벽의 철폐를 목표로 합니다. 비관세장벽이라는 것은 한국의 법과 제도입니다. 미국의 화이저 같은 제약 회사를 위해서 한국의 법과 제도를 바꿨죠. 결과적으로 미국 기업의 이익을 위해 우리나라 국민들이 희생되는 겁니다. 이렇게 바꿔 놓고 정부는 제도 개선이라 설명합니다. 또는 제도 선진화라고 하죠. 실지로 선진국인 미국의 제도니까 선진 제도다 하고 생각해요. 한미 FTA를 통해 수출 잘 된다, 한국 경제가 한 단계 업그레이드된다, 선진 제도를 도입했으니, 선진 경제가 된다고 생각해요.

대통령은 언제까지 한국 제약 회사는 복제 약만 만들어서야 되겠느냐라고 했습니다. 우리도 혁신 신약에 유리한 제도를 만들었으니 혁신 신약을 제조해서 당당하게 세계 시장으로 나가자, 맞장 뜨자는 거죠. 요새 대통령이 이런 얘기 많이 합니다. 이준기한테도 "그렇게 자신 없냐"고 했죠? 이준기는 자신 있을 수 있어요. 그 친구는 헐리우드 가서 성공할 수 있겠죠. 홍콩 영화 보세요. 한때 아시아를 주름 잡았죠. 그때 활동했던 감독, 배우들은 전부 헐리우드 가서 살아 남았죠. 홍콩 영화는 거의 사라졌죠. 경쟁하는 건 이준기가 아니라, 할리우드 자본과 충무로 자본이 경쟁하는 겁니다. 당연히 지죠. 우리나라에서 제일 큰 제약 회사는 동아제약입니다. 그런데 화이저의 매출이 동아제약의 100배입니다. 연구개발 투자는 150분의 1도 안 됩니다. 당당하게 맞서는 것도 좋지만, 알고 해야 합니다. 약 하나 개발하는데 20년 동안 10조 원 이상 들어갑니다. 성공할 확률이 10%예요. 우리나라에는 장기 모험자본 시장이 없어요. 또 그 약을 만들 전문가도 필요해요. 황우석 같은 사람이 이거 만들어요? 안 돼요. 약학과 화학과 기초 연구소 만들어서 10년 이상 투자해야 합니다. 산업 정책을 10년 이상 해야 돼요. 제가 청와대 비서관일때, 이거 검토했어요. 너무 오래 걸려 포기한 겁니다. 이런 내용을 아무도 대통령에게 보고 안 하고, 이제 제도를 바꿨으니 선진 경제로 갈 수 있다고만 보고한 거예요. 어떻게 갑니까? 그냥 제약 회사 망하는 겁니다. 주위에 제약 회사 다니시는 분이 계시면, 그분은 빨리 그만 두든가, 한미 FTA 투쟁에 나가든지 두 가지 선택밖에 없습니다.

제조업도 엄청난 피해

　이 의약품 분야는 정부의 한미 FTA로 소비자의 후생이 늘어난다는 주장도 엉터리라는 걸 잘 보여 줍니다. 이 주장은 특히 주부들에게 먹혀듭니다. 개방하면 소비자에게 이익이 된다, 왜 소비자들이 반대하는지 모르겠다고 얘기하죠. 이 얘기 나올 때 화면에는 백화점 정육부가 나옵니다. 한우 얼마, 호주산 얼마식으로 나옵니다. 미국산 쇠고기가 수입되면 '값은 싸지고, 질은 좋아질 것이다' 라고 합니다. 따라서 소비자 이익이다. 일부 맞는 부분도 있습니다. 근데 경쟁이 심화된다는 말이 생략됐어요. 의약품 부분에서 한미 FTA 했는데, 소비자 이익이 올라갔나요, 떨어졌나요? 가격이 올라가 소비자 이익이 줄어들었어요. 모두 손해 봤잖아요. 이건. 독점이 심화됐기 때문입니다. 이게 경쟁 역효과(anti compeition effect)라고 하는 겁니다. 정부나 경제학자들은 경쟁 효과만 얘기해요.

　하지만 품목에 따라 두 가지 효과 중 어느 쪽도 다 일어날 수 있어요. 가령 냉장고 관세를 내려 미국 냉장고가 들어온다고 합시다. 한국 냉장고도 국제 경쟁력이 있으니, 경쟁을 통해 냉장고 가격이 떨어지거나 질이 좋아져서 소비자가 이익을 볼 수 있어요. 하지만 의약품 부분은 미국 독점이 강화되는 방향으로 갑니다. 결국 경쟁력이 있으면 경쟁 효과, 경쟁력 격차가 크면 경쟁 역효과가 우세해지는 겁니다. 농업과 서비스업은 경쟁력 격차가 너무 크니까 당연히 역효과가 훨씬 큽니다. 근데, 제조업은 괜찮을까요? 대통령도, 경제학 박사라는 국무총리도 제조업은 우리가 경쟁력을 가지고 있다고 얘기해요. 하지만 미국 제조업 평균 노동생산성을 100이라고 할 때, 한국 제조업 노동생산성은 40에 불과합니다. 일본이 80~100입니다. 이상하게 우리는 제조업이 일본보다 약하다고 생각하고, 미국보다는 강하다고 생각해요. 이건 정말 환상입니다. 대통령이 특별담화할 때, 농업과 의약품 손해 보는 건 인정하는데 제조업 어디가 손해 보느냐, 아무도 보고하지 않더라고 합니다. 반대파도 대답 않더라. 언제 물어봤나요? 딱 한 번 인터넷 기자들과 대화할 때 물어봤어요. 갑자기 물어보니 기자가 제대로 대답을 못했죠. 하지만 제조업에서도 엄청난 피해를 봅니다. 특히 정밀 화학, 정밀기계는 이제 없어집니다. 정밀화학이 뭐냐면, 제약, 화장품, 도료 이런 겁니다. 정밀기계는 의료기기, 광학기기, 계측기기 등인데, 전부 파산할 가능성이 높습니다. 이 얘기 했더니, 그러면 미국 독점 못하도록, 다른 나라와도 FTA 맺어 다 들어오게 하면 되지 않느냐 합니다. 맞아요. 미국이 쇠고기 독점하면 뉴질랜드에서 쇠고기 들여와 싸게 팔면 됩니다. 그럼 한국은 어디로 가죠? 다른 제조업도 그런 경쟁 상태를 만들면, 가격은 떨어져요. 근데 가격은 떨어졌는데, 우리 산업이 없어져요. 소득은 어디서 생겨요?

심지어 건강보험도 없어질 수 있다

서비스는 많이 개방 안 한 거 맞습니다. 많이 유보했어요. 대통령은 특별담화에도, 서비스, 특히 교육, 의료 등 공공서비스를 많이 개방하고 싶었는데, 많이 개방하지 못해 아쉽다고 표현했습니다. 이유는? 첫째 미국이 요구하지 않았습니다. 사실 지금 미국이 들어와도 돈은 못 법니다. 특히 병원 같은 경우 우리 건강보험 환자를 받는 한 미국에서 버는 돈의 5분의 1밖에 벌지 못합니다. 우리 건강보험이 굉장히 싸거든요. 둘째, 통상교섭단이 잘 막았다. 이건 거짓말입니다. 요구를 안 했는데 뭘 막아요?

문제는 세 번째 발언입니다. 앞으로 필요하면 우리 스스로 개방하겠다. 공공 산업 부분의 상업적 요소는 세계 경쟁에 노출되어야 한다고 말했습니다. 이건 정말 위험한 생각입니다. 임기가 얼마 안 남은 게 다행이지만, 한나라당이 되면 더 심해져요. 서비스는 민간 서비스, 공공서비스로 분류할 수 있는데 문제는 공공서비스예요. 민간은 음식, 숙박, 미용 이런 것들이죠. 공공서비스는 민간이 맡으면 문제가 되기에 정부가 맡는 것으로, 대표적인 게 네트워크 산업이에요. 철도, 전기, 수도, 가스, 우체국 등 모두 망을 가지고 있는 부문입니다. 이건 민영화하면 안 됩니다. 우리도 한 번 민영화한 적이 있죠. 외환위기 이후에 국제통화기금(IMF)의 요구로 민영화 한 번 했습니다. KT, 포스코, 철도 일부, 발전 일부를 민영화했습니다. 그런데, 참여정부에서는 민영화를 반대해 막았어요. 인수위원회 1분과가 민영화를 막은 이유는 첫째 독점, 둘째 교차보조 때문입니다. 네트워크는 하나가 될 때 가장 효율적이지만, 그냥 민영화하면 독점이 될 수 밖에 없습니다. 그래서 억지로 쪼개서 민영화하기도 합니다. 하지만 쪼개서 민영화하더라도 어느 한 회사가 커지면 소비자들이 그쪽으로 몰리게 되어 있죠. 가령 철도가 쪼개져서 어느 회사가 전국망을 가지고 있는데, 다른 곳은 어느 특정 지역망만 가지고 있다면 전국망을 가진 회사로 몰리겠죠. 그래서 거기는 점점 커지고, 다른 곳은 점점 작아져 후에 인수 합병 되겠죠. 그렇기 때문에 이건 민간이 맡으면 독점가격을 설정하고 투자는 게을리하게 됩니다.

교차보조는 뭐냐면, 네트워크 산업은 인구 밀집의 중심지에서 주변 지역으로 가면 갈수록 1인당 비용이 확 올라갑니다. 시장에 맡겨 놓으면 가격도 같이 올라가겠죠. 서비스 받은 사람이 비용을 부담해야 한다는 게 수익자부담의 원칙이라 하죠. 가령 기차가 수도권에서 1km 달리나, 지방에서 1km 달리나 비용은 비슷할 겁니다. 근데 서울 부근에선 천 명이 탑니다. 하지만, 시골에선 인구가 적어 열 명이 안 될 겁니다. 수익자부담의 원칙에 따라 서울에선 천 명이 비용을 나누면 되지만, 시골에선 열 명이 나누어야 됩니다. 일인당 부담할 비용이 확 올라갑니다. 요금도 100배 가량 올라가게 되겠죠. 전기도 마찬가지입니다. 전기도 아파트 밀집 지역에서 전신주에서 각 가정에 공급하면 전신주 하나 값을 100가구가 나누어 내면 되지만, 시골에서는 한 집을 위해 여러 개의 전신주가 필요하니, 수익자부담의 원칙에 따르면 그 한 집에서 여러 개의 전신주 값을 내야 합니다. 부담이 확 올라가게 되죠. 그러나 실제로는 안 그렇습니다. 실제로 정부는 가격을 가능한 비슷하게 설정합니다. 서울 사람들은 적게 내도 되지만, 사실상 더 많이 내서 그걸 시골 사람에게 보조해 주는 겁니다. 그걸 교차보조라고 하죠. 이렇게 해서 공공서비스가 국민 모두에게 공급되는 겁니다. 공공서비스의 보편성이 여기서 생깁니다.

그런데 가령 철도가 민영화되어 가격을 설정하게 되면 어떻게 설정할까요? 수도권에서는 옛날과 비슷하게 받겠죠. 그러나 시골로 가면 수익자부담 원칙에 따라 가격을 왕창 올립니다.

실제로 나프타 이후에 멕시코가 철도를 민영화했습니다. 근데, 멕시코 시티를 조금만 벗어나면 철도가 다 끊어집니다. 시장 원리에 따라 높은 가격을 설정하고, 그러니까 더 안 타고 그래서 요금을 더 올리는 악순환을 거듭하다 아예 철로를 폐쇄해 버린 겁니다. 차라리 운행하지 않는 게 이익이에요. 민영기업은 그렇죠. 이익이 안 되면 안 하는 겁니다. 멕시코가 못사는 나라이기에 그렇다구요? 일본도 철도를 민영화했습니다. 간

선은 살아남아요. 지선은 다 끊어져요.

볼리비아는 수도를 민영화했습니다. 시골 물 값이 20배~50배 뛰어오릅니다. 그래서 얘들을 시켜 강물을 길어 먹습니다. 근데 볼리비아 강에는 악어가 살아요. 수도 민영화, 상상도 안 되시겠지만, 인천에서 하고 있어요. 앞서가는 선진(?) 인천에서 이탈리아 기업에 수도를 맡겼어요. 초기에는 공공 부문의 군살을 제거하니 분명히 가격이 떨어져 사람들 환호하지만, 결국 물 값이 올라가고 변두리 지역엔 특히 뛰어오르게 되지요. 최근에 정부가 물 산업 육성 방안이라는 걸 내 놨는데 이게 사실상 민영화 계획입니다. 이제 곧 수도 요금이 급증하고 변두리 지역의 단수가 현실이 될 수 있습니다. 심지어 건강보험도 없어질 수 있어요.

이번 한미 FTA에서 분명히 개방한 건 국내 택배 부분입니다. 지금까지 우리나라에 세계적인 4대 특송 업체가 다 들어왔어요. 이들은 그동안 국제 특송만 했는데, 이제 5년 내로 국내 택배도 다 합니다. 그러면 이런 일(가격 상승)이 벌어져요. 지금 시골까지 택배는 우체국이 하고 있어요. 오토바이 아저씨들이 원거리 못해요. 망이 있어야 하지요. 하지만 세계적 특송 업체들이 하게 돼요.

7년 전부터 UPS(다국적 특송업체)가 캐나다 우체국을 상대로 소송을 건 게 있어요. 94년에 캐나다와 미국이 나프타를 맺었기 때문에 당연히 UPS도 캐나다 안에서 국내 택배를 합니다. 그런데, 소송을 건 이유는 불공정 경쟁 때문입니다.

UPS 입장에서는 불공정 경쟁이죠. 똑같이 배달하는데 우체국은 우체국망을 통해서 하니까요. UPS는 그걸 이용 못하잖아요. 다행히 7년을 끈 소송에서 UPS가 졌습니다. 6월 11일, 우리처럼 정부도 박수를 치더라구요. 정부가 처음에는 캐나다 우체국이 잘못이다 하더니, 막상 UPS가 지니까, 그거 봐라 그런 위험 없다 하더군요. 하지만, 이런 위험은 언제나 상존합니다. 투자자가 국가를 제소할 수 있는 권리가 있습니다. 투자 챕터에 들어 있어요. 여태까지의 투자자 - 국가 제소권 중에 가장 강력한 것이 들어갔습니다. 투자자가 국가에 의해 자기의 이익을 침해당하면 국가를 상대로 제소할 수 있는 겁니다. 만일 캐나다 우체국이 졌다면 민영화할 수 밖에 없어요. 이젠 시골로 택배 못 가요. 가격이 워낙 비싸지기 때문에.

그러나 더 큰 문제는 건강보험에 있습니다. 우리나라와 미국 건강보험은 체계가 다릅니다. 우리나라에선 건강보험증 가지고 있으면 못 가는 병원 있나요? 한 군데 있습니다. 그렇죠. 국군병원(웃음). 이런 특수 병원을 빼곤 모두 다 보험이 통하는데 이런 걸 '당연 지정제'라고 하죠. 하지만 미국은 다릅니다. 미국에는 여러 가지 보험이 있습니다. 큰 병원은 많은 보험사와 큰 보험사는 많은 병원들과 계약을 맺습니다. 이미 우리나라에 들어왔어요. AIG, 프루덴셜, 라이나 등. 최근에 이 보험회사들의 광고가 부쩍 늘어났어요. 주부들이 보는 프로그램 앞뒤에 배치가 돼요. 미국은 특정 병원에 갈려면 그 병원과 계약이 된 보험증을 가지고 있어야 합니다. 그래서 맞춤형 보험이 될 수 있어요. 그러나 비쌉니다. 미국은 가구당 1000만 원~1500만 원 정도입니다. 우리 건강보험은 연 100만 원 이상 내는 분 많지 않지요. 우리는 4800만 명이 하나의 보험을 들고 있는 것이고, 미국은 수많은 보험이 있어, 시장이 찢어진 겁니다. 아무래도 보험에 든 사람이 적으면 보험료는 올라갈 수 밖에 없겠죠. 보험이란게 내가 병 걸릴 때를 대비해서 미리 돈을 쌓아 두는 거니까요. 두 번째, 민간에 보험을 맡기면 비싼 것부터 만듭니다. 부자들이 제일 싫어하는 게 줄 서는 거죠. 가면 즉각 진료해 주면 좋겠다, 의사들이 친절했으면 좋겠다, 일인 병실이 언제나 있었으면 좋겠다, 그럼 보험사에서 부자들에게 그런 거 해 줄 테니 2000만 원씩 내라, 이렇게 선전하는 거예요.

그 다음에 보험회사가 병원에 가서 계약을 하게 되는데, 이걸 계약지 정제라고 합니다. 우리 보험에 들면 어느 어느 병원에 갈 수 있는데, 언제든지 의사들 직접 만날 수 있다, 일인 병실 언제나 줄 수 있다, 30분 진료다. 이 사람들이 병원하고 계약을 맺는 거예요. 이 사람들이 병원에 올 확률을 계산해서 어느 정도 여유 시설을 항상 두고 인력도 우선 배치해 달라, 이렇게 계약을 맺는 겁니다. 우리나라에도 그런 보험이 생기면 당장 살 부자들 많아요. 맨 처음 그렇게 사람들이, 예를 들어 100만 명이 빠져나갑니다. 그리고 나면 1500만 원짜리 생기죠. 다음에 1000만 원 짜리 생기고. 그렇게 부자들 다 빠져 나가요. 그럼 결국 가난한 사람들만 남아요. 보험은 가난한 사람에게 성립하지 않습니다. 가난한 사람은 돈이 안 되니까요. 부자들은 병이 잘 안 걸리니까 돈이 돼요. 돈은 많이 내지만, 지출은 많이 안 돼요. 단지 친절하게만 해 주면 되죠. 부자들은 보험을 만들면 돈이 남아 병원도, 보험사도 좋아합니다. 가난한 사람은 보험료 조금 내고, 병은 많이 걸리고, 그러면 보험회사 입장에서는 언제나 파산의 위험성이 있어, 보험이 성립 안 돼요. 시장에 맡겨 두면 가난한 사람들을 위한 보험은 없어집니다. 그래서 미국에서는 세계에서 가장 잘사는 나라지만, 무려 5000만 명이 아무런 보험이 없이 살아갑니다. 보험이 없다고 생각해 보세요 끔찍한 일이에요.

그런데 이런 부자들을 위한 보험이 인천의 경제자유구역에 생겼어요.

경제자유구역이라는 건 새롭게 규제가 없는 곳을 만들어서 좋으면 확대하겠다는 거죠. 송도 부근에 부자들이 다 있는 게 아니잖아요. 그런데 이런 걸 만들어 달라고 요구를 하고. 그 첫걸음이 영리법인을 만드는 거고, 그게 바로 의료법 개정입니다. 공공 부문이 어떻게 민영화되느냐. 자발적 개방, 가령 자본시장 통합법, 의료법, 민자 유치법 등을 통해 여지를 넓히고, 미국 기업이 들어오게 되면 자동적으로 민영화로 가게 돼요. 한쪽 방향으로만 가게 돼요. 이제는 건강보험이 강화될 수 없어요. 작년에 암 보장을 넓혀 줬어요. 혜택 보는 사람 꽤 있을 거예요. 국가가 90% 지원을 해줘도 말기 암 환자가 집에 있으면 한 달에 1000만 원 가까이 듭니다. 그런데 앞으로는 정부가 아무리 돈이 남아돌아도 지원 못합니다. 왜? 암을 100% 보장해 주면 AIG, 푸르덴셜 같은 보험회사들은 어떻게 될까요? 암 보험을 팔았는데 국가가 100% 보장해 주면 망하죠. 다 해약할 거니까요. 그러면 투자자 - 국가제소권이 기다리고 있습니다. 정부의 정책으로 손해를 봤으니 물어 줘야 돼요. 이제는 공공성을 강화하는 모든 정책은 그 분야의 미국 기업이 들어오면 이제 못하게 돼요. 개방과 민영화 쪽으로만 갈 수 있어요.

스크린쿼터로 말하면 이런 거예요. 상영 일수를 146일에서 73일로 줄였죠. 한미 FTA 이전에 선결 요건으로 들어갔어요. 영화인들은 이걸 미래 유보로 올리라고 요구했어요. 유보라는 건 개방하지 않겠다는 겁니다. 서비스 산업 유보에는 현재 유보와 미래 유보가 있습니다. 영화인들은 스크린쿼터를 미래 유보에 넣어 달랬는데 답은 '현재'로 들어갔습니다. 협정문에 스크린쿼터 73일이라 써 있어요. 미래 유보가 뭐냐면, 영화 산업이 아주 어려워지면 다시 146일, 또는 200일로도 늘릴 수 있는 것이고, 현재 유보라 하는 것은 73일이 상한선이에요. 이제 무슨 일이 벌어져도 한미 FTA가 폐기되지 않는 한, 73일 이상으로 늘릴 수 없어요. 그런데 미국식 FTA에는 현재 유보에 '래칫'이라는 원리가 붙어 있어요. 톱니바퀴나 낚시 바늘에서 보이는 것처럼 한쪽 방향으로만 되고 반대 방향으로는 돌아가지 못하게 하는 게 래칫입니다. 번역하자면 역진 방지 장치죠. 그럼 73일에 래칫이 붙으면 어떻게 달라지느냐? 만일 이명박 씨가 대통령이 돼서 시장에 맡기자면서 73일을 50일로 줄이면 래칫 원리에 따라 이제 50일이 상한선이 됩니다. 다음에 민주노동당이 정권을 잡았어요. 할 수 있는 건 50일을 지키는 것뿐입니다. 못 늘려요. 73일로도 못 돌아가요. 아무리 진보적인 정권이 들어서도 이제는 공공성을 강화하는 쪽으로는 못 돌아가요. 자국 산업을 보호하기 위해 미국 기업이 피해를 볼 수 있는 조치는 취할 수 없습니다.

그리고 서비스 개방이 네거티브 방식으로 이뤄진다는 것도 독소 조항입니다. 이건 안 할 것을 써 놓고, 다 개방하는 겁니다. EU형 FTA는 개방할 것을 씁니다. 둘의 차이는 네거티브 방식의 경우 새로운 서비스 분야는 무조건 개방해야 한다는 데 있습니다. 왜? 새로운 서비스 산업은 지금 모르니까 미리 유보 목록을 만들 수 없잖아요. 가령 30년 전에 FTA를 맺었다면 인터넷 이런 건 알 수가 없으니까 유보 리스트에 올릴 수 없습니다. 새로운 서비스 분야가 생기면 무조건 다 개방입니다. 특히 서비스 시장에선 미국이 새로운 상품을 많이 만듭니다. 예컨대 보험업이나 금융업에서 새로운 상품이 생기면 한국은 무조건 개방입니다. 한국 금융기관은 미국 상품을 한국 국민들에게 파는 편의점 같은 존재가 됩니다.

또 하나 한미 FTA에 최초로 들어간 원리에 미래의 MFN이라는 것이 있습니다. MFN(Most Favored Nation, 최혜국 대우)이란 일본에 해 준 건 미국에도 해 줘야 한다, 즉 외국끼리 차별하면 안 된다는 건데, 한미 FTA에서는 이 원리를 미래에도 적용하도록 했습니다. 이제 한국이 다른 나라와 협정을 맺으면서 미국에 개방한 것보다 더 유리한 조건을 부여했다면 그 조항은 한미 FTA로 자동적으로 이동됩니다. 미국에게는 언제나 최고의 대우를 해 줘야 한다는 것이죠. 한미 FTA는 계속 최강을 유지할 수 있도록 설계되어 있어요.

무시무시한 투자자 - 국가제소권

그리고, 마지막으로 가장 무시무시한 투자자 - 국가제소권(ISD)이 있습니다. 이게 4대 독소 조항이에요. EU FTA에는 이게 없어요. 이게 있다는 게 가장 위험합니다. 모든 국가의 공공 정책이 무력화될 수 있다는 겁니다. 제소하면 한국이 판단하는 게 아니라, 법률가 세 명이 소송을 진행합니다. 가령 미국 보험회사가 한국 건강보험을 제소하면 미국 보험회사가 한 명의 변호사를 고용하고, 우리나라 건강보험공단이 한 명을 고용하고, 둘이 합의해서 또 한 명의 변호사를 고용합니다. 그래서 이 세 명이 결정하면 한국 정부는 무조건 따라야 합니다.

한국의 건강보험 정책 때문에 미국 보험회사가 손해를 봤다면 한국 정부는 손해액을 전부 배상해야 합니다. 이기고 지고는 어떻게 결정하느냐, 그 세 명의 변호사는 한국에서 건강보험이 어떻게 생기게 되었는지는 관심 없어요. 다만, 한미 FTA 조항을 위반했는지만을 봅니다. 내국민 대우, 최혜국 대우, 최소 기준 대우, 수용과 보상이라고 하는 네 가지 원칙과 그 밖의 원칙을 어겼는지만 보는 거죠. 한국 정책은 한글을 모르는데 알 수도 없고 알 필요도 없습니다. 보상 액수가 원체 큽니다. 몇백억, 몇천억, 최고 33조까지 나왔습니다. 그거 맞으면 우리나라 GDP가 지금 4, 5%인데 1%로 떨어집니다. 바로 경제 위기인 거죠. 아르헨티나는 ISD를 한꺼번에 40건 맞았습니다. 별 이유 아니에요. 아르헨티나가 외환 위기를 맞았잖아요. 국가가 긴급조치를 취할 수밖에 없죠. 기업들이 다 손해를 볼 수밖에 없죠. 다 ISD를 걸었어요. 이미 하나 졌고 줄줄이 질 가능성이 큽니다. 이렇게 되면 공무원들이 위축이 돼요. 규제 안 합니다. 새로운 독성 물질 나오면 예방 우선의 원칙에 따라 규제해야 하겠지만 미국기업에 제소를 당할 가능성이 조금이라도 있으면 그런 규제를 하지 않으려고 할 겁니다. 이걸 위축 효과(chilling effect)라고 부릅니다. 규제한 그 물질이 정말 인체에 해로운지 과학적으로 증명 못하면 패소할 테니까요. 그러니까 피해가 완전히 드러날 때까지 기다려야 됩니다. 다 죽고 나서야 규제를 할 수 있게 되겠죠. 광우병이 그런 겁니다. 막아야 됩니다.

미국의 슈퍼마켓은 간단한 수술 도구를 판다

제가 장장 두 시간에 걸쳐 세 가지를 말씀드렸습니다.

첫 번째 주장, 미국에 우리 수출 많이 될 것이다. 아닙니다. 자동차 수출도 위험합니다.

선진 경제 될 것이다. 말도 안됩니다. 미국 법과 제도 들여온다고 다 선진 경제 되나요?

확실한 것은 양극화가 심해질 거라는 겁니다. 선진국 중에서 빈부 격

차가 제일 심한 나라가 미국입니다. OECD로 넓히면 1위 멕시코, 2위가 미국입니다. 한미 FTA 맺으면 10년 내에 우리나라가 2위가 됩니다. 멕시코는 조금 따라가기 힘들겁니다.(웃음)

마지막으로 공공서비스가 무너집니다. 서비스 시장의 특성상 공공서비스가 무너집니다. 현재 10%에 드는 사람들의 남아도는 돈이 300~400조 되잖아요. 이 사람들은 고급 서비스를 누리게 되어 있습니다. 그러나 나머지 사람들은 최소한 누리던 서비스도 없어지게 되어 있습니다. 시장에 맡겨져요. 상위 10% 안에 들면 찬성하는 게 맞아요. 그러나 나머지 90%는 반대하는 게 맞습니다. 이건 우리한테만 영향을 미치는 게 아니라 애들의 애들의 애들까지도 영향을 미칩니다. 한미 FTA 10년 되면 분명히 건강보험 없어집니다. 우리들의 자식들은 건강보험 없는 세상에서 삽니다. 10% 안에 들지 못하면 감기 걸려도 병원 못 갑니다. 지금 손가락이 곪아 병원에 가면 5000원일 거예요. 주사 한 대 맞거나, 마이신 하나 먹으면 끝입니다. 하지만 병원에 못 가면 손가락을 잘라야 돼요. 미국에서 실제로 일어나는 일이에요. 미국 슈퍼마켓에서 간단한 수술 도구를 팔아요. 알아서 수술하라는 얘기죠. 그게 미국이에요. 교육을 볼까요. 지금 등록금도 많죠. 그러나 부자 아니면 대학도 못 갑니다. 10년 전에 스탠포드대학 등록금이 4만 달러였어요. 4000만 원. 지금은 얼마인지 모르죠. 막아야 돼요. 이제 여유로 아파트 한 채 정도 가지고 있지 못하면 대학에 못 보낼지도 모릅니다.

한미 FTA, 아직도 막을 수 있습니다. 작년에 서명할 때는 130만 명이었어요. 대선 때까지 4개월 더 남았죠. 한 달에 한 명씩만 찬성을 반대로 돌려세우면 됩니다. 1000만 명입니다. 1000만 명이면 대통령 만듭니다.

반대하는 국회의원 50% 이상 뽑으면 됩니다. 각 지역에서 만들면 막을 수 있어요. 이건 어마어마한 정책이기 때문에 여러 번 계기가 나올 거예요. 국민들이 한미 FTA에 문제가 있다고 생각하지 않으면 그 계기가 지나갑니다. 마치 성냥불이 떨어졌는데 그냥 꺼져 버릴 수도 있죠. 그러나 국민들이 의식이 있다면, 기름종이만 있으면 불길은 확 타오릅니다. 절대 평온하게 막을 수 없어요. 분명히 계기가 있고, 펑 터질 겁니다. 그러자면 필요한 것은 옆 사람과 토론하는 겁니다. 꼭 반대가 아니라도 관심을 갖게 하면 됩니다. 한미 FTA가 나에게 어떤 의미인가 생각하게 하면 됩니다. 그러면 정부가 거짓말한 게 드러나게 되고, 거짓말이 드러날 때마다 이거 반대하지 않으면 안 되겠구나 생각하게 될 것입니다. 사건이 벌어집니다. 펑 터집니다. 그럼 막는 겁니다. 못 막으면 10년이 걸릴지 20년이 걸릴지 민중이 피해를 당하고, 그러고 나면 폐기로 나갈 겁니다. 그 고통을 겪느냐 안 겪느냐가 우리 손에 달려 있습니다.

감사합니다.

불확실한 미래 때문에 저당잡힌 오늘

"불확실한 미래 때문에 오늘을 저당 잡히고 있는 것입니다.
따라서 누구도 오늘 진정으로 충실할 수 없습니다.
오늘의 내 삶에 진정으로 충실할 수 없을 때
어떻게 아무리 사랑하는 사람이라 하더라도
다른 이를 위한 충실한 삶이 가능할 수 있겠습니까?"

불확실한 미래 때문에
저당잡힌 오늘

반갑습니다.

교육 문제에 대해 같이 이야기를 나누어 보죠. 저는 한국에서 여러분들과 같이 학생으로서 한국의 교육을 경험했습니다. 그 과정에서 저는 특혜를 받은 사람입니다. 중학교부터 대학까지 내로라하는 곳을 다녔으니까요.

프랑스에 망명하면서 제 처지에 많은 변화가 생겼습니다. 프랑스에서 저는 그야말로 주변인, 경계인, 이주 노동자였습니다. 프랑스로 건너 갔을 때가 서른 살 초반이었는데 당시 제 아이들이 나이가 만 두 살, 다섯 살이었습니다. 그래서 두 아이는 프랑스의 유치학교부터 대학원까지 다녔고, 당시 만 두 살이었던 둘째 아이는 지금 프랑스에서 대학원 박사 과정을 밟고 있습니다. 저는 프랑스에 살면서 이주 노동자인 학부모로서 프랑스의 공교육을 보았습니다. 또 한국 교육의 혜택을 받은 사람으로서 프랑스의 교육을 경험할 수 있었습니다.

프랑스의 교육 과정

우선 한국과 프랑스 교육 과정의 제도적인 차이와 교육 내용의 차이에 대해서 둘로 나누어서 말씀드리고, 왜 그렇게 되었을까 하는 점에 대한 것까지 같이 이야기를 나누어 보겠습니다.

조금 전에 제가 유치원이라 하지 않고 유치학교라는 표현을 썼습니다. 한국에서는 대개 유치원이라는 표현을 씁니다. 유치학교라고 말씀드린 이유는 프랑스의 공교육은 만 세 살부터 시작하는데 유치학교도 바로 공교육에 포함되기 때문입니다. 프랑스 공교육 과정은 만 세 살부터 만 여섯 살까지 유치학교, 초등학교가 5년, 그 다음에 중학교가 4년, 고등학교 3년, 그리고 대학으로 되어 있습니다. 대학은 학부가 3년이고, 석사 과정이 1년, 그 다음에 박사 준비 과정이 1년, 일반적인 모델인데요. 박사 과정이 3년으로 되어 있습니다. 그래서 우리보다 조금 복잡하고 짧은 듯하지만 결국 박사 학위를 밟는 데까지는 계산해 보면 큰 차이가 없다고 할 수 있습니다.

그런데 제도에 있어서 우리나라 공교육과 프랑스 공교육의 제일 크고 중요한 차이는 프랑스 공교육이 무상교육이라는 것입니다. 프랑스는 유치학교도 무상이고, 초등학교, 중·고등학교, 대학, 대학원 모두 무상입니다.

그리고 두 번째로 중요한 차이는 프랑스의 대학이 모두 평준화되어 있다는 것입니다. 대학이 모두 국립이고 평준화되어 있기 때문에 사립대학이 존재하지 않습니다. 가령 파리에 대학교가 열세 개가 있는데 모두 국립이고 모두 파리대학교라 불립니다. 그래서 구별하기 위해 번호가 붙어 있습니다. 파리1대학, 파리 2대학, 파리 3대학 이런 식으로요.

제 딸아이는 대학 입학 자격 시험을 마치고 파리 3대학에 입학해서 졸업을 했습니다. 제 아들은 파리 10대학을 졸업했고, 박사 과정은 지금 파리 1대학에서 하고 있습니다. 이런 것이 우리나라와 프랑스의 제도적인 측면에서의 차이입니다.

무상교육에 대해서도 말씀드리겠습니다. 도대체 프랑스 사람들은 어떤 이념적 배경에 의해서 무상교육을 실시하고 있는지. 왜 우리는 그런 전망이 보이지 않는지. 왜 그들은 무상교육을 실시하는 것이 너무나 당연하게 생각하는지 말씀드리도록 하겠습니다.

최근에 프랑스 선거에 관련된 보도를 보셨을 겁니다. 지난번 선거에서 우파 정부가 집권을 했는데 이번에 다시 선거를 통해서 우파인 니콜라 사르코지가 당선이 되었습니다. 〈조선일보〉 같은 데서는 우파 신자유주의 정책이 강력하게 도입될 것이라고 보도하고, 이렇게 되면 많은 사람들이 프랑스의 무상교육 제도도 흔들리겠구나 하는 생각을 가지게 됩니다. 물론 〈조선일보〉 같은 데서는 그런 것을 바라겠지만. 그러나 그것은 그렇게 간단한 문제가 아닙니다. 왜냐하면 프랑스에서 무상교육 제도는 좌익과 우익의 정책 문제가 아니라 바로 프랑스의 정체성인 공화국의 문제이기 때문입니다. 즉 무상교육 제도는 프랑스 공화국의 정신이고, 공화국의 원칙이고 프랑스 공화국의 이념이기 때문에 좌파건 우파도 그 문제에 있어서는 건드릴 수가 없습니다. 좌파는 물론 당연히 생각조차 안 하고, 우파도 경쟁력이나 비용 문제를 가지고 무상교육을 건드릴 수는 없습니다.

최근에 일어난 일인데요. 독일에서는 그동안 대학이 무상이었는데 신자유주의의 영향과 우파 집권으로 대학 등록금을 한 학기에 500유로(62

만 원)를 내게 했습니다. 그래서 엄청난 싸움이 벌어졌습니다. 그러나 결국 등록금으로 500유로를 내는 것이 관철되었습니다. 그 싸움에서 프랑스 사람들이 대거 독일로 건너가 연대 싸움을 하기도 했습니다. 사실 1년에 1000만 원 정도 하는 우리나라 학비에 견주면 학기당 50~60만 원은 아무 것도 아닐 수 있습니다. 독일에서는 특히 좌파들의 경우 60만 원 정도의 학비지만 신자유주의의 파고가 결국 이런 식으로 조금씩 공화주의 원칙을 무너뜨리고 있다고 우려를 하고 있습니다. 그리고 프랑스에서도 이런 흐름이 프랑스에도 오지 않겠는가 하는 심각한 고민들을 하고 있다고는 합니다. 그러나 제가 보는 관점에서는 독일에서는 그럴 수 있을지 몰라도 프랑스에서는 간단한 문제가 아닙니다. 작년에 있었던 최초고용계약법(CPE) 반대 투쟁에서도 알 수 있듯이 프랑스 민중들이 그렇게 녹녹하게 받아들이지는 않을 겁니다. 그것은 독일과 프랑스의 역사 과정의 차이에서 기인하기도 합니다. 왕의 목을 베었던 역사를 가지고, 지난한 혁명 투쟁의 역사를 가진 프랑스와 독일의 차이도 있지 않나 생각합니다.

공화국 공교육 3원칙

프랑스 교육의 가장 기본적인 흐름을 한번 살펴봅시다. 1882년에 프랑스 공화국의 공교육 3원칙이 선언됩니다. 그 당시의 쥘 페리라는 정치인이며 교육가가 있었는데 그가 중심이 되어 공화국 공교육의 3원칙을 선언하는데요.

첫째는 모든 국민이 보편적으로 교육의 의무를 진다는 것입니다. 즉 의무적으로 교육을 받아야 된다는 것입니다. 둘째는 국민에게 교육의 의무를 지우는 만큼 국민은 무상교육을 받을 권리가 있다는 겁니다. 마지막으로 프랑스의 독특한 것 중의 하나가 비종교적이어야 한다는 것입니다. 비종교적이어야 한다는 것은 프랑스의 독특한 역사 과정을 반영한 것입니다. 당시 프랑스 혁명을 거친 후에도 교육 부분을 장악하고 있던 것은 가톨릭이었습니다. 그러다 보니 국가와 가톨릭은 교육 문제에 있어서 주도권을 가지기 위해 엄청난 힘의 투쟁을 벌였습니다. 프랑스에서 가톨릭의 전통이 강하다 보니 국가에서 공화국의 공교육이라고 이야기할 때에 가톨릭을 배제한다는 전선이 전제되어 있었던 거죠. 결국 공교육에 있어서 '비종교' 라는 것은 '비가톨릭' 을 뜻하는 것입니다.

1882년 프랑스는 공교육에서 '비종교' 를 선언하고 교육을 공교육화하면서 학교에 있던 수사, 신부, 수녀들 만 명을 쫓아내는 혁명적인 조치를 취했습니다. 그래서 아주 오랫동안 교회를 통하여 교육에서 주도권을 행사하던 가톨릭을 대신해 국가가 교육을 장악할 수 있었습니다.

최근 프랑스에서 학교에 홀라(두건)를 쓰고 오는 이슬람 출신 여학생에 대해 아주 신경질적인 반응을 보인 사건이 있었죠. 어떤 학교에서는 홀라를 쓴 여학생을 학교에 들어오지 못하도록 했습니다. 그러나 이 문제는 단지 똘레랑스의 부족으로만 볼 수 있는 것이 아닙니다. 교육에서 비종교적인 프랑스의 역사성 속에서 파악해야 합니다. 가톨릭이라는 종교와 국가가 교육에서의 주도권을 가지기 위한 지난한 싸움에 대한 반영물로 인식할 수도 있습니다. 단순히 이슬람의 딸을 차별한다는 인종적인 차별로만 볼 수 없습니다.

'앞으로나란히'와 '줄 세우기'

프랑스에서 지배 세력의 교육 목적이 무엇이었을까요? 한번 생각해 봅시다. 지배 세력은 왜 교육의 의무를 지우는 것일까요? 지배 세력이 모든 국민들에게 교육을 받을 의무를 지우는 것은 궁극적으로 국민들에게 교육을 통해 무엇을 끌어내려고 하는 것입니다. 그 무엇은 바로 지배 세력에 대한 자발적 복종입니다.

여러분이 한번 생각해 보세요. 처음에 학교에 들어갈 때 뭐가 뭔지 잘 모르죠. 한국에서 초등학교에 입학한 어린이에게 제일 먼저 시키는 것은 '앞으로나란히'와 '줄 세우기'입니다. 중·고등학교 때는 끊임없이 교문 지도도 합니다. 이것은 결국 지배 질서에 대한 자발적 복종을 가르치는 것입니다.

흔히 우리가 애기할 때 '공부 잘하고, 말 잘 들어라' 하고 이야기합니다. 이것은 무엇을 뜻합니까? 누구의 말을 잘 들어야 한다는 것이죠? 선생님의 말은 누구의 말인가요? 선생님의 말은 바로 지배 세력이 요구하는 것이죠. 결국 지배 체제에 대해 자발적 복종을 하라는 겁니다.

일본 식민지 시대를 볼까요. 당시 학교의 역할은 조선 사람들에게 자발적 복종을 하도록 가르치는 것이 목표였습니다. 그게 바로 황국신민화라고 표현되는 것이죠. 황국신민화 의식을 통하여 지배 세력에 대한 자발적인 복종을 이끌어 내는 것이었습니다.

뿐만 아니라 몸도 통제했습니다. 전시체제에 동원할 수 있도록 교련을 받았습니다. 이렇게 몸도 마음도 정신도 다 당시 지배자인 제국주의 일본에 자발적으로 복종하게 만들려고 했고, 그런 교육을 받아들여야 식민지 중간 관리자가 될 수 있었습니다.

몸과 마음으로 지배 체제에 자발적으로 복종하는 충실한 사람이 되어야만 식민지 중간 관리자로 출세할 수 있었던 사회에서 조선 사람들은 자식을 학교에 보낼 때 일차적인 목적은 자식의 출세에 있었습니다. 학교라도 나와야 면서기라도 할 수 있었으니까요. 그리고 몸과 마음으로 충성할 때만 식민지 중간 관리자가 될 수 있었기에 교사가 되려고 해도 마찬가지였습니다.

바로 위의 전형적인 인물이 박정희 같은 인물이죠. 35년간 일제 시대에 이른바 출세했다는 사람치고 일제 부역, 친일파, 내지는 그런 것에서 벗어난 사람을 발견하기 어렵습니다. 국가가 요구하는 자발적 복종을 하지 않고는 사회에 진출할 수 없었던 것입니다.

프랑스에서 1882년 공화국의 공교육의 원칙을 내세우며 국민에게 교육의 의무를 지운다는 것은 위와 같은 의미를 지니고 있습니다.

프랑스에서도 교육의 민주화를 위한 싸움이 지난하게 지속되었습니다. 올해가 전교조 18주년 되는 해입니다마는 18주년의 역사가 지났어도 우리 나름대로 열매를 맺기에는 시작 단계라는 생각이 듭니다.

그럼 프랑스에서는 어떤 싸움이 있었는가를 몇 가지 예를 들어 말씀드리겠습니다. 우선 무상교육을 늘리기 위한 과정이 있었습니다. 프랑스는 1933년도에 중등학교에서 무상교육을 실시합니다. 그리고 2차 세계 대전이 끝난 뒤인 1947~1948년 대학에 무상교육이 실시가 됩니다. 그야말로 교육 민주화의 과정이라고도 볼 수 있습니다. 이렇게 무상교육을 늘릴 수 있었던 배경에는 물론 프랑스의 경제 성장이라는 요인도 있었습니다. 그러나 이것은 단지 주어진 것이 아니고 무상교육에 대한 프랑스 국민들의 끊임없는 투쟁이 있었기에 가능했습니다. 이와 함께 교육의 대중화에 걸맞게 교육의 민주화와 사회 민주화도 이루어졌습니다.

계층 간의 순환이 교육을 통해서 가능한가?

1950년대에 프랑스에서는 흥미 있는 토론이 진행됩니다. 그것이 무엇이냐면 "모든 사람에게 교육 받을 기회가 주어졌다, 어쨌든 무상이니까, 모든 사람들이 가난하다는 이유로 공부를 못 하는 일도 없어졌다, 그런데 이런 교육을 통하여 계층이 순환되는가?" 하는 토론이 진행되었습니다. 우리식으로 이야기하면 "공장 노동자의 자식이 의사나 변호사 되고, 의사나 변호사의 자식이 공장 노동자가 되는 이런 계층 간의 순환이 교육을 통해서 가능하냐?"는 것이었습니다. 교육과 관련해 던진 가장 중요한 논제였죠. 이것이 바로 교육을 통한 사회 민주화의 활성화에 대한 질문이었고 토론이었습니다.

여러분도 잘 아시는 피에르 부르디외(Pierre Bourdieu) 같은 학자도 60년대부터 본격적으로 연구했던 것이 바로 이 문제입니다. '교육에 의한 계층의 순환이 가능하겠는가?' 하는 것이죠.

예를 들면 다음과 같은 일도 있었습니다. 프랑스는 프랑스어도 중요하게 여기고 철학도 중요하게 여깁니다. 그리고 수학도 대단히 중요하게 여기는 나란데요. 그런데 50년대 말에는 학생을 평가할 때 이미 비중이 높은 수학의 비중을 세 배나 더 올리자는 제안이 있었습니다. 왜 유독 수학만, 이미 비중이 높은데 또 세 배씩이나 올리는가? 제안의 이유가 아주 흥미롭습니다. 그것은 "다른 과목인 철학이나 라틴어 또는 프랑스어도 부모의 문화 자본에 영향을 다 받지만 그래도 가장 적게 받는 게 수학이다. 부모의 영향으로부터 가장 영향을 적게 받는 것이 수학이기 때문에 수학의 비중을 세 배로 올리자"는 것이었습니다. 이런 논의가 나올 만큼 '어떻게 하면 교육을 통해 계층의 순환과 이동을 가능하게 할 것이냐?' 하는 고민을 한 거죠.

물론 이것이 관철되지는 않았지만 이런 토론이 있었다는 것 자체만으로도 교육과 관련한 프랑스 사람들의 교육 민주화에 대한 열성이 대단했다고 볼 수 있습니다. 교육을 통해 정말 계층 간 순환이 가능하냐는 진지한 모색을 해 온 거죠.

결국 50~60년대 프랑스에서 연구 결과는 교육을 통하여 절대로 계층 간 순환은 이루어지지 않는다는 것이었습니다. 오히려 교육 과정이란 계층, 계급의 재생산을 합리화하는 과정에 지나지 않는다는 것이었습니다.

1968년 5월 혁명이 일어났을 때, 이와 같은 연구 실적이 바탕이 되어 당시만 해도 그래도 문과대학은 소르본느가 조금 낫다는 대학 간 편차가 있었는데 대학 간의 편차를 완전히 없애 버렸습니다. 대학을 완전히 평준화시킨 것이죠. 대학에 입학하려면 대학 입학 자격 시험을 통과하면 되고, 시험만 합격하면 자기가 사는 지역의 대학에 입학하는 구조가 되었습니다.

우리는 무상교육을 경험하지 않기 때문에 무상교육이 어떠한 사회적 영향을 미치는가에 대해서 잘 알지 못합니다. 단순히 그냥 무상교육 참 좋겠네. 서민들도 교육받을 기회가 있겠네. 이런 생각만 하고, 그 다음에 한국처럼 엄청난 대학 등록금 부담이 없어서 참 좋겠다 하는 생각을 가질 뿐입니다. 제 아들 아이가 지금 파리 1대학에서 박사 과정에 있는데 1년에 내는 돈은 400유로(52만 원) 정도입니다. 그런데 그것이 전부

학비가 아닙니다. 학비조로 내는 것이 아니라 대학생도 대학원생도 사회 구성원의 하나로 의료보험 혜택을 받기 때문에 자기 부담금을 내야 되는데 이 중에 30여만 원이 1년 치 본인 부담 의료보험비로 내는 돈입니다. 그리고 나머지 20만 원 정도가 수수료 따위로 내는 비용입니다. 제 아이는 2년쯤 후에 학위를 받습니다. 그 학위는 제 아이가 공부해서 받은 것이지만 동시에 그 비용을 누가 대어 주었습니까? 프랑스 사회가 부담한 것입니다. 따라서 제 아이에게는 의식적이든 무의식적이든 자기가 공부해서 받은 학위이지만 그것이 자기 것이면서 동시에 일부라도 프랑스의 몫이라는 생각을 갖고 있습니다. 즉 프랑스 사회에 되돌려 주어야 한다는 생각을 가질 수밖에 없습니다. 사회 환원 의식이 가능한 것이죠.

사회 환원 의식

한국 사회에서 누구에게 이런 생각을 기대할 수 있습니까? 한국에서는 전혀 기대할 수 없습니다. 작년에 제가 아는 분의 아들이 고등학교 2학년이었는데 스페인어를 제2외국어로 선택했습니다. 그런데 한국에 와 있는 스페인 출신 수녀님이 3개월 동안 휴가를 받아 스페인으로 돌아가게 되었는데, 방학 때니까 이 아이가 수녀님 댁에 묵으면서 스페인어를 공부하려고 갔다가 병이 들었습니다. 십이지장궤양까지 있어서 바로 그 지역 대학병원에 입원을 하게 되었습니다. 이 아이는 계속 걱정을 했습니다. 병이 빨리 나을 수 있을지도 걱정이지만, 의사도 간호사도 자기가 외국인이라서 그런지 자기에게 더 특별하게 친절하게 대하니까 더 부담스러운 겁니다. 이거 돈을 얼마나 내야 되냐? 하고 그 아이가 걱정을 하게 되었습니다. 입원한 후 수술까지 받고 여드레만에 퇴원을 하게 되었습니다. 그런데 병원에서 그냥 가라는 겁니다. 나중에 수녀님에게 물어 보니까 "그거 몰랐냐? 무상이야" 하더랍니다.

스페인은 무상 의료라 돈 안 받으면서도 친절한데, 한국에서는 돈 받으면서도 불친절합니다. 이 차이가 어디서 옵니까? 스페인의 의사와 간호사들은 자기를 의사와 간호사로 만들어 준 것이 스페인 사회라고 생각합니다. 그래서 무상교육을 받고 의사와 간호사가 되었으니 사회에 되돌려 주어야 한다는 생각이 가능하다는 거죠.

그런데 한국은 어떻습니까? 의사나 변호사가 되려면 치열한 경쟁에서 이겨야 합니다. 그 사람들의 의식에 담겨 있는 생각이 뭐겠습니까? 특권 의식입니다. 내가 경쟁에서 이겼다, 이거죠. 그리고 이기기 위해서 사교육비, 공교육비에 엄청난 투자를 했다는 생각을 합니다. 그래서 의사와 변호사가 되면 그 비용을 뽑아내야겠다고 생각합니다.

한국의 엘리트층이 가지고 있는 의식이란 경쟁에서 '이겼다' 하는 특권 의식과 내가 이기기 위해서 엄청난 비용을 들였다, 그래서 뽑아내야 한다는 본전 생각 말고 무엇이 있습니까? 사회 환원 의식을 기대할 수 있겠습니까? 이것이 바로 교육의 공공성과 관련해 나타나는 다른 모습입니다.

사회 자체가 전혀 다른 모습을 보입니다. 물론 무상 의료 체계가 이루어지려면 뭘 많이 내야겠습니까? 세금을 많이 내야죠. 세계에서 제일 많이 내는 곳이 어디라고 생각하십니까? 스웨덴, 노르웨이와 같은 북유럽입니다. 경제 활동을 하면 소득이 있죠. 소득 중에서 사회에 내놓는 부분이 있습니다. 자기가 가정적으로 쓰는 것이 아니라 사회에 내는 것이죠.

그것이 첫째 세금(조세)이죠. 두 번째는 사회보장 분담금입니다. 국민연금, 건강보험 등 우리가 4대보험이라고 부르는 것입니다. 세금과 사회보장 분담금을 합쳐 국민부담율이라고 말합니다. 스웨덴의 경우 국민부담율이 50%입니다. 말하자면 사회를 위해 내놓는 것이 절반이라는 것이죠. 프랑스만 해도 45% 정도 됩니다.

그러면 세금 폭탄이라고 아우성치는 한국은 몇 %인지 아십니까? 25% 정도 됩니다. 프랑스는 45%, 한국은 25% 정도인데 그 중 세금이 19%이고 사회보장 분담금이 6% 정도 됩니다. 이것도 김대중 정부 들어서고 나서 조금씩 늘어난 것입니다.

전에 〈조선일보〉 신문 사설에 "남들은 내리는데 우리만 올리나?" 하는 글이 실린 적이 있습니다. 다른 나라는 세금을 내리는데 우리나라만 올린다는 거죠. 모르면 당합니다. 우리나라는 조세가 19%인데 절대적인 비중이 간접세입니다. 직접세가 아니라 관세, 부가가치세, 주세 이런 것들입니다. 소득세, 법인세 같은 직접세의 비중이 적고 간접세 비용이 많습니다. 그런데 세금이 높다고 엄포를 놓는 거죠. 이것은 미국 모델인데요. 가진 사람들이 안 내놓겠다는 겁니다. 간단하게 이야기해서 가진 사람들이 세금이 높다고 아우성치면 안 내놔도 되거든요. 우리나라의 세금 제도가 세금 폭탄이라고 하면 관련 없는 사람들도 거기에 다 동의하거든요. 우리나라는 세금 폭탄이 필요한 것이 아니라 세금 핵폭탄이 필요한 나라입니다.

프랑스는 직접세를 많이 걷기 때문에 무상교육이 가능합니다. 물론 돈 가진 사람이, 소득이 많은 사람이 세금을 많이 내려고 하겠습니까? 안 내놓으려고 하죠. 그래서 공공성의 강제성이 필요한 겁니다. 우리 사회에서 무상교육이 이루어지지 못하는 이유는 별로 갖고 있지 않은 사람들조차도 세금에 대해서 부정적인 생각을 하게끔 하는 것에서 비롯된 것이라고 볼 수 있습니다. 아무튼 무상교육은 눈물겹도록 소중한 제도입니다.

세대 간 연대, 계층 간 연대

무상교육은 계층 간 연대라고 볼 수 있습니다. 그리고 세대 간 연대라고 볼 수 있습니다. 계층 간 연대란 횡적 연대인 것입니다. 세대 간 연대는 종적 연대입니다. 말하자면 무상교육은 계층 간 연대, 다시 말해 소득이 많은 사람이 세금을 많이 내서 소득이 적은 사람 자식의 교육 자본 형성 비용을 부담하기 때문에 계층 간 연대라고 볼 수 있는 것이죠. 그리고 전체로 보면 현재의 경제 활동 인구가 오늘 날 모든 자라나는 세대의 교육 자본 형성 비용을 부담해 준다는 점에서 종적 연대이며 내림의 연대인 것입니다.

무상교육을 통해 횡적, 종적 연대가 생기면 아까 말씀드렸다시피 사회 환원 의식이 생깁니다. 학생들에게 "연대 의식을 가져라" 하지 않아도 자연스럽게 스스로 연대 의식을 형성할 수 있습니다. 학교가 도무지 돈하고는 관계가 없는, 인연이 없는 구조이기 때문입니다. 대학 졸업 후 자본주의 사회에서 경쟁한다 하더라도 연대 의식의 공유 속에서 경쟁하게 됩니다.

우리처럼 정말 연대 의식이라고는 조금도 찾아보기 어려운 현실하고는 다른 모습이죠. 그래서 칸트적인 의미에서 서로 위할 수 있는, 위하는 관계가 설정되어야 합니다.

이러지 못한 우리의 사회 현실이 우리를 슬프게 합니다. 우리는 전 사회 구성원이 행복하지 못합니다. 왜 행복하지 못하냐? 불확실한 미래때문입니다. 미래가 불확실하기 때문에 불확실한 것에 대해서 인간은 불안해하게 되어 있습니다. 미래에 대해서 불안하니까 앞날에 내가 어떻게 될까 대단히 불안하죠. 그래서 불확실한 미래를 확실히 만들기 위해서 지금 모두 다 열심히 살고 있습니다. 이 이야기는 무엇이냐? 불확실한 미래 때문에 오늘을 저당 잡히고 있는 것입니다. 따라서 누구도 오늘에 진정으로 충실할 수 없습니다. 오늘의 내 삶에 진정으로 충실할 수 없을 때 어떻게 아무리 사랑하는 사람이라 하더라도 다른 이를 위한 충실한 삶이 가능할 수 있겠습니까? 이런 점에서 이 불확실한 미래 때문에 모든 사람에게 똑같이 불안 요인이 되고 있는 것. 즉 "아프면 어떻게 할까? 또 내 자신이 앞으로 커서 자식 교육이나 시킬 수 있을까?" 하는 누구나에게 부딪히는 그 불확실한 미래를 확실하게 해 줄 수 있는 것은 바로 오늘을 살리기 위한 노력입니다. 이 문제가 바로 사회 보장 문제입니다. 내가 어떠한 상황이 되어도, 적어도 불확실한 미래가 기다리고 있어도 자식 교육 문제, 의료 문제, 기본적인 주거 문제는 우리 사회 구성원들이 같이 공동으로 같이 극복할 수 있습니다. 같이 해결한 다음에 그 다음에 경쟁을 하든 뭐든 다 할 수 있는 겁니다. 그럴 때만이 '오늘을 충실하게 살 수 있는 것'이라는 생각을 합니다. 지금 한국 사회 구성원들은 점점 신자유주의 아래서 치열하게 경쟁하면서 오늘을 저당 잡히고 있습니다. 오늘의 내가 없는데 오늘을 어떻게 행복하게 살 수 있겠습니까?

팍팍한 우리의 사회를 누구나 보면 웃을 수 있고 부드럽게 만들 수 있는 것은 바로 공공성에 토대를 둔 연대에 있습니다.

우리 사회는 칸트가 말한 목적의 관계가 거의 없습니다. 사람은 목적이지 수단이 아니다. 그 유명한 칸트의 명제가 아닙니까?

'사람은 위하는 존재이지 이용하는 존재가 아니다.' 목적론적 인간론이라는 칸트의 유명한 명제인데 우리에게는 서로 위하는 관계가 없습니다. 한국에서 유일하게 '위하는 관계'는 있습니다. 그렇죠. 아주 핵가족 관계에서 아이가 아주 어렸을 때만 통합니다. 아이가 크면 망가집니다. 아이가 어렸을 때만 핵가족 단위에서 이루어질 뿐 그것만 벗어나면 모두가 경쟁하고 착취하고 이용하는 관계입니다.

교육을 담당하는 정부 부서를 교육인적자원부라고 하죠. 참담합니다. 교육 대상인 학생들은 전부 인적 자원으로 보는 거죠. 사회 구성원을 목적으로 보고 있지 않습니다. 수단입니다. 그것을 아주 노골적으로 드러내고 있는 말입니다.

인간 관계를 목적으로 보는 것이 오로지 핵가족 단위의 가족 관계밖에 없기 때문에 한국의 가족 이기주의는 이루 말할 수가 없습니다. 내 새끼밖에 없습니다. 흔히들 이야기하는 알토란 같은 내 새끼밖에는 없는 것입니다. 얼마 전까지만 해도 조금 확대된 것이었는데 요즘은 텔레비전 화면이나 광고를 보더라도 철저하게 알토란 같은 내 새끼 이것밖에는 없습니다. 그런데 그 알토란 같은 아이들이 크면 모두 배반당하게 됩니다. 이것이 지금 우리의 현실입니다. 목적이라는 것이 없는 사회와 교육비를 같이 대 주는 사회의 사회 분위기는 전혀 다를 수밖에 없습니다.

저는 한국에서는 안 아프려고 하고 되도록이면 견디어 내려고 하고 어지간해서는 병원에 안 가려고 합니다. 거의 대부분의 의사가 틱틱대요. 돈 받으면서 틱틱대요. 전혀 친절하지 않아요. 돈 받으면서 불친절하니다. 이게 바로 그렇게 한국 사회에서 의식이 형성되었다는 것입니다.

프랑스에서 의사가 되려면 대학 입학 자격 시험에 합격해 의과대학에 들어가야 합니다. 너무나 많은 학생들이 의과대학에 가려고 하는데 일단 받아는 줍니다. 대학 입학 자격 시험에 얽힌 이야기인데요, 우리나라와 다른 '제도의 차이'가 있습니다. 프랑스에서는 의과대학에 들어가도 2학년 올라가면서 90%가 떨어집니다. 2학년 올라가는 비율이 10% 정도 됩니다. 이것으로 조정을 하는 거죠. 의대에 들어가겠다는 학생의 대학 입학 자격 시험의 합격률은 80% 정도 됩니다. 어지간하면 다 대학에 갑니다. 그러나 한국에서처럼 공부 안 하는데 1학년 지났으니까 2학년이고 그 다음에 3학년이고 하는 것은 불가능합니다. 어림도 없습니다. 의과대학 다음으로 경영대학도 많이 가려고 합니다. 그런데 2학년은 대충 30% 정도밖에 못 올라갑니다. 그래서 국립대학생이 1, 2학년 과정을 2년 안에 마치는 비율이 25~30%입니다. 대부분은 가차없이 낙제예요. 3년 동안에 2년 과정을 마치지 못하면 퇴학입니다. 60% 가량이 퇴학을 당합니다. 그들이 대학에서 공부 안 하고 견딜 수가 있겠습니까? 대학에 남아 있을려면 공부하지 않을 수 없습니다. 이러니 경쟁력에 있어서 한국의 대학생은 프랑스의 대학생과 절대로 상대가 될 수가 없습니다. 왜냐하면 한국에서는 잘 아시겠지만 대학의 실제 존재 이유하고 지금 대학생들의 모습하고는 전혀 다릅니다. 대학의 실제 존재 이념은 학문 연구인데 지금의 대학은 뭐냐 하면 취업 준비 기관입니다. 대학의 경쟁력이란 학문의 경쟁력인데 어디서 무슨 놈의 경쟁력이 나오겠습니까? 한국의 대학생도 치열하게 공부하는 것 같지만 실은 알고 보면 내용이 없는 것입니다.

예를 들면 프랑스 아이들에게 취업에 있어서 가장 중요한 것은 '몇 년 수료했느냐' 입니다. 여러분이 한번 생각해 보십시오. 한국에서는 대학에 들어가는 것으로 이미 결판이 다 납니다. 거의 순위가 결판이 나죠. 대학에 들어가서 그 순위만 대충 지키고 고시 공부나 하는 것이지 학문을 제대로 합니까?

프랑스는 똑같이 대학 들어가서 몇 년을 수료했냐, 2년이냐 4년이냐 하는 것이죠. 한국에서는 어느 대학이냐 이것이 제일 중요합니다.

프랑스에서는 고등학교 때까지 모든 평가가 절대 평가입니다. 석차가 없습니다. 프랑스 사람들은 한국의 교육 과정에서 등급을 매기는 것을 보면 경악을 합니다. 어떻게 미성년자에게 등급을 매기냐는 거죠. 프랑스는 고등학교 때까지는 자유롭습니다. 그러나 대학에 들어가면 공부해야 됩니다. 무서운 것은 대학에 들어가면 철저하게 등수로 따집니다. 우리하고는 정 반대죠. 기준점이 내 자신이 아니라 주위 사람들보다 나은가 못한가로 따집니다. 자기 성숙보다 주변 사람과 비교해서 살아나가는 겁니다.

물론 프랑스도 대학이 다 평준화되어 있는 것이 아닙니다. 프랑스에도 그랑제꼴(큰학교)이 있습니다. 그러나 일반 대학교와는 다릅니다. 프랑스의 특수한 부문별 전문인 양성 학교입니다. 1794년에 고등사범학교가 생겼는데요. 사르트르, 시몬느 드 보봐르, 미셸 푸코 들을 낸 학교입니다. 프랑스대혁명 시기에 "시대가 바뀌었다. 그럼 의식을 바꾸어야 한다. 그래서 의식을 바꾸려면 교사가 필요하다"고 해서 만든 학교입니다. 그리고 나폴레옹 때 '종합기술학교'가 만들어집니다. 이공계의 엔지니어들을 양성하는 학교입니다. 나폴레옹은 부국강병을 하려면 꼭 필요한 게 두 계층인데 하나는 자질 있는 군인이고 다른 하나는 엔지니어라고 보았습니다. 수학 잘하는 군인을 양성하고 엔지니어를 양성하는 학교를 세웠는데 그것이 지금까지 이어져 온 것입니다. 그래서 이 학교 학생들은 제복을 입습니다. 1950년대에 국립행정학교, 상업학교 들이 생깁니다. 그러나 이 학교들은 지극히 소규모입니다. 한 학년에 50명에서 60명 정도입니다. 아주 집중된 엘리트 코스입니다. 그런데 이들 사이에 견제가 이루어집니다. 좌우로 갈리기 때문이죠. 숫자가 많지 않기 때문에 패거리를 지어 보았자 큰 힘이 없습니다. 그리고 이들 학교에서는 학위가 없습니다. 학문 학교가 아니라 권력 학교이기 때문입니다. 권력 학교에서는 학위를 줄 수 없다는 겁니다. 우리나라의 경우 서울대학교 법과대학에서 다 해 먹잖아요. 그러나 프랑스의 엘리트 학교인 그랑제꼴은 소규모이고 자기들끼리 좌파, 우파로 견제가 이루어지고, 학위도 없기 때문에 학문적 세계에서도 견제도 받습니다. 그럼에도 1981년 사회당이 집권했을 때 그랑제꼴을 없애자는 논의가 있었습니다. 그러나 이들이 엘리트로서 사회적 역할을 제대로 해 왔고, 앞으로도 할 것이라는 사회적 공감대가 형성되었기에 유지되었습니다.

어떤 사회든 엘리트층이 형성되기 마련입니다. 단 엘리트층이 사회적 책임 의식이 있고 능력이 있다면 문제가 없습니다. 그러나 한국은 어떻습니까? 한국은 사회적 책임 의식도 없고 능력도 없기 때문에 패거리를 짓습니다. 그리고 대부분 무식해요, 정말 무식해요. 왜? 공부를 안 했으니까요. 공부를 언제 했나요? 한국 사회 구성원들이 공부했나요? 일생에 딱 두 번 공부합니다. 대학 입시 때 한 번, 취직하려고 한 번. 그것말고는 뭘 공부 했나요? 공부한 게 없는데 무식한 것은 당연하죠.

소위 자기가 엘리트층이라고 하는 사람들, 그 지위를 차지하고는 있지만 실은 절대 다수가 무식합니다. 공부를 안 했으니까 내용이 없습니다. 그러니 무엇으로 자기의 위치를 계속 유지시키고 관철시키겠습니까? 각종 연이죠, 학벌이나 지역 뭐 이런 거죠.

서울대는 60년 동안 이 땅에서 머리 좋다는 놈 다 긁어모았습니다. 서울대의 경쟁력은 국내 경쟁력입니다. 도토리 키 재기 속의 경쟁력이지 어디에 내놓을 수가 있습니까? 국외로는 내놓을 곳이 한 군데도 없습니다. 가끔 세계 100대 대학 이런 것 발표할 때 거기 근처에도 못 낍니다. 철저하게 국내 경쟁력에 내몰려 있는 것입니다. 학문의 경쟁력도 없는데 국내에서 아이들을 그렇게 억압시켜 가지고 뭐 하려고 하는 겁니까? 아이들이 사람인가요? 사람 대접을 하나요? 끊임없이 억압시키지만 제대로 된 경쟁력도 나오지 않고, 사회는 피폐해지고 아이들은 끊임없이 억압받고 있습니다. 아이들이 억압받을 때 학대받는 것이 내면화되면 남을 학대할 때 느끼지 못합니다. 이미 자기가 학대받았기 때문에 그 정도까지 내가 남을 학대하고 있다고는 생각 못 합니다.

우리 아이들이 이런 현실에 놓여 있습니다. 이런 면에서 보았을 때 무상교육이라든지, 대학 평준화 문제는 정말 우리의 교육 문제와 관련하여 대단히 심각하게 고민해야 하는 지점입니다.

그러면 당연히 제기되는 질문이 있을 겁니다. 왜 그들은 대학까지 무상교육이 이루어진 지 벌써 60년이나 되었는데 우리는 왜 안 되냐? 왜 프랑스가 국민소득이 6000달러 수준일 때 한 것을 우리는 지금 못하고 있냐?

대한민국은 공화국이다

프랑스는 공공성의 가치에 대한 인식을 갖고 있었고, 우리는 이런 인식이 없는 것에서 비롯된 것입니다. 우리가 살고 있는 대한민국은 리퍼블릭(republic)입니다. 공화국입니다. 우리가 왜 공화국이 되었을까요? 우리가 공화국이 될 수 있었던 것은 프랑스나 다른 나라도 포함된 인류의 역사 발전 과정에서 우리도 영향을 받은 것 때문입니다. 우리나라는 민주공화국입니다. 그러면 대한민국 공교육이 먼저 해야 할 일은 민주공화국의 구성원을 형성하는 일인 것입니다. 그건 기본적인 원칙의 문제입니다. 대한민국이 민주공화국이다. 대한민국이 공교육은 가장 먼저 사회 구성원을 민주공화국의 구성원으로 형성해야 한다는 것입니다. 그런데 전혀 그렇지 않습니다. 여러분 공화국의 의미를 아십니까? 공화국의 구성원인 여러분에게 묻습니다. 이 자리에 계신 분들에게 공화국이 무엇인가요? 자기 정체성에 관한 문제입니다. 공화국의 구성원인 여러분에게 공화국이 무엇입니까? 하고 물어볼 때 무엇이라고 답변하시겠습니까?

여러분은 공화국의 구성원이십니다. 대한민국 국민인 우리는 서로를 민주공화국의 공민으로서 만나는 관계입니다. 대단히 중요한 문제입니다. '대한민국은 민주공화국이다' 라고 했을 때 대한민국은 나라 이름입니다. 국호입니다. 민주공화국 이것은 나라의 정체성입니다. '대한민국이라는 나라는 어떤 나라다' 라는 것입니다. 우리가 대한민국의 민주공화국의 구성원으로서 만나는 관계라 할 때 민주공화국 구성원으로서 공유해야 될 가치가 있어야 할 것 아닙니까. 그것이 무엇입니까? 민주주의에 대해서는 우리가 그나마 독재 때문에 독재를 극복해야 하니까 민주화운동을 했기에 어느 정도 알고 있습니다. 그리고 어느 정도 점차적으로 민주화를 이루었습니다. 그러나 공화국에 대해서는 토론한 적이 없죠. 왜냐면 공화국은 이미 이루었다라고 본 거죠. 알고 있기를 오로지 하나, 군주국의 대안이다. 공화국은 군주국이 아니다 하는 정도입니다. 왜 수천 년 동안 지속된 군주국을 끝내야 되었습니까? 왜 군주국이면 왜 안됩니까? 공화국은 말에서 담고 있듯이 공개념입니다. 공익성, 공공성의 문제이고 즉 공적인 일이다. 우리나라의 정체성인 공화국은 사적인 일의 반대입니다. 즉 공익성, 공공성이 우리나라의 정체성이 요구하는 바인 것입니다. 그래서 교육의 공공성, 의료의 공공성에 의한 무상교육의 확충이나 무상의료의 확충은 좌파가 요구하는 것이 아니라 우리나라의 정체성이 요구하는 것입니다. 공화국이 요구하는 것입니다.

유럽 사회에서 무상 의료, 무상교육이 확충되어 가는 것은 좌파의 요구 이전에 공화국주의의 요구였던 것입니다. 그런데 우리는 그런 것을 전혀 공유하고 있지 못하고 있으니까 공공성(공공적 가치)이라는 개념이 완전히 실종되어 '교육의 공공성, 의료의 공공성을 요구하면 빨갱이다' 하는 말조차 나오고 있습니다.

정말 참담한 현실은 어떤 나라에서도 볼 수 없는 것인데 공화국이라는 말 앞에 그럴듯한 말을 많이 붙여요. 기자들 짓이죠. 정말 참담한 일인데요. 도박 공화국, 부패 공화국라는 말조차 씁니다. 공화국이 담고 있는 말이 공익성이라는 의미인데 어떻게 삼성 공화국이라는 제목을 부칠 수 있습니까? 결국 공화국이 품고 있는 의미가 한국 사회에서는 그 근본에서부터 실종되고 있다는 것이죠. 공화국의 이념을 우리가 모두 같이 공유한다면 무상교육, 무상 의료가 너무나 당연한 나라의 정책상의 요구라는 것을 인식할 수 있었을 텐데요. 유럽 사회에서 무상교육, 무상 의료가 이루어진 것은 공화주의의 가치가 관철된 것입니다. 그런데 우리는 완벽하게 배반당하고 있습니다. 무상교육, 무상 의료를 이야기하면 그냥 빨갱이라고 이야기하는 것이죠. 저를 답답하게 하고 화나게 하고 슬프게 하면서 분노를 느끼게 하는 요인이 바로 여기에 있습니다.

배부른 돼지가 되지 마라

배부른 돼지가 되지 마라. 이런 말을 쓰고 나면 돼지한테는 미안합니다만 소크라테스는 당시 아테네 젊은이들에게 '배부른 돼지가 되지 말라'고 했습니다. 어떤 젊은이가 배부른 돼지가 되지 말라고 하는데 '나는 배부른 돼지가 될래요' 라고 하겠습니까? 그러나 실제 세상은 안 그렇습니다. 배부른 돼지가 되려다가 성공한 소수가 있고, 그리고 실패한 다수가 있는 그런 세상 아닌가요. 그런 면들이 인간성의 상실, 인간성의 실추라는 면으로 나타납니다. 우리 사회는 점점 더 그런 사회가 되어 가고 있습니다. 20대 80의 사회입니다. 상위 20%가 80%의 부를 장악하고 있습니다. 80% 되는 사람이 나머지 20%의 몫을 가지고 아등바등 살고 있습니다.

민주주의의 문제를 생각해 봅시다. 민주주의란 것이 데모크라시(democracy)라는 말인데요. 다중이 지배한다는 뜻이죠. 이것이 갖는 모순에 대해서 우리 한번 이야기해 봅시다. 웬만한 비판적인 사회 경제학자들은 모두 사회 양극화를 이야기합니다. 신자유주의 아래에서 이것이 더욱 더 첨예화되고 있습니다. 예컨대 이것이 20대 80이 아니라 15대 85 이런 쪽으로 가고 있습니다. 더 나아가서는 10대 90 나아가서는 1대 99 이런 쪽으로 갈 것입니다. 실제로 우리들의 의식은 이미 그런 것을 용인하고 있다고 생각합니다. 제가 예전에 귀국해서 들은 광고가 있습니다. '대한민국 1%의 힘', 대한민국 1%의 힘이면 99%에 속하는 사람은 뭐냐? 이겁니다. 왜 99%에 속하는 사람은 그런 광고에 화를 안 낼까? 이미 의식은 1%대 99%까지도 뭐 할 수 없는 일 아니냐 이런 정도로까지 받아들이고 있지 않을까? 하는 의심을 합니다. 실제 한국의 땅은 그렇습니다. 10%가 95%를 가지고 있습니다.

그러면 제가 던지는 질문은 아주 단순합니다. 다중이 지배한다는 민주주의를 누구나 다 동의하고 있습니다. 민주주의에 대해서 부정하는 사람은 없습니다. 그리스에서 아테네 철학자들은 민주주의를 별로 달가워하지 않았습니다. 잘 아는 바와 같이 아테네 철학자들은 철인정치를 요구했습니다. 아리스토텔레스는 다중 지배란 곧 서민 지배다 하고 이야기했습니다. 그런데 다중이 서민인데 민주주의 아래서 어떻게 20대 80이 관철되었습니까? 80은 어떠한 사람들입니까? 우선 이 자리에 계신 분들은 20에 속하시나요? 80에 속하시나요? 그러면 80에 속한다면 어떤 의식과 생각을 갖고 있겠습니까? 왜 아리스토텔레스가 서민이 지배한다고 하는 민주주의 사회에서 80이 지배해야 마땅한데 20이 사회를 지배합니까? '정치적 지배력을 통하여 이건 너무 불평등하다. 열심히 일한 당신들 알겠지만 너무 많이 갖는다. 열심히 일한 당신 그래도 30%가 70% 정도를 갖는 것이 적절하지 않을까' 라는 정치력이나 강제력을 왜 발휘하지 못합니까?

80에 속한 사람은 투표권이 없습니까? 그러면 강남에 사는 저 20%에 속한 사람들은 투표권이 열 개쯤 되나요? 그러면 민주주의가 아니죠. 이 모순을 어떻게 설명해야 됩니까? 어디에서 이 모순이 비롯될까요? 잘 아시는 20대 80이라는 사회 양극화는 청와대에서도 이야기하고 〈조선일보〉에서도 이야기합니다. 민주주의는 누구나 다 동의하고 있습니다. 그런데 80은 왜 힘이 없습니까? 80에 속하는 사람들의 배반 때문입니다. 자기 배반의 문제입니다. 자신의 처지를 배반하는 것, 나를 배반하는 것입니다. 나 자신의 처지를 배반하는 생각을 80은 가지고 있습니다. 20대 80이라 할 때 이것은 무엇으로 나눈 것입니까? 처지를 나눈 것이죠. 그 사람의 사회 경제적 처지로 나눈 것입니다. 그러나 민주주의가 표현되는 방식은 그 사람의 생각 즉 의식으로 이루어집니다. 그런데 80에 속한 사람들이 자기 처지가 요구하는 의식을 가지고 있는 것이 아니라 자기 처지를 배반하는 생각을 가지고 있습니다.

민주노동당에서 이야기하는 것인데 아주 노골적이었죠. "부자에게는 세금을, 서민에게는 복지를", 20에게는 당신은 세금 좀 내, 그것으로 80 복지 좀 이루자, 이것 아닙니까? 대학 등록금 비싸고 참 괴롭습니다. 서민들 봉급 수준에 비춰 봤을 때 대학 등록금 엄청나죠. 또 서민들의 경우는 집안에 큰 병이나 날라치면 집안이 풍비박산 나죠. 그러면 자기의 처지에 비춰 볼 때 무상교육, 무상 의료 또 서민에게 복지를 부자에게는 세금을 그런 얘기가 나오면 귀가 솔깃해야 될 것 아닙니까? 관심 있게 듣고 가서 찍어야 할 것 아닙니까? 그런데 죽어라고 안 찍어요. 그 없는 돈에 돈 다 내 가면서 가족이 병들었는데 어떻게 할 겁니까. 집안이 풍비박산이 나도 치료비 다 내 가면서. 자식 교육 안 시킬 수 있나요? 자식에게 "너는 나처럼 살면 안 돼" 그러면서 없는 돈에 사교육비 들여 가면서 그렇게 다 교육비 내 가면서 아무리 무상교육, 무상 의료 이야기를 해도 찍지 않습니다.

왜 이런 결과가 나올까요. 내가 20에 속할 가능성이 있기 때문에 그런 가요? 물론 그 부분도 무시할 순 없죠. 그러나 그것보다는 80에 속하는 사람의 의식을 누가 통제하느냐 하는 문제입니다. 20을 포함한 이 모든 사람의 의식을 누가 통제하느냐? 어렸을 때부터 그 의식을 누가 형성하느냐? 무엇에 의하여 형성되느냐 하는 문제가 있습니다. 교육을 통해서죠. 그 교육 제도, 교육 내용, 교장 선출, 교사 임용, 학생 선발권 같은 교육의 모든 것을 누가 장악하고 있나요? 80이 갖고 있나요? 어림도 없지요. 20이 다 장악하고 있습니다. 국가권력이 장악하고 있습니다. 교육 과정은 교육을 통하여 지배 체제가 요구하는 의식을 갖도록 작용합니다. 왜냐하면 교육 과정을 장악한 것은 민중이 아니라 국가 권력이기 때문입니다.

사람들은 교육을 통해서 계층 상승의 기회가 열려 있다는 환상을 가지고 있습니다. 그래서 이런 불평등한 구조를 어느 정도 좀 받아들이고, 나아가서 80에 속하지만 지금 내 자식이 공부를 안 해서 그렇지 조금만 열심히 하면 SKY에 갈 수 있다고 생각합니다. 스카이 아시죠? 결국 내 자식이 지금 공부를 안 해서 그렇지 공부만 열심히 하면 '하늘'에 간다. 그래서 계층 상승할 수 있다고 봅니다. 그럴려면 불평등이 있어야 좋은 거죠. 어쩌다 80의 일부가 20 쪽으로 가는 경우도 있습니다. 문제는 80에 있다가 20에 간 사람들도 절대로 자기 출신 계층의 또는 계급의 이익을 대변하지 않는다는 겁니다. 개천에서 용이 나와도 용은 개천을 절대 대변하지 않습니다. 그럼 해결책은 80에 속한 사람이 깨어나야 합니다. 이 국가 권력에 의하여 형성한 의식을 지워야 합니다. 적어도 자기 처지에 맞는 의식을 갖도록 해야 할 것 아닙니까?

요즘 남미의 베네수엘라, 볼리비아 이야기할 때에 참 부럽습니다. 하나의 예만 들겠습니다. 남미는 대농장주에 의한 대토지 소유자가 있고, 거기에서 품삯을 받고 일하는 농업 노동자들이 있습니다. 우리의 소작농과는 개념이 좀 다르죠. 우리의 소작농은 소출 중에서 일정 정도를 지주에게 바치지만 거기서는 품삯을 받고 일합니다. 소작농이든, 농장 노동자이든, 플랜테이션에 속한 농업 노동자이든 땅이 없는 설움을 받고 있는 점에서는 똑같죠. 땅 없는 설움을 받고 있는 농업 노동자에게 차베스나 모랄레스가 접근해서 하는 이야기는 간단했습니다. 아주 솔직해요. "나에게 표를 주세요." 옛날에 "두껍아 두껍아, 헌집 줄 게 새집 다오" 하는 것과 똑같은 거예요. 표를 다오, 땅을 줄 게. 너무 솔직한 거죠. 대대로 땅 없는 설움을 갖고 있는 사람들에게 나에게 표만 달라. 내가 대통령 되면 땅을 주겠다. 그러니까 땅 없는 설움을 갖고 있는 그 사람들의 처지에서 보면 표를 안 줄 이유가 있겠어요? 그들의 처지에서는 당연히 표를 주죠. 대통령이 되었습니다. 대통령이 되니까 20명 단위로 협동조합을 만듭니다. 땅만 주는 것이 아니라 트렉터까지 줬습니다. 그게 정치죠.

그것하고 똑같은 구도예요. 말하자면 베네수엘라의 농업 노동자나 볼리비아의 농업 노동자들은 모랄레스나 차베스가 그런 얘기할 때 자기 처지에 맞게 표를 주었다는 겁니다. 그런데 한국에서는 이런 얘기하면, 자기 처지에서 요구하는 건데 "어 이거 무서운 사람들이네" 하고 생각합니다. 80에 속한 여러분이지만 제가 장담하건대 여러분의 의식은 20을 대변하고 있습니다.

언론라는 것이 그런 겁니다. 옛날에 지배 세력들이 문자를 가지고 있었고, 문자를 장악하고 있는 사람들이 생각을 장악했습니다. 문자를 가지고 있다는 것은 바로 생각을 장악할 수 있는 것이죠. 옛날에는 양반들이 지배할 수 있었던 것은 양반들이 문자를 가지고 있었기 때문입니다. 그와 마찬가지로 교육을 장악했을 때 그것이 곧 사람의 의식을 장악하는 것입니다. 그래서 제일 중요한 것이 사회운동이건, 노동운동이든 제일 중요한 것은 바로 교육입니다. 내 의식을 적어도 나의 처지에 맞게, 나를 배반하지 않는 의식을 갖게 하는 것이 중요합니다. 과연 지금까지 의식 형성에 있어서 민중의 목소리를 들어 본 적이 있습니까? 〈작은책〉과 같은 정말 작은책이지만 이런 조직, 이런 움직임, 이런 운동들이 갖고 있는 함의가 바로 여기에 있습니다. 〈작은책〉은 바로 80의 목소리입니다. 그 어떤 것이 80의 목소리에 속합니까? 지극히 일부에 지나지 않습니다. 온통 지금까지 들어왔던 모든 소리들, 모든 교육 과정들, 모든 매체들, 우리의 의식에 접해 들어오는 것들은 거의 모든 것은 20의 목소리였죠.

바로 그런 면에서 이제 글과 말에 대한 이야기를 하게 되는데요. 자본주의 사회에서 힘을 가지고 있는 것은 그전부터 그랬습니다만, 미국이 힘이 있는 것은 무엇이겠습니까? 미국이 무기를 가지고 있기 때문이죠. 노골적인 것이죠. 핵무기를 비롯해서 엄청난 파괴력을 갖고 있는 무기를 가지고 있습니다. 그리고 또 무엇을 가지고 있습니까? 그 다음에 돈입니다. 화폐, 이것이 힘입니다. 여기에 돈과 무기를 가지고 있는 자본과 권력을 가지고 있는 권력자들에게 복무하는 절대 다수의 글쟁이들, 절대 다수의 대학 교수들, 절대 다수의 율사들, 이들이 여기에 빌붙어 있습니다. 우리는 무엇을 가지고 있습니까? 오로지 글과 말로 대항하고 있는 거죠. 저는 존경하는 사람이 사회적 약자에 편에 선, 무기도 갖지 않고, 화폐도 갖지 않고 글과 말로 저항해 온 사람들 모두를 존경합니다. 가깝게는 리영희 선생님을 존경합니다.

오로지 글과 말로 대항하는 우리는 너무 어렵습니다. 왜냐하면 사람은 한 번 형성한 의식을 고집합니다. 자기 의식을 고집합니다. 자기를 배반하는 의식인데도 고집합니다. 교육 과정에서 어떤 의식 과정을 형성했느냐는 대단히 중요한 문제입니다. 교육 과정에 어떻게 민주주의가 담길수 있도록 할 것인가 이것은 무척 중요한 문제입니다.

프랑스의 교육 과정을 보면, 가령 초등학교 5학년에서는 노동의 가치를 강조합니다. 그것이 갑자기 이루어졌겠습니까? 아닙니다. 바로 끝없는 교육 운동, 사회 운동을 통해서 획득한 겁니다.

중학교 때는 교육 과정에서 모의 노사 교섭 수업을 합니다. 노동3권, 노동운동의 역사. 예를 들면 얼마전 메이데이가 지나갔습니다만 메이데이가 도대체 어떤 날이냐? 이런 것을 가르칩니다. 고등학교 1학년 시민 교육 시간에 토론 주제로 내 준 주제가 노동조합이 민주주의 발전에 미치는 영향입니다. 이게 고등학교 1학년생에게 제시된 토론 주제입니다. 이런 토론이 이루어지는 교육 과정을 겪은 사람하고 그렇지 않은 사람은 사회적 의식에 차이가 많을 겁니다.

그래서 프랑스에서 최초고용계약법을 만들어 상하원에서 통과되었을 때 고등학교, 대학생들이 들고 일어난 겁니다. 완전히 무산시켰죠. 최초고용계약법 이것이 무엇이냐면 "26세 미만 사람들을 최초로 고용할 때 2년 기간 동안의 계약 기간을 줄 수 있다. 그리고 계약 기간 중 어느 때나 해고할 수 있다"라는 것입니다. 노동의 유연성을 도입하려 했던 것이죠.

그렇다면 프랑스 사회가 일찍부터 노동의 민주화가 이루어졌는가? 어림 없는 소리입니다. 이것이 프랑스 아이들이 노동운동의 역사를 통해 알게 되는 내용입니다. 1830년대 리용 지역의 견직 노동자들이 하루에 몇 시간 일을 했냐면 새벽 5시부터 밤 11시까지 18시간 일을 했습니다. 상상할 수 있나요? 어떻게 살아요? 이들이 집단으로 당연히 폭동을 일으킵니다. 잔인하게 진압했죠. 그러나 그들은 투쟁을 통하여 14시간 노동 시간을 확보합니다. 이것이 노동운동의 역사예요. 프랑스 아이들이 이 흐름을 통하여 무엇을 알게 되겠습니까? 우선 첫째, 도대체 아무리 자본이라고 하지만 어떻게 18시간을 일을 시킬 수가 있냐라는 비인격적이고 무자비한 자본의 성격을 알게 되는 거죠. 따라서 이 자본을 인간의 얼굴로 만들 수 있는 것은, 노동자들이 단결하고 싸우지 않고는 가능하지 않다라는 것입니다. 노동자가 될 사람들이기에 노동자가 어떤 역사성을 가지고 있다는 것에 대해서 배우는 거죠. 프랑스에서 초등학생도 이런 것을 교육 과정을 통해서 알 수 있는 것입니다. 당연히 지극히 일반적으로 말이죠.

노동자가 될 아이들에게 노동자가 어떤 역사성을 갖고 있는가에 대해서 교육 과정을 통해서 가르쳐 주는 것이 너무나 당연한 거 아닙니까?

얼마 전에 〈한겨레21〉에 났는데요, 새로 만든 경제 교과서가 이제 곧 학교에 쫙 펴져 나가는데요, 이 경제 교과서를 누가 만들었냐면 교육인 적자원부하고 전경련이 만들었습니다. 이게 우리 현실입니다.

당연히 두말할 것도 없이 노조가 만들어지면 생산성이 떨어지고 국가 경쟁력이 뒤처질 것이다, 뭐 이런 내용이 담겨 있지 않겠습니까?

탈의식화

우리가 이런 의식을 주입받았기 때문에, 그래서 저는 그런 면에서 제가 강조하는 것은 의식화가 아닙니다. 오히려 성인들에게 필요한 것은 의식화가 아니에요. 80년대 90년대 의식화라고 이야기했지만 절대로 그런 것 아닙니다. 우리가 지금 해야 하는 것은 탈의식화입니다. 즉 지배 의식과 방송 매체를 통해서 형성된 의식을 벗어내야 합니다. 80은 20이 장악한 의식에서 벗어나야 합니다. 조중동 의식을 벗어나야 합니다. 어느 정도 벗겨낸 분도 있습니다.

한국의 역사에 대해서 나름대로 의식을 가지고 있다고 한다면 어떻게 가지게 되셨나요? 교육 과정을 통하여 가지게 되었나요?

우리 딸은 고등학교 1학년 때 동생에게 자신은 사민주의자다라고 했습니다. 2년 이후에 동생이 자기가 중학교 4학년 때 누나가 고3 때였는데 말싸움이 붙었어요. 누나는 계량주의자다라고……. 중학교 4학년짜리가 이런 의식을 가지게 된 것은, 또 그런 것을 가능하게 했던 것은 프랑스의 교육 과정이 있었기 때문이죠. 한국에서 사민주의자가 교육 과정에서 형성되나요? 어림도 없죠. 특별한 어떤 계기가 있었겠죠. 어, 이건 아닌가 봐. 그리고는 그 의식을 벗겨냈기 때문에 가능했던 것입니다.

비판 의식이나 역사 의식은 지배 세력에 대해 의식화된 것을 벗어나는 되는 계기가 있었기 때문입니다. 거의 대부분 두 가지입니다. 하나는 선배를 '잘못' 만나는 경우고 또 하나는 책을 '잘못' 만나는 경우입니다.(웃음) 무기도 없고 돈도 없이 오로지 글밖에 가지고 있지 않았지만 80의 이익을 대변하는 말들이 많이 있습니다. 지금 〈작은책〉이 하고자 하는 것도 여기에 속해 있는 것입니다.

의식화보다 훨씬 더 어려운 것이 탈의식화입니다. 꼭 선배가 있어야 합니다. 선후배라는 특수한 인격적 관계가 있었기 때문에 귀 기울인 거예요. 아니면 절대로 귀 안 기울여요. 선배도 어디서부터 비롯되었겠습니까? 아무것도 모르는 어린아이들한테 현재 교육 과정에서는 잘못된 의식을 장기간에 걸쳐 그냥 꾸역꾸역 집어 넣습니다. 사람은 다 자기 의식을 고집합니다. 제 말이 아닙니다. 스피노자의 말입니다. 그래서 어른이 되어 고집 부리는 것은 고치기 어렵습니다. 그래서 설득하려면 정말 성실해야 합니다. 정말 집요해야 돼요. 절대로 포기하면 안 돼요. 어차피 다 우리는 피해자입니다. 정말 어렵습니다. 내 이웃을 포기하지 말아야 합니다. 추석 때 사촌을 만나도 어렵습니다. 저도 안 통하는데, 여러분을 무시해서가 아니라 정말 주변을 설득하는 것은 어렵습니다. 그래도 포기하면 안 돼요. 포기하면 어떻게 세상을 바꿀 수 있겠습니까?

정말 성실해야 돼요. 성실한 만큼 정말 집요해야 됩니다. 그리고 무엇보다도 겸손해야 합니다. 이게 제 나름대로 탈의식에 담겨 있는 의미를 말씀드린 겁니다.

교육 과정에 민주화는 정말 중요합니다.

학부모들도 의식이 바뀌어야 합니다. 정말 자식이 배부른 돼지가 되기를 바라지 않는다면 훌륭하고 아름다운 삶의 지향인가하는 지점에서 학부모도 학생도, 교사도 바뀌어야 합니다. 제도를 제대로 변화시키기 위해서도 의식을 바꾸어야 합니다. 어려운 주문일 수는 있지만 나부터 주위 사람들 친척, 친구들을 바꾸어 나가야 합니다. 우리의 교육 과정을 온통 지배 세력이 장악하는 상황에서 어떻게 민주적 통제로 갈 것인가 고민해야 합니다. 학교를 예를 들면, 학교의 주인은 누구입니까? 선언적으로 학부모, 교사, 학생이 주인입니다. 그러나 실제 주인은 누구입니까. 교장, 이사장입니다. 바로 이 문제입니다. 사학법 개정만 놓고 보면 그들이 훨씬 집요합니다. 왜냐면 광신자들이 집요하듯이 사익을 추구하는 집단일수록 열성을 부립니다. 그래서 공익을 추구하는 사람들도 정말로 열성을 부려야만 이길 수 있습니다.

왜 학교 구조가 그렇게 생겼을까? 내 자식이 다니는 학교의 구조에 대해 우리는 질문조차 던지고 있지 않습니다. 일제 때 정형화시킨 학교 구조를 왜 우리는 유지시키고 있습니까? 일제 때 그들의 목적에 맞게 만든 학교는 군사학교입니다. 여러분도 한번 여러분이 다닌 학교를 되돌아 보십시오. 교문 들어가면 옆에 수위실이 있습니다. 위병소입니다. 조금 더 들어가면 운동장이 있습니다. 연병장입니다. 그리고 운동장과 교실 사이에 무엇이 있습니까? 구령대가 있습니다. 사열대입니다. 정확하게 군사학교입니다. 일제 때 그들의 목적에 맞는 학교는 군사학교였던 거지요. 사회적으로 민주화되면 학교 구조도 바뀌어야합니다. 그러나 학교는 전혀 바뀌지 않았습니다.

초등학교 다니는 코흘리개들이 학교 가서 제일 먼저 앞으로나란히로부터 타율적 질서 의식을 배웁니다. 기존 체제의 질서에 자발적으로 복종케 하는 이런 교육 과정에 대한 철저한 탐구와 연구를 통해 어떻게 민주화시킬 것인가 생각해 보아야 합니다.

일상성을 가진 노동자 의식

우리는 한국의 노동자들이 노동자 의식이 없다고 하는데요. 사실은 반만 진실입니다. 오히려 반 노동자 의식을 가지고 있습니다. 언론과 교육 과정을 통해 의식적으로 반 노동자 정서를 가지고 있습니다. 예를 들면 전교조 선생님들이 '우리는 노동자다' 하면서 노동자 의식을 갖고 있다고 이야기하지만 그것도 지극히 의식적인 노동자 의식입니다. 일상성을 가지고 있는 노동자 의식은 아닙니다. 여러분들이 물건을 살 때 가격을 보고, 품질을 보지만 그 물건을 만든 노동자들을 생각해 본 적이 있습니까? 삼성이 무노조 정책을 관철하고 있는데 그것이 삼성만의 잘못입니까? 어림 없는 소리입니다. 노동자들이 노동자 의식을 갖고 있지 못하기 때문에 그런 일이 벌어지는 겁니다. 어떻게 노동자들이 물건을 살 때 무노조 정책을 유지하고 있는 삼성 물건을 살 수가 있습니까? 아무리 다른 제품보다 품질이 좋고 싸다고 하더라도 삼성 물건은 안 산다고 하면 삼성도 두 손 듭니다. 노동자 운동을 하고 있는 사람들도 무슨 노동자 수련 대회나 하고 단협 준비할 때나 '임을 위한 행진곡', '철의 노동자'를 부를 때나 노동자 의식을 갖지, 일상으로 돌아가면 노동자 의식이 있습니까? 제가 제기하고 싶은 것이 이 문제입니다. 프랑스의 노동자는 그래도 일상성이 있습니다. 정말 깨어났다고 하더라도 어려운 문제입니다.

〈작은책〉에서 마련한 좀 더 평등한 세상을 만들기 위한 소통의 자리에 참여할 수 있는 좋은 계기를 갖게 되어 기쁩니다.

고맙습니다.

낮은 곳에 저항은 분노

"남보다 좋은 직장에 취업하거나 일찍 승진한 사람들이
'인생에 승리했다'는 자부심을 느낄지언정
죄 없이 고통받는 이웃을 위해서
아무 것도 한 일이 없다는 것에 대해
열등감조차 느끼지 못하는 것,
그것은 옳은 게 아닙니다."

불평등에 저항은 본능

우 리 사회에는 노동조합을 철천지원수처럼 미워하는 사람들이 있는 반면, 노동조합에 거의 일생을 걸고 있는 사람들도 있습니다. 도대체 노동자의 권리 또는 노동조합에 대한 누구의 생각이 옳은 것일까? 이런 고민을 하지 않을 수가 없는 세상인데, 오늘은 이러한 문제에 대해 여러분 눈높이를 낮추어서 아주 쉬운 것부터 한번 따져보겠습니다. 사회과학을 공부하신 분들에게는 제 강의가 굉장히 수준이 낮다고 느껴질지도 모르겠습니다. 제 강의 특징이 몇 가지 있는데 그 중의 하나가, 필기할 게 전혀 없다는 거예요. 그냥 편하게 들으시면 됩니다. 지금 필기하려고 폼 잡으신 분들은 후회하게 될 겁니다.

노동문제에 대한 객관적 시각

다 아는 이야기를 먼저 해 보겠습니다. '소년 가장 서울대 정시모집 합격', '소녀 가장 서울대학 들어가다.' 이런 제목의 기사들을 보신 적이 있지요? 부모님이 해 주시는 따뜻한 밥 먹으면서 열심히 공부만 해도 가기 어려운 서울대학교라는데, 소년 소녀 가장들이 집안 살림 다 하면서

틈틈이 공부해 합격했으니 얼마나 훌륭한 아이들입니까. 초인적인 노력을 했겠지요. 그런데 이렇게 훌륭한 학생들을 칭찬하는 기사를 볼 때, 다른 사람들은 몰라도 최소한 여기 모인 우리는 좀 다른 생각을 할 수 있어야 합니다. 이렇게 되지 못한 소년 소녀 가장들이 우리 사회 수만 명이나 있다는 거죠. 이렇게 훌륭한 학생들을 보면서 열등감을 느껴야 하는 소년 소녀 가장들, 이러한 기사를 읽으면서 마음 깊은 곳으로부터 "너하고 똑같은 소년 소녀 가장인데 이 사람은 성공했잖아? 너는 왜 못하는 거야?" 그런 질책을 듣는 사람들……

인쇄 일을 하는 노동자를 만나 인터뷰하면서 물어봤습니다.

"학교 어디까지 다녔어?"

평소 친하게 지내던 사람이니까 반말로 편하게 물어봤어요. 그 노동자는 이렇게 답했습니다.

"중학교는 졸업했구요. 집안 형편이 너무 어려워서 고등학교 진학하지 말라고 식구들이 다 말렸지만 내가 혼자 몰래 시험 보러 가서 붙었어요. 그때 등록금이 다 합쳐서 38만 원인가 나왔는데 그 돈 벌겠다고 공장에 취업했거든요. 그런데 등록금 마감 날까지 내가 그 돈을 못 모았어요. 중학교 졸업식에도 못 가고 열심히 일했는데……"

그 사람은 그 말을 하면서 목이 잠겼습니다. 그날 뒤로 그 사람은 십여 년 세월 동안을 인쇄 골목에서 비정규직 노동자로 일하며 삽니다. 남보다 좀 불행한 가정에 태어났다는 이유로……

특별한 능력이 없는 평범한 사람들은 평생 계속 불행하게 살아야 하는 사회는 결코 옳은 사회가 아닙니다. 그래서 학생들에게 "열심히 공부해서 성공하라"고 당연히 가르쳐야 하지만 또 뭘 가르쳐야 되겠습니까?

"누군가는 이 사회를 평등한 사회로 만들어서 이런 사람도 원하면 대학까지 다닐 수 있는 그런 사회로 발전시키는 일을 해야 합니다" 이런 것도 학교에서 가르쳐야 하는데, 우리 학교의 교육과 우리 사회를 둘러싼 담론들의 내용이 주로 어느 쪽에 치우쳐 있었나? 제가 굳이 지적할 필요 없을 겁니다.

여기 오신 분들은 제가 말하기 전에 이미 다 알고 있는 내용이지만 '문제를 항상 개인의 문제로만 볼 것이 아니라 사회 전체의 문제로 봐야 한다.' 이러한 명제를 흔히 '구조적 관점'이라고 표현하잖아요. 노동문제도 마찬가지입니다. 노동조합이 노동자들에게는 임금을 인상시켜 주고 고용을 보장해 주는 참 좋은 조직입니다. 그러나 경영자 입장에서 볼 때는 노동비용을 증가시켜서 기업 경쟁력을 저하시키는 해로운 조직이지요. 굉장히 성가신 조직입니다. 이렇게 단위 사업장 노사관계에서만 자꾸 볼 것이 아니라 대한민국 자본주의 경제 구조 속에서 공간적으로, 좀 더 나아가 역사 발전 과정 속에서 넓게 보자는 거예요.

제가 "오늘 여기 오시는 분들이 주로 어떤 분들입니까?" 이렇게 주최 측에 물어보니까 '굉장히 다양한데 노동조합에서 오시는 분들은 별로 없다'고 얘기하시더라구요. 제가 오늘 저녁 지하철역에서 어떤 사람을 만났는데 저를 알아보고 여기 오는 길이라고 인사를 하시더군요. 그래서 "어떤 일을 하세요?" 하고 물었더니, 어느 이동통신사 지점장님이시더라고요. "어? 그런 일을 하시는 분은 이런 문제에 관심 갖기가 쉽지 않을 텐데요" 제가 그렇게 말했습니다. 지금 저기 앉아 계시군요.

여러분과 같은 사람들을 대상으로 강의할 때마다 제가 굉장히 곤혹스럽습니다. 오늘 낮에도 강의가 두 개나 있었는데, 그 사람들은 다 노동자들이었습니다. 노동문제가 절박한 자신의 문제인 사람들입니다. 거기 가서는요, "열심히 싸워서 이기자"고 얘기하면 돼요. 지금 여기는 노동문제가 자신의 절박한 문제라기보다 '교양의 문제'인 분들이기 때문에, 노동자들이 싸워서 이기는 것이 과연 정당한가? 그게 우리 사회에 과연 유익한가? 이런 걸 항상 생각하시는 분들이어서 제가 얘기하기가 상당히 조심스럽습니다. 그렇지만 '노동조합을 단위 사업장의 노사관계 속에서만 보지 말고 사회 전체의 구조 속에서 보자.' 그건 여기서뿐만 아니라, 제가 노동자를 만날 때마다 항상 강조하는 내용이기도 합니다.

여성, 노인, 장애인 그리고 노동문제

한 유선 방송의 여성 문제를 다루는 프로그램에 제가 고정 패널로 몇 번 출연한 적이 있습니다. 제가 나가서 잘했으면 계속 나갔겠지요. 제대로 못했는지 몇 번 출연한 뒤에 담당자가 "잠깐 쉬시지요." 그랬는데 그 잠깐이 1년도 넘었습니다. 한마디로 짤렸지요.

한번은 어떤 주제가 다뤄졌냐 하면, 지금 우리 사회에 취업 사기, 부업 사기가 판치는데 가정 주부들이 남편과 상의하지 않기 때문에 쉽게 당한다는 겁니다. "세상 물정에 어두운 주부들이 남편에게 말하지 않고 혼자 끙끙대면서 하다가 일을 다 그르치고 나서야 남편에게 이야기한다, 주부들은 남편이랑 좀 상의할 필요가 있다." 이런 내용이 나왔습니다. 나중에 몇 마디 하는 게 제 역할이었는데, 저는 이런 이야기를 했습니다.

"주부들만 탓할 게 아니지요. '왜 남편에게 말하지 않았느냐?'고 주부를 탓하기 전에 우리 사회의 남편들이 아내의 이야기를 얼마나 존중하며 귀담아 듣는지 한번 반성해 봅시다. 아내가 뭔가 이야기하면 '자네가 뭘 안다고 그래. 살림이나 하는 사람이.' 이렇게 쉽게 무시해 버리는 가부장적 이데올로기를 갖고 있지 않은지, 아내가 자연스럽고 부담 없이 다 이야기할 수 있는 부부 사이를 만들기 위해서 남편들은 얼마나 노력하며 사는지, 그러한 반성부터 좀 해볼 필요가 있습니다. 주부만 탓할 게 아니지요."

조금 잘난 척하면서 그렇게 이야기를 했습니다. 녹화방송이라 다음날 방송이 되거든요. 우리 식구들이 집에서 방송을 다 같이 보고 있다가 제가 그렇게 말하는 장면이 나왔을 때 제 아내가 딱 한마디 했어요.

"참, 가증스럽군."

저도 전혀 그렇게 못하고 사니까……. 우리도 맞벌이 부부입니다. 제 아내의 노동량이 결코 저보다 적지 않습니다. 장애인들과 하루 종일 함께 하는 일을 30년째 하고 있고, 거의 파김치가 되어 퇴근합니다. 최소한 제가 가사 노동의 절반 이상을 분담해야 한다는 뜻인데, 저는 거의 손을 못 대고 삽니다. 일주일에 절반 정도는 집에 못 들어가거나 새벽에 들어가거나 그렇게 삽니다.

몇 년 전에 울산에서 수련회 마치고 이박 삼일만에 새벽 5시쯤 집에 들어왔는데, 그날이 마침 전태일문학상 시상식이 있던 날이었던가 그랬을 거예요. 새벽에 집에 들어가 보니까 식구들이 참다가 못해서 우리 집 현관에 저 보라고 대자보를 크게 써 붙여 놓고 자고 있었어요. 제목이 '이대로 살 수 없다'였는데, 굵은 글씨로 써진 요구 사항들 중 첫 번째는 '귀가 시간 엄수하라!'였습니다. 여기서 귀가 시간이란 '일주일에 두 번은 밤 10시까지 들어온다'는 것이었는데, 제가 그 약속을 못 지켰거든요. 두 번째 요구 사항은 '아빠와 같이 놀고 싶다!' 이것은 아무래도 제 아내가 아이들을 선동한 것 같지요? 마지막 요구 사항 '기본적인 가정생활을 보장하라!' 이것은 가장에 대한 당연한 요구입니다.

다음날 아침, 제 아내가 저한테 하는 얘기가 "우리가 당신한테 뭘 대단한 것을 기대하는 게 아니잖아. 다른 사람이 퇴근하면 바빠지는 일을 직업으로 선택한 가장한테 '집에 일찍 들어와라' 그런 요구를 할 만큼 우리는 몰상식한 가족은 아니야. 그렇지만 최소한은 해야지. 최소한은……." 그때 제가 얼굴을 들 수가 없었습니다.

제가 실천하지는 못하지만, 남편들이 가사 노동을 분담해야 한다는 것과 여성들의 권리가 신장되어야 한다는 주장에 전혀 이의가 없습니다. 여러분도 다 동의하시죠? 마찬가지로 '장애인의 권리는 확대돼야 한다.' 다 인정합니다. '노인의 복지는 향상되어야 한다.' 우리가 다 받아들입니다. 곧 사회적 약자인 여성, 장애인, 노인들의 권리에 대해서 사람들은 상당히 긍정적인 시각들을 가지고 있습니다. 그렇다면, 자본주의 사회에서 구조적으로 가장 대표적인 사회적 약자인 노동자의 권리에 대해서도 그러한 시각을 갖고 있습니까?

지금 우리 사회에서는 '노동자 임금이 인상되는 것이 사회 전체에 유익하다'고 생각하는 사람이 거의 없습니다. 특히 공무원과 교사, 이 사람들의 발언권이 확대되고 연봉이 인상되는 것이 사회 전체에도 유익하다, 이걸 설명할 수 있는 사람이 별로 없어요. 만약에 경총 같은 단체가 주장하는 것처럼 우리 사회 직장인들이 기업 경쟁력을 위해서 스스로 임금인상을 자제하거나 자신의 권리를 축소시키는 것이 애국이라면, 여기 오신 분들 중에 월급쟁이인 분들과 그 가족들은 연봉이 인상되기를 바라는 순간 우리 사회에 해로운 존재로 전락합니다. 노동자가 좀 더 행복하게 살기 위해 행동하는 순간 사회에 해로운 영향을 미친다? 다른 사회는 이러한 정서가 거의 없습니다.

좀 똑똑한 사람들은, 엄청난 차별을 받는 비정규직 노동자의 임금은 인상돼야 하지만, 대기업 정규직 노동자들이나 교사나 공무원 같은 노동자들의 임금이 인상되는 것은 거의 무슨 매국 행위처럼 생각합니다. 결코 그렇지 않거든요.

'똘레랑스'에 대한 이해

노동자들이 파업을 할 때, 제가 그 파업을 같이 준비하기도 하고 농성장에 같이 들어가기도 하고 그럽니다. 그러나 저도 그 파업 때문에 똑같이 불편을 겪습니다. 6년 전엔가 양쪽 항공사가 동시에 파업했을 때, 국내선 항공편이 전부 결항되는 바람에 차를 끌고 길을 나섰는데, 그날 광주기독병원 노동조합 수련회와 포항에 있는 한동대학 강의를 하느라고 열 몇 시간 동안이나 운전을 한 적이 있었습니다. 과속 딱지를 두 장이나 받았던가 그랬어요. 제가 그 상황에서 항공사 노동조합의 파업을 어떻게 받아들였겠습니까? '왜 노동자들은 파업을 해 가지고 이렇게 나를 고생시키는 거야' 최소한 그런 불평을 하지는 않았겠지요. '불편해도 내가 다 이해하고 참을 테니까 여러분은 열심히 파업해서 빨리 권리를 찾으십시오.' 그렇게 받아들였겠죠. 그래도 명색이 노동문제연구소 소장이고 노동운동 물먹은 지 20여 년 정도 됐으니까…….

우리 사회에서는 저처럼 그리고 여기 모인 여러분처럼 아주 특별한 극소수의 사람들만이 자기 불편을 감수하면서 노동자의 파업을 존중합니다. 그렇지만 다른 선진국에서는 그것이 보통 사람들의 정서입니다. 특별히 몰지각하고 교양 없는 사람들만이 노동자의 파업을 비난하는 그런 정서가 있습니다. 예를 들어 "민주노총은 무슨 또 총파업이야" 그렇게 욕하고 비난하면 저급하고 교양 없는 사람 취급당하는 그런 정서가 있습니다.

홍세화 선생님이 프랑스 사람들의 그러한 정서를 한 단어로 표현하시지요? 바로 '똘레랑스'입니다. 매우 중요한 개념입니다. 대한민국 국민은 두 종류로 구분할 수 있습니다. '똘레랑스'를 아는 사람과 그걸 전혀 모르는 사람으로……. 그만큼이나 중요한 개념입니다. 이 개념을 제대로 모르는 고등학생은 논술을 제대로 못할 정도입니다.

예를 들어 이런 정서지요. 주한 프랑스대사관의 부대사가 텔레비전 인터뷰에서 하는 말이 "프랑스에서는 대부분의 여론이 파업에 대해 이해심을 보이는 편입니다. 파업권은 필수적인 사회권이라는 신념이 뿌리 깊게 박혀 있습니다. 그러므로 이같은 신성불가침의 권리를 비난하지 않는 것입니다" 하고 말했습니다. 노동자가 파업을 해서 그 사회에 경제적으로 손실을 발생시키고 시민들을 불편하게 만들 수 있는 권리를 '신성불가침의 권리'라고 표현합니다. 프랑스가 시민혁명의 종주국이어서 특별히 그런가요? 아니잖아요.

우리가 이탈리아란 나라에 대해 비교적 안 좋은 선입견을 갖고 있습니다. 혹시 가 보신 분은 가이드에게 주의 사항 다 들으셨죠? 안 가 본 사람들도 그 주의 사항은 다 알아요. "소매치기와 좀도둑이 많으니 조심하십시오." 제가 아는 고등학교 교사도 이탈리아에 연수 갔다가 한 번 소매치기를 당했는데 그 수법이 얼마나 신출귀몰하던지, 카메라를 옆에 계속

메고 다니고 있었는데 어느 순간에 보니까 비슷한 무게의 돌멩이로 바뀌어 있더라는 겁니다. "이탈리아 사람들은 상당히 정열적이고 예술적 감성이 풍부하지만 조금 비이성적일 것 같다." 이런 편견이 좀 있는 게 사실입니다.

이탈리아 한 지방 도시의 버스 회사가 3년 동안 500회 정도나 파업한 적이 있었습니다. 우리나라 방송사의 리포터가 가서 인터뷰를 했습니다. 시민들을 붙잡고 "버스 회사가 3년 동안 500회나 파업하는 바람에 교통이 수시로 마비가 됐는데, 이 도시에 사는 게 불편하지 않으십니까?" 그 질문에 대해서 대부분의 시민들이 이렇게 답했습니다.

"그 사람들도 파업할 이유가 있었겠죠. 그 노동자의 권리를 존중하기 때문에 불편을 감수하고 있습니다. 내가 지금 불편하다고 불만이나 늘어놓으면 나중에 가서 파업할 때 누가 내 권리를 이해해 주겠습니까?"

어쩌다가 우연히 이런 사람들만 만난 게 아니라, 이것이 한국을 제외한 보통 나라의 보통 사람들의 정서입니다.

〈빌리 엘리어트〉란 영국 영화가 있습니다. 죄송하지만 이 영화 보신 분 손 한번 들어 보세요. 예, 몇 분 계시군요. 이 정도면 여러분들 문화생활 수준이 굉장히 높은 거예요. 보통 제조업체 생산직 노동조합에 가서 이 정도 인원에서 물어보면요 거의 한 명도 없습니다. 현대자동차, 대기업 정규직 기득권 노동자들이라고 지탄을 받지요? 400명 정도 모였을 때 제가 한번 물어 본 적이 있었는데, 이 영화를 본 사람이 단 한 명도 없었어요. 대한민국 최고 수준의 임금을 받는 노동자들이라지만 하루 12시간 맞교대하면서 매일 회사와 집만 계속 왔다갔다하면서 그 공간에 갇혀 사는 거예요.

〈빌리 엘리어트〉 영화를 보면, 파업을 하는 광부가 어린 아들을 데리고 런던에 있는 '로열 발레 스쿨'에 면접시험을 보러 가잖아요. 장기 파업 중이라 돈이 없으니까 소년은 자기 저금통을 다 털고 광부는 부인의 유품인 금반지와 팔지를 다 내다 팝니다. 그래도 모자라는 여비는 동료 광부들이 모아 주죠. 참 눈물겨운 장면입니다. 아버지와 아들이 그 돈을 움켜쥐고 런던에 갑니다.

왕립 발레학교 강당에서 면접시험을 다 끝낸 광부 부자가 잔뜩 주눅이 들고 실망을 해서 강당을 나가려고 하는데, 그 발레학교의 교장 선생님이 마지막 인사를 이렇게 합니다.

"파업에서 꼭 승리하십시오."

영국 로열 발레 스쿨 교장이면 그 사회에서는 최상류층에 속하는 사람일 텐데, 산골 광산에서 파업하다가 올라온 광부에게 "파업에서 꼭 승리하라"고 인사하는 장면, 바로 영국판 '똘레랑스'라고 할 수 있죠. 이게 '글로벌 스텐다드'입니다. 이것이 노동자의 파업을 바라보는 세계 표준 시각입니다. 우리 사회처럼 노동운동을 혐오하는 사회는 별로 없습니다. 우리 사회는 노동문제에 대한 시각이 다른 나라와 많이 다릅니다.

기부 문화조차 진보적인 사회

우리 사회는 이렇게 노동자의 권리에 대해 이해뿐만이 아니라 사회적 약자의 권리에 대한 인식이 매우 낮습니다. 골프 천재 타이거 우즈의 아버지 얼 우즈 씨가 작년에 암으로 사망했죠? 그 사람 자서전을 보니까 어릴 때부터 아들에게 이런 이야기를 하면서 키웠다고 합니다.

"노숙자 보호소를 찾아가 오후 시간을 같이 보내기, 병원에 입원한 어린이들과 놀아 주기, 이런 일들을 자주하며 살거라. 그것이 너에게 큰 기쁨이 될 것이다."

타이거 우즈의 아버지가 특별히 정의로운 사람이라 그렇게 말한 건 아니잖아요. 이것이 미국 시민사회에 형성되어 있는 문화인데, 한마디로 '기부 문화' 라는 겁니다. 자신이 부자가 아니더라도, 좀 가난해도 굶어죽을 정도가 아니면 자기보다 더 불행한 사람들을 위해서 일상적으로 뭔가 하면서 살아갑니다. 자원 봉사 활동을 열심히 한다든지, 자선단체에 기부금을 꼬박꼬박 낸다든지……. 이런 일들을 전혀 하지 않고 사는 사람은 상종할 수 없는 천박한 인간 취급당하는 그런 정서가 있습니다. 아무리 운동을 잘하는 프로 스포츠 선수도, 아무리 잘 생기고 예쁜 영화배우도, 아무리 공부 잘하는 학생도 기본적으로 사회적 약자를 돕는 일에 참여하지 않으면 인간 대접을 받지 못하는, 그나마 그런 정서가 전형적인 자본주의 미국 시민사회에 있습니다. 우리나라의 한 골프 선수가 미국에서 우승했을 때, 우리나라 언론들은 그 선수를 국민들의 영웅처럼 보도했지만, 당시 미국의 스포츠 전문지에서는 그 선수에 대해서 '자선 활동을 전혀 하지 않는, 기부금을 한 푼도 낸 적 없는 유일한 선수' 라고 소개한 적도 있었잖아요.

우리나라 부잣집 아이들이 어릴 때부터 계속 일등만 했던 훌륭한 성적표를 들고 유학을 갔다가 명문 학교에 합격이 안 되는 일이 그동안 왜 가끔 벌어졌습니까? 성적이 일등인데 왜 탈락했나요? 명문 학교일수록 성적 못지않게 중요하게 확인하는 게 있습니다. "헌혈 몇 번 했습니까?" 그런 질문에 "한 번도 안 했는데요" 하고 답했다면 아마 인간도 아닌 것처럼 보였을지도 모릅니다. "자원 봉사 활동을 주로 어디에서 하셨습니까? 자원 봉사 활동을 하면서 어떤 세계관의 변화가 있었나요?" 우리 학생들은 한동안 그런 질문들에 대해서 제대로 대답을 못했으니, 거의 인간이 아닌 것처럼 보였을지도 모릅니다. '어떻게 같은 인간이 자신보다 더 불행한 사람들을 위해서 땀 흘리는 수고를 한 번도 하지 않으면서 살아갈 수가 있나?' 라는 거지요.

이런 이야기를 하면 혹시 또 여러분들 중에서는 '미국이 참 좋은 나라네' 이렇게 오해하는 분이 계실까 봐 걱정이 되기도 하지만, 유럽 사람들로부터는 '천박한 자본주의' 라고 비웃음을 사는 미국, 사회적 약자에 대한 배려가 가장 취약한 사회조차 그런 문화가 있다는 거죠.

사실 우리는 미국보다 사회적 약자의 권리에 대한 이해가 훨씬 취약합니다. 우리 사회에서는 기부 문화조차 진보적 행위가 되는 사회입니다. 남을 일상적으로 돕는 일은 아주 정의로운 사람들만 하는 것으로 생각하고, 대부분의 시민들은, 착하고 성실한 사람들조차 자기 가족의 행복만 열심히 추구하는 이기적인 삶을 살면서, 남을 돕는 일은 거의 하지 않거나 1년에 한두 번 정도만 하면서도 별로 부끄러움이 없습니다. 이건 옳은 게 아닙니다. 미국만도 못한 겁니다. 바뀌어야지요. 남보다 좋은 직장에 취업하거나 일찍 승진한 사람들이 '인생에 승리했다' 는 자부심을 느낄지언정 죄 없이 고통받는 이웃을 위해서 아무 것도 한 일이 없다는 것에 대해 열등감조차 느끼지 못하는 것, 그것은 옳은 게 아닙니다.

대단한 걸 하라는 게 아니에요. 평택 대추리에 가서 미군기지 확장에 반대하는 지킴이 활동은 못하더라도, 아무 잘못 없이 밥을 굶는 결식 아동들, 추운 겨울에 불을 못 때는 독거 노인들이 대도시 빌딩 숲 뒤에 그렇게 많은 사회에서 살아가면서도, 그들을 위해서 평생 동안 아무것도 한 일이 없다는 것에 대해 열등감조차 느끼지 않는 것은 옳은 게 아닙니다.

비정규직 노동자의 권리

사회적 약자의 권리에 대한 이해가 부족한 사회에서는 비정규직 노동자의 차별을 철폐해야 한다는 공감대가 형성되기 어렵습니다. 비정규직 노동자가 그렇게 고통을 당하고 있는데도 옆에서 보고 있는 정규직 노동자들이나 시민들이 이 문제를 해결해야겠다는 의지가 생기지 않는 것은 사회적 약자에 대한 교육이나 훈련을 어릴 때부터 받지 못했기 때문이 아닐까요? 비정규직 노동자 문제가 세계에서 가장 심각해질 수밖에 없는 정서적인 토대가 우리 사회에 있는 것은 아닐까 하는 생각까지 듭니다.

비정규직 노동자들의 고통은 그 사람들을 만나 보면 압니다. "화장실도 마음대로 못 가면서 10년 동안 일했어요." 그런 사람들……. "어제가 아버지 제사였는데요, 못 가 뵈었어요. 휴가 신청했다가 내년에 계약 안 될까 봐요. 작년에 휴가 쓴 사람들 다 올해에 계약 연장 안 됐거든요." 이렇게 말하는 사람들 만나 보면, 정말 이래서는 안 되겠다, 그런 생각이 듭니다.

국제통화기금(IMF)조차 한국 정부에게 비정규직 노동자의 수를 줄이고 그 차별을 해소하라고 요구한 적이 있습니다. "신규 채용의 70%가 비정규직 노동자이다. 이같은 노동시장의 이중 구조가 한국 경제의 저해 요소가 됐고 향후 발전도 제약할 것이다." 이것은 민주노총의 주장이 아닙니다. 국제통화기금이 한국 정부에 이러한 내용을 문서로 통보했습니다. 오비이락인지 모르지만, 이 문서 통보 받고 2주 뒤에 노동부장관이 "공공 부문 비정규직 10만 명을 감축하겠다"고 대대적인 기자회견을 했습니다. 그러나 그 뒤에 거의 줄지 않았죠.

국제통화기금이 어떤 사람들입니까? 국제 금융 자본가들, 세계에서 가장 보수적 이데올로기로 무장한 집단입니다. 자기들 말로는 시장경제주의자, 노동자들의 표현으로 신자유주의자, 한마디로 '골수 자본주의자'들이 한국 정부에게 왜 이런 통보를 했겠습니까? 비정규직 노동자의 처지가 너무 딱해 마음이 아파서? 결코 아니지요. 자신들이 투자한 자본이 정상적인 이윤을 창출하는 데 장애가 될 정도로 한국 자본의 행태가 지나치게 한쪽으로 치우쳐 있는 겁니다. 그 사람들 보기에도 걱정스러운 거예요. '10명이 취업하면 그 중 7명이 불안정한 일자리인데 그래 가지고 너희가 어떻게 정상적인 자본주의 경제를 운영하냐' 그런 뜻입니다. 그 당시 70%였던 신규 취업자의 비정규직 비율이 지금은 80%로 늘었습니다.

비정규직 노동자를 위해 아무 것도 하지 않는 사람들은 불행한 이웃을 위한 기부금을 단 한 푼도 내지 않는 사람과 같습니다. 이것은 제가 정규직 사업장에 가서 강의할 때도 많이 강조한 내용들입니다.

기부 문화의 한계 극복하기

"미국 시인 도로시 파커는 세상에서 가장 아름다운 영어 표현은 '수표 들어 있음'이라고 했다. 기부금 수표를 동봉했다는 뜻이다. 톨스토이는 '부(富)'는 거름과 같아서 쌓아 두면 악취를 풍기지만 뿌려 주면 땅을 기름지게 한다'고 말했다. 그의 말은 미국 기부 문화의 금언이 됐다. 미국 전체 가구의 80%가 기부에 참여한다."

참 좋은 말입니다. 그런데 이 글은 가장 보수적인 언론의 논설위원이 쓴 글입니다. 짬 날 때 한번 검색해 보십시오. 수구 보수 언론이 기부 문화에 대한 기사를 자주 씁니다. 무슨 뜻이겠어요? 기부 문화가 결코 진보적인 개념이 아니라는 뜻입니다. 어떤 부패한 권력도 기부 문화를 겁내지 않습니다. 기부 문화는 한계가 너무나 명백해 사회구조를 바꾸지 못하기 때문입니다. 가난한 사람에게 연민을 가지고 도와주기는 하지만 그들을 정말 가난하게 만드는 힘 있는 권력과 맞서 싸우지는 않습니다. 그리고 마음 착한 가난한 사람들이 기부금을 잘 내면서 살 때 마음 나쁜 부자들은 기부금을 한 푼도 내지 않아도 해결할 방법이 없습니다. 그래서 유럽이 미국을 비웃는 겁니다. 기부문화의 한계를 전혀 극복하지 못하고 있기 때문에…….

그러면 유럽의 나라들은 기부 문화의 한계를 어떻게 극복했을까? 노동자 중심의 진보 정당이 여러 차례 집권을 한 경험들을 갖고 있는데, 어떤 사람들은 '노동자 중심의 진보 정당이 집권한다' 이런 표현만 봐도 가슴이 철렁합니다. 노동자 정당이 집권하면 나라가 망하는 줄 알아요. 그러나 세계사적으로 폭넓게 보면, 선진국들 중에서 노동자 중심의 진보 정당이 집권한 경험이 없는 나라는 한 나라밖에 없습니다. 미국뿐입니다. 다른 선진국의 경우, 지금 집권하고 있는 정당 또는 바로 직전에 집권했던 정당들의 명칭이 뭔가 한번 보십시오. 영국의 집권당 이름이 뭐예요? 노동당입니다. 프랑스는 사회당, 독일은 사민당. 이탈리아는 좌익정당, 스페인은 사회노동당 이러한 정당들이 여러 차례 집권을 했고, 스웨덴은 노동자 중심의 사회민주당이 75년 근대사 속에서 50년이나 집권을 했습니다. 노르웨이, 덴마크, 핀란드, 네델란드 같은 나라들도 다 마찬가지입니다.

한국의 중산층이 가장 이민 가고 싶어 하는 나라들이 있습니다. 뉴질랜드, 호주, 캐나다 같은 나라들은 사민주의 국가가 아니면서도, 자본주의 체제를 고수하면서도 무상 의료가 실현됐습니다. 우리에게는 꿈같은 일이지만 이게 당연한 겁니다. 예를 들어서, 가끔 언론에 보도된 사건들이 있습니다. 주변에 그런 일을 겪으신 분은 아실 거예요. 아기가 태어나서 병원 인큐베이터에서 한 달 정도 있었다. 그러면 한 달 병원비가 얼마나 나올까요? 최소한 1000만 원 이상 나옵니다. 3000만 원 정도 나온 사람도 있었어요. 부모가 처음에는 아기 생명 구하려고 빚 내고, 집 팔고 그러다가 더 이상 감당할 수 없게 되면 의사한테 각서 한 장 써 주고 아기를 퇴원시킵니다. 그 아기들 거의 대부분 2, 3일 넘기지 못하고 사망합니다. 가끔 언론에 보도되기도 합니다. 이것은 정상적인 문명사회에서는 용납할 수 없는 불평등입니다. 이것은 중세 사회에 사람이 태어날 때부터 신분이 차별되는 것보다 더 심각한 차별이에요. 생각해 보십시오. 똑같은 대한민국 국민이라는 자격을 가지고, 같은 상태로 태어난 아기가 부잣집에 태어나면 살고 가난한 집에 태어나면 죽습니다. 이건 옳은 게 아닙니다. 어찌 보면, 조선 사회에서 양반과 상놈으로 신분이 구별되는 것보다 더 심각한 차별입니다.

자유 경쟁 사상이 우리보다 더 심각하게 사회를 지배하고 있는 일본조차 어떻게 합니까? 물론 출산 장려 정책이기도 하지만, 모든 신생아들에 대해서는 6년 동안 정부가 치료비 전액을 지불해 줍니다. 얼마 전까지 2

년이었는데 작년 초에 6년으로 연장하겠다고 발표했으니까, 아마 지금은 6년 동안 보장되는 것으로 알고 있습니다.

그런데 일본의 의료 체계를 왜 유럽에서는 인정하지 않을까요? 무상 의료가 실현되는 사회의 시각으로는 일본의 이러한 정책도 상당히 문제가 있는 겁니다. 이런 경우를 생각해 봅시다. 오늘까지 여섯 살이에요. 내일부터 일곱 살입니다. 그럼 같은 나라의 국민이 같은 상황 속에서 똑같은 질병을 앓고 있는데 오늘까지는 보장받아 살 수 있고 내일부터는 죽어야 돼요. 이건 옳은 게 아닙니다. 의료 체계가 바뀌어야 되는 겁니다. 어찌 보면, 무상 의료가 문명사회에서는 지극히 당연한 제도입니다. 우리 사회에서는 지배층의 이익에 반하기 때문에 실현되지 못하고 있는 것뿐입니다. 의료 사업으로 돈을 버는 부자들, 또 그 사람들과 밀착된 정치인이나 관료들이 정책 결정 권한을 갖고 있기 때문입니다.

다른 나라들에서는 어떻게 무상 의료가 실현되었을까요. 심지어 유학생이나 관광객들조차 무상 의료의 혜택을 받기도 합니다. 노동자 중심의 진보 정당이 집권하면 그런 일이 가능해집니다. 우리나라 민주노동당도 무상 의료, 무상교육을 주장하고 있지 않습니까? 비록 '변질된 사민주의'라고 욕을 먹고 있기는 하지만, 선진국의 이러한 정당들은 지금 우리나라에 있는 정당과 비교하면 모두 민주노동당처럼 시작된 정당들입니다.

그러니까 노동자 중심의 진보 정당이 집권한다는 것이 우리 사회에서는 무슨 엄청난 일인 것처럼 받아들여지지만, 우물 안 개구리를 벗어나서 조금만 폭 넓게 보면, 노동자 중심의 진보 정당이 집권한 경험이 전혀 없다는 것이 아주 특별한 예외적인 상황인 겁니다. 그렇다면 미래의 한국 정치 지형이 이러한 보편적인 상황과 특별히 예외적인 상황 중에서 어느 쪽을 지향하게 될까요? 다시 한번 생각해 볼 필요가 있습니다.

이러한 선진국들에서는 기부 문화를 제도화해서 법으로 만들었습니다. 마음 나쁜 부자들이 빠져 나갈 구멍을 막은 거지요. 예를 들어, 스웨덴의 가장 큰 대기업 볼보의 회장은 자기 수입의 85%를 세금으로 냅니다. 법이 그렇게 되어 있습니다. 그래도 최고의 부자입니다. 노동자 정당이 그렇게 여러 번 집권했으면서도 스웨덴 국민들이 재벌을 해체하지 않은 것은 그러한 사회 협약의 성과입니다. 우리나라에서 그런 사회 협약이 가능했다면 민주노총이 벌써 했겠죠. 교섭에 참여할 거냐, 말 거냐 논란을 빚을 필요도 없었을 겁니다.

세계 최대 휴대폰 회사 노키아의 부회장 안시 반요키는 오토바이를 타는 취미가 있는 사람입니다. 몇 년 전에 이 사람이 오토바이를 타고 핀란드의 수도 헬싱키 시내에서 딱 한 번 과속 단속에 걸린 적이 있었는데, 그때 낸 범칙금이 우리 돈으로 1억 3000만 원이었습니다. 어떻게 그렇게 되었을까요? 대부분의 선진국들이 그런 법을 갖고 있습니다. 재산과 수입에 비례해서 벌금을 부과합니다. '당신 작년에 수백억 벌었잖아, 당신이 가진 주식, 부동산 등의 재산 가치가 수백억 늘었잖아, 그러니까 1억 3000만 원 내야 돼.' 꼼짝없이 낸 겁니다. 참 이상한 나라죠. 그렇지만 이 나라 사람들의 시각으로 볼 때는 우리나라가 얼마나 이상한 나라겠습니까?

'대한민국에서는 한 달에 수억 원을 버는 사람도 과속하다 걸리면 3만 원 내고, 한 달에 돈 100만 원 겨우 버는 노동자도 똑같이 3만 원씩 낸다더라. 원, 세상에 그런 불공평한 나라가 다 있어?' 그 어느 사회가 정상적인 사회겠습니까? 우리 사회는 그런 측면에서 상당히 비정상적인 사회입니다. 다만, 우리가 이 사회에서 태어나 자랐기 때문에 그 시스템에

적응이 돼 버려서 분노하지 않는 것뿐입니다.

예를 들어, 우리가 오늘 저녁에 맥주 한 병씩을 마신다고 하면 맥주 한 병당 600원 정도의 세금을 내고 사야 됩니다. 그런데, 재산이 수천억 원 되는 재벌 회장도 우리와 똑같이 맥주 한 병 살 때 600원 정도의 세금밖에 내지 않습니다. 다른 나라 세금 제도들도 다 그렇다면 우리가 억울해도 그냥 참고 살아야 되겠지요. 그러나 '부자들의 천국'이라는 미국도 세금 제도는 그렇지 않습니다. 부자들과 가난한 사람들에게 똑같이 받는 세금을 간접세라고 하죠? 부자들에게 많이 받고 가난한 사람들에게 안 걷는 세금을 직접세라고 하잖아요. 간접세를 직접세보다 이렇게 많이 걷는 나라가 별로 없습니다. 자가용 갖고 계신 분들이 주유소에 가서 기름 넣고 6만 원 내면 휘발유 차 같은 경우에 그 중에 2만 원 정도가 기름 값이고 4만 원 정도가 세금이에요. 우리처럼 기름 살 때마다 겁이 나는 가난한 서민들이나 그 정도의 돈은 써도 전혀 티가 나지 않은 부자들이나 똑같이 그렇게 하며 삽니다. 아프리카 대륙의 신생국들도 세금 제도가 그렇지는 않습니다. 사회적 약자, 노동자의 권리를 보호하고 사회적 강자, 자본가의 권리를 규제하는 측면에서 볼 때, 우리 사회는 상당히 비정상적인 사회입니다.

영화 〈대단한 유혹〉

〈대단한 유혹〉이라는 영화가 있었죠? 캐나다 영화입니다. '세인트 마리' 섬에 120명 가량의 주민이 사는데, 아무도 직업이 없어요. 다 실직했습니다. 2주에 한 번씩 줄 지어 기다려서 복지 수표를 받아서 그것으로 연명하며 삽니다. 그런데 어떤 대기업이 이 섬에 공장을 지으면 세금을 감면받게 된다는 것을 알게 되었습니다. 공장을 지으려고 하는데 보험회사가 '그 섬에 공장을 지으려면 섬에 의사가 한 명 상주해야 한다' 는 조건을 제시합니다. 아마 법이 그렇게 돼 있나 봅니다. 왜 그럴까요? 그래야 직장인들의 건강 관리가 가능하니까, 의사가 없는 도시에는 기업을 설립할 수 없는 그런 법이 있다는 겁니다.

마을 주민들이 궁리를 합니다. "우리가 의사를 구하면 되잖아." 캐나다 전국 의사들에게 수천 통의 간절한 편지를 보냅니다. '이 섬은 인심도 좋고 풍경도 아름다운 참 살기 좋은 곳입니다. 의사 한 분만 와 주세요. 의사 한 사람만 오면 120명의 삶을 구할 수 있습니다.' 하지만 의사들은 그 편지들을 보자마자 전부 구겨서 쓰레기통에 던져 버립니다. "뭐야 이게. 내가 섬에나 가서 살려고 의사가 됐나?" 하면서…….

이 섬 출신 중에 대도시에 가서 교통경찰을 하는 사람이 있었어요. 과속하는 차를 세웠는데 운전사가 의사라는 겁니다. "병원에서 저를 찾고 있습니다. 그것 때문에 제가 속도를 낸 겁니다. 나도 제 행위가 위험하다는 건 알고 있습니다. 하지만 전 의사예요" 하고 핑계를 댑니다. 면허증을 제시하기 위해서 의사가 지갑을 펼쳤는데 마약 봉지가 팔락팔락 떨어지는 거예요. 경찰이 회심의 미소를 짓습니다. "그러니까 당신이 의사라 이거죠?" 경찰은 의사에게 조건을 제시합니다. 이를테면, 마약 때문에 감옥갈래? 아니면 섬으로 갈래? 그런 거지요. 의사가 뭘 선택했겠어요? "섬으로 가겠습니다. 가서 한 달만 있겠습니다." 그런 약속을 합니다. 아마 우리나라의 사회 봉사 명령 비슷한 거겠죠.

경찰이 마을 촌장에게 "의사가 한 명 가서 한 달 동안 머물 것이다" 하고 통보하자 촌장은 마을 회의를 소집합니다. 그 마을 회의에서는 의사가 한 달이 지난 뒤에도 그 섬에 머물 수 있도록 온갖 유혹을 하는 작전들이 세워집니다. 우선 첫인상부터 좋게 하기 위해 대대적으로 마을 청소를 하기도 하고, 의사가 좋아한다는 크리켓 운동을 열심히 배우기도 하고, 의사가 다니는 길목마다 돈을 뿌려서 의사가 돈을 줍게 하기도 합니다. 돈을 줍는 맛에 그 섬에 살도록 하자는 속셈이지요. 의사가 바다에 낚시를 나가면 어떻게 할까요? 바다 속에 잠수부가 들어가서 낚시 바늘에 생선을 계속 매달아 주기도 하고……. 이렇게 의사를 상대로 수많은 유혹을 한다는 것이 이 영화의 중심 내용입니다.

결국 의사가 한 달 동안 깜빡 속았다는 것을 알고, 기분이 상해서 다시 도시로 돌아가겠다고 회의장을 박차고 나가는데, 마을 촌장이 따라 나가서 의사에게 이런 말을 합니다.

"우리는 8년 동안 복지 기금에 의지해 살았어. 자네는 한 번이라도 복지 수표 때문에 줄 서 본 적이 있나? 자네는 돈도 벌어야겠지만 부끄러움도 벌어 봐야 해. 우리가 의사 한 명 구해 보자고 이러는 게 아니네. 120명의 생명을 구하기 위해서 이러는 거라고……."

의사가 그 말을 듣고는 마음을 돌려 그 섬에 계속 살았고, 그 섬에 공장이 지어져서 120명의 주민들이 모두 노동자가 되어 행복하게 살았다더라 그런 내용입니다. 노동자들이 공장에서 퇴근하는 장면이 영화의 마지막에 나옵니다.

이 영화에 나오는 사회와 우리 사회와 다른 점이 무엇일까요? 명백하게 다른 점이 하나 있죠? 한 마을의 120명 주민이 8년 동안 아무도 돈을 벌지 못했는데도 한 명도 죽지 않고 다 먹고 살았다는 겁니다. 우리 사회에선 불가능한 일입니다. 만일 우리 사회에서 그랬다면, 제 생각으로는 아마 10명 이상은 죽었을 것 같아요.

부평에서 몇 년 전에 벌어진 사건 기억하시죠? 한 엄마가 아이 셋을 데리고 고층 아파트 단지에 찾아가서 12층 복도에서 다 던져 버리고 자기도 떨어져 죽었습니다. 큰딸 나이가 다섯 살인가 그랬어요. 죽음에 대한 공포가 있는 나이이지요. "엄마 제발 죽이지마. 너무 무서워." 애원을 했습니다. 복도가 시끄러우니까 주민이 문을 빼꼼 열고 내다봤대요. "아줌마, 엄마가 우리들을 모두 죽이려고 해요. 제발 좀 말려 주세요." 그렇지만 그 주민은 '설마 정말 죽이기야 하겠어. 겁이나 주는 거겠지' 생각하고 그냥 들어가 버렸고, 결국 아이 셋을 다 던져 버린 뒤에 엄마까지 떨어져 네 명이 죽었습니다. 남편이 실직해 몇 년째 돈을 벌지 못했고, 빚에 의지해 살다가 며칠 전부터 아이가 열이 펄펄 끓었는데 병원에 갈 돈 몇천 원을 더 이상 빌릴 수 없었다는 거죠.

그 뉴스를 듣다가 제가 아내에게 말했습니다. "우리가 미리 알고 저 집을 매달 10만 원씩만 도와줬어도 아무도 죽지 않았을 텐데……." 제 아내가 내 말을 듣고 "5만 원씩만 도와줘도 죽지 않았을 거야." 그렇게 말하다가 목이 메었습니다.

그리고 또 어떤 일들이 벌어질까요? 최근 사건부터 기억해 볼까요? 전기료 못 내서 단전되는 바람에 촛불 켜 놓고 자던 할머니가 불나서 타 죽었고, 돌봐 줄 어른이 없는 아이가 개한테 물려 죽었고, 보호 대상 가정의 장롱 속에서 어린아이가 굶어 죽은 시체로 발견됐고, 박준성 선생님 강의에도 나오지만 맞벌이 부부가 직장 구하러 나가면서 밖에서 문 잠그고 나갔다가 불이 나는 바람에 아이들 둘이 타 죽었고…….

우리 사회 같으면 그렇게 수없이 죽었을 겁니다. 〈대단한 유혹〉, 이 영화에 나오는 사회에서 120명이 8년 동안 먹고 살 수 있었던 돈이 다 어디서 나왔겠습니까? 부자들 주머니에서 나왔지요. 기업의 금고 속에서 나왔지요. 이걸 국가가 해야 되는 거예요. 이게 정상적인 사회입니다.

노동운동은 사회적 약자들의 권리를 확대합니다. 농민운동, 여성운동, 학생운동도 마찬가지입니다. 노동자들은 행복한 삶을 추구하면서 투쟁하고, 학생들은 등록금 인상에 반대하면서 총장실을 점거하지만 이러한 운동들이 전국 방방곡곡에서 다 모이면 우리 사회는 사회적 약자의 권리가 보호되고 강자의 권리가 규제되는 정상적인 사회로, 곧 진정한 뜻의 선진 사회로 발전하는 겁니다.

학교 교육의 노동 교육

우리 사회가 노동자의 권리에 대해서, 사회적 약자의 권리에 대해 왜 이렇게 취약한가? 학교에서 가르치지 않기 때문입니다. 여러 가지 이유가 있지만 중요한 이유 중 하나가 다른 나라 학교에서는 다 하는 노동교육을 우리는 하지 않기 때문입니다.

'선진 5개국 학교 노동교육 실태'라는 조사 보고서가 있습니다. 노동부 산하 기관에서 진행했던 프로젝트인데, 그 보고서의 부피가 400쪽이 넘습니다. 미국, 영국, 독일, 프랑스, 일본과 같은 선진국에서는 학교에서 노동문제를 어떻게 교육하는지 그 실태를 파악했습니다. 다른 나라에서는 정말 잘 가르칩니다.

독일 같은 나라는 철저하게 초등학교에서부터 노동문제에 대해 가르칩니다. 사회과 교과서에 나오는 표현입니다. "노사 관계란 인간이 자기를 실현하며 살아가는 가장 중요한 관계다." 이 말이 맞지요. 여기 오신 직장인들, 여러분 삶의 절반 이상이 직장 생활입니다. 그러한 인생에서 중요한 관계가 뭐겠어요. 노사 관계죠. 그 중요한 관계에 대해서 당연히 학교에서 가르쳐야 합니다. 학생들이 나중에 자라면 극소수를 제외하고 대부분 노동자가 되거나 노동자 가족이 됩니다. 제외되는 극소수란 어떤 사람들입니까? 부모 재산을 물려받는 아이들, 운 좋게 사장의 사위나 며느리가 되거나 이런 극소수 몇 명을 제외하고는 대부분 노동자가 되거나 노동자 가족으로 평생을 살아가게 됩니다. 당연히 학교에서 노동문제를 가르쳐야죠. 독일 중등 사회과 교과서가 340쪽 분량인데 그 중에 93쪽이 노동문제입니다. 선진국들은 사회 과목의 3분의 1정도를 노동문제에 할애합니다. 당연하죠. 국민의 대다수가 노동자인 사회인데 당연히 그렇게 가르쳐야죠.

제가 대학에서 수업할 때도 이 보고서 내용에 대해서 가르칩니다. 지난 학기 중간시험에 이런 문제를 내 봤어요. 대학생들에겐 너무 쉬운 문제입니다. 2점짜리 단답형인데, '독일 사회과 교과서에서 정의한 바, 인간이 자기를 실현하며 살아가는 데 있어 가장 중요한 관계는 무엇인가?' 정답은 '노사 관계'지요. 얼마나 쉬운 문제입니까? 채점을 하다 보니까 별별 답이 다 나옵니다. '친구 관계'라고 적은 학생들이 여럿 있었습니다. 그래서, 제가 채점하다가 아들한테 보여 줬어요. 제 아들도 대학생입니다. 아들이 하는 말이 "아빠, 이거 말 되잖아. 친구만큼 중요한 게 어디 있어? 나는 월급 많이 주는 회사보다 마음 맞는 친구 있는 회사에 다니고 싶은데, 이거 점수 주면 안 되나? 1점 주면 안 되나?" 그런 말을 하더군요.

전교조 선생님들에 관한 기억

제가 아는 한 국어 선생님이 작문을 담당하셨을 때, 이런 문제를 내신 적이 있었답니다.

> [문제] 문장 호응 관계를 고려할 때 괄호 안에 알맞은 말은?
>
> "내가 (   ) 학생이라고 해도 선생님들이 마구 두들겨 패는 것은 반대한다."

'비록'이 정답이었겠지요. 채점하다 보니까 '씨발'이라고 쓴 학생들이 있었답니다.(웃음) 그 선생님은 맞게 처리했답니다. '이건 문법 시험이 아니라 작문 시험이다. 솔직하고 정직할 뿐만 아니라 얼마나 실감나는 작문인가' 그런 생각이었겠지요. "내가 씨발 학생이지만……." 아주 실감나는 훌륭한 작문입니다. 그때만 해도 남자 고등학교에서는 일명 '학생부' 교사들의 매질을 포함한 체벌이 심하던 때였습니다.

한번 국어교사 모임에 갔다가 그 얘기가 또 나왔는데, 다른 선생님은 또 이런 얘기를 해 주십니다. 그분은 처음에 야간 고등학교로 발령을 받았답니다. 혹시 야간고등학교 나오신 분 계시더라도 기분 나쁘게 듣지는 마세요. 수업 시간에 들어갔더니 학생 한 녀석이 책상 위에 종잇장 하나 연필 하나 안 꺼내 놓고 양쪽 주머니에 손 넣은 채 삐딱하게 거의 누워 있는 자세로 앉아 있더랍니다. "책 어쨌냐?"고 물으니 "친구들 다 빌려 줬어요" 하고 답하더랍니다. "가서 찾아와" 하니까 "오늘 아무도 안 나왔다니까요" 하고 학생 녀석이 신경질을 내는데, 자기도 모르게 벌컥 주먹이 나오더래요. "지금 선생을 놀려? 가지고 놀아?" 하면서 두드려 팼

답니다. 나중에 생각하니까 조금 미안하더랍니다. 그 반 담임선생님한테 이야기하니까 "아, 그놈 또 사고쳤군요" 하시더랍니다. 그 학생은 매일 일 저지르고 매 맞는 게 일인, 소문난 꼴통이었던 거지요.

그날 밤 9시 40분에 수업이 끝나고, 그 학생 데리고 생맥주 집에 갔대요. 500cc 한 잔씩 앞에 놓고 "아까 너무 심하게 때려서 미안하다. 나도 젊어서 혈기를 못 참았다. 사실 너랑 나랑 나이 차이 몇 살 안 나잖아. 여기서 마시고, 다 풀어 버리자." 학생 녀석이 500cc를 단숨에 들이키더니, 하는 말이 "저는요 어릴 때부터요. 집에서는 부모님한테, 길에서는 선배들한테, 학교에서는 선생님한테 그냥 매 맞는 게 일이었거든요. 그런데 그동안 나를 때린 그 수많은 사람들 중에서요, '미안하다'고 말한 사람은 선생님밖에 없었어요. 내가 세상에 태어나서요. 저한테 미안하다고 말해 준 사람은 선생님이 처음이었습니다." 눈물이 그렁그렁해 가지고 그러더랍니다. 그 뒤부터 그 학생이랑 굉장히 친하게 지냈다고 합니다.

제가 한번은 해남에서 전교조 교사들하고 밤 늦게 헤어졌는데 올라올 교통편이 없다는 거예요. 목포까지 와야 심야버스가 있다는데, 해남에서 목포까지 한 시간 정도 걸립니다. 한 선생님이 태워다 줬어요. 비가 부슬부슬 내리는 밤인데, 그분이 운전하시면서 이 얘기, 저 얘기하십니다. 자기 중학교에 장애인 학생이 한 명 있는데, 무거운 가방 들고 다니는 모습 볼 때마다 '아, 내가 언제 저 놈 머리라도 쓰다듬어 줘야 될 거인디' 싶었답니다. 그런데, 자기는 체육 교사라 그 학생을 만날 기회가 없다는 겁니다. 그 학생은 체육 시간에 운동장에 나오지 않으니까……. 한번은 학교 정문 공사한다고 차를 가지고 올 수 없다고 해서 걸어서 출근하는데 그 학생이 앞에 가고 있더랍니다. 나란히 가면서 말을 몇 마디 시켰대요. "학교 다니기 재미있냐?" 그 학생은 "가끔은요" 하고 답하더랍니다. 그 선생님은 "힘들겠지만 열심히 살아. 남보다 두 배 힘들게 살면, 그게 두 배 더 보람 있게 사는 거야. 나도 굉장히 어렵게 자랐거든. 정말 힘들 때 나한테 찾아와. 내가 도와줄게." 그런 말을 몇 마디 했는데, 그 학생이 그 다음부터 체육 수업에 나오더랍니다. 뛰지 못하면서도 그렇게 해 보려고 애를 쓰더래요. 학생이 학교 마치고 집에 가다가 그 선생님이 운동장에서 다른 학년 체육 수업하고 있으면 스탠드나 축구 골대 옆에 쭈그리고 앉아서 선생님하고 눈 마주칠 때까지 있대요. 계속 그렇게 있다가 눈 마주치면 그때 씩 웃고 간답니다.

이런 선생님들이 모인 곳이 전교조입니다. 이런 작은 물방울들이 모여서 거대한 강물을 이룬 곳이 전교조인데, 수구 보수 정당이 사학법 개정 반대 투쟁할 때 보니까 "전교조한테 아이를 맡길 수 없다." 그런 표어를 수백 장 써 가지고 나왔더라구요. 코미디도 그런 코미디가 없습니다.

선진국 학교의 노동 교육

독일에서는 초등학생들이 1년 동안 모의 노사 교섭을 여섯 번씩 진행하기도 합니다. 교과서에는 회사의 경영 실태에 관한 자료, 노동조합들이 발표했던 성명서, 언론의 해설 기사 들이 모두 수록돼 있습니다. 학생들은 경영자 역할을 맡아 보기도 하고, 노동조합 간부 역할을 맡아 보기도 하면서 '임금 인상은 몇 퍼센트가 합리적인가?' 이런 문제에 대한 판단 능력을 초등학교 교육과정에서부터 배양한다는 겁니다. '초등학생들이 모의 노사 교섭을 벌이고 있다.' 이런 설명이 붙은 사진도 본 적이 있습니다. 초등학교 교과서에서 단체교섭을 가르치는 부분의 목차를 번역한 내용을 보면, 예를 들어 이렇습니다.

〈협상단계〉

1. 모든 분임조들이 모여서 교섭을 시작한다.

2. 분임조별로 협상하고 동맹을 형성한다.

3. 팀별 요구서를 작성한다.

4. 서명운동을 전개하고 항의문을 작성한다.

5. 플래카드와 벽보를 만든다.

6. 협약을 체결한다.

7. 대중매체 언론과 인터뷰한다.

8. 연설문을 작성한다.

이러한 것들을 실제 수업 시간에 다 해 본다는 겁니다. 초등학생에게 가르치는 수준이 이 정도입니다. 우리 사회에서는 노동조합 간부가 된 뒤에도 어디 가서 배울 데가 없습니다. 저기 지금 제가 아는 노동조합 위원장님이 앉아 계신데, 위원장님, 이런 거 어디 가서 배워 보신 적 있습니까? 저 위원장님 참 오랜만에 뵙는데, 저는 저런 분을 뵙게 되면 저 사람이 몇 년 동안 겪어 왔던 고생들이 쫙 떠올라서 마음이 착잡해집니다.

프랑스에서는 더 잘 가르칩니다. 프랑스에서는 고등학교 1학년 과정이 되면, 인문·실업계 공통으로 사회 과목 시간에 3분의 1정도의 비중으로 가르치는 내용이 '단체교섭의 전략과 전술'입니다. 우리는 '아니 뭐 하러 학교에서 학생들에게 단체교섭의 전략과 전술을 몇 달 동안이나 가르치는 거야?' 그렇게 생각하겠지만, 국민들이 이러한 지식을 서로 공유하는 것이 사회 발전에 유익하다는 것을 역사 속에서 깨달을 기회가 있었던 나라에서는 충분히 가능한 일입니다.

교과서 목차 중에 극히 일부만 번역한 내용을 보면, 공무원노조, 교사노조 등 공익적 성격이 강한 노동조합의 파업이 왜 가능한가? 비정규직 노동문제, 노동의 역사, 남녀 평등 …….

이러한 내용의 교육을 다 받으면서 노동자가 되는 사회와 이러한 교육을 전혀 받지 못한 채 노동자가 되는 사회, 이런 교육을 다 받으면서 인사 노무 관리자가 되는 사회와 이런 교육을 전혀 받지 못한 채 인사 노무 관리자가 되는 사회에서는 노동문제와 노동조합과 노동운동을 이해하는 수준이 같을 수가 없습니다. 거의 하늘과 땅만큼의 차이가 생길 수밖에 없습니다.

기말시험 답안지에 학생들이 썼던 내용 중에 이런 말들이 있었습니다. "부모님이 모두 노동자인 집안에서 자랐으면서도 지금까지 노동문제에 전혀 관심이 없었던 자신에 대해 스스로 놀랐다.", "나도 노동자가 되리라는 것을, 그것도 비정규직 노동자가 될 가능성이 높다는 것을 한 번도 생각해 보지 못한 자신이 어리석었다." 대학교에 와서 한 학기 동안 노동문제와 관련된 교양 과목 강의를 듣고 나서야 대학생들이 이런 생각들을 하게 됩니다.

학기 수업 첫 날 출석을 불렀는데 '민주' 라는 이름을 가진 학생이 있었습니다. 제가 "부모님이 민주화 운동이나 노동운동을 하셨나 봐요?" 그렇게 물었는데 처음 듣는 이야기인 것처럼 그냥 멀뚱멀뚱 쳐다보더군요. 그래서 '아, 아니구나' 생각했지요. 그런데, 한 학기 다 지나고 기말

시험에서 그 학생이 답안지에 이런 내용을 적었어요.

> "첫날 교수님께서 부모님이 민주화 운동이나 노동운동을 했냐고 물으
> 셨다. 그렇다. 나는 지금까지 살아오면서 주변의 사람들을 미워해 본 적
> 이 별로 없는데, 가장 미운 사람이 있다면 어린 시절의 아버지였다. 아버
> 지는 노동조합 조합원, 간부를 거쳐 위원장을 하셨는데 장기 파업을 하
> 느라고 집 일에는 거의 신경을 거의 쓰지 못하셨다. 어머니께서 아픈 몸
> 으로 식당에서 몇 년 동안 일을 하셔야 했다. 어린 시절 집에 가면 언제
> 나 동생과 나뿐이었다. 나에게 어린 시절의 아버지는 미운 기억으로만
> 남아 있었다. 학교에서 '한국 사회와 노동문제'라는 수업을 처음 들었던
> 날, 집에 가서 아버지와 술을 마셨다. '이제야 비로소 아버지를 이해했
> 습니다' 하고 말씀드렸다. 어느덧 연세가 들어서 어깨가 좁아진 아버지
> 는 아무 말 없이 내 어깨를 잡아 주셨다."

제가 읽다가 숨을 고르느라고 한참 동안 채점을 못했습니다.

언론과 사회 지도층의 노동문제에 대한 인식

언론 역시 마찬가지입니다. 노동문제에 대해서 제대로 교육받지 못한
채 언론인들이 되니까 우리나라 언론은 노동문제를 이해하는 능력이 심
각하게 결여될 수밖에 없습니다. 철도노조나 지하철노조가 파업하면 언
론들은 '열차 몇백 편이 결행됐다.', '물동량이 몇만 톤 줄었다.', '경제
적 피해가 수백억 원이다.' 주로 그런 내용들을 중점적으로 보도합니다.

제가 한 대학교에 강연을 하러 갔는데 끝나고 나서 학생 하나가 저에게 와서 이런 말을 합니다.

"저는 네덜란드에서 고등학교까지 졸업하고 이번에 한국 대학교에 입학한 학생인데요. 지난번에 철도노조 파업할 때 뉴스 보다가 깜짝 놀랐어요. 파업에 대해 보도하는 기자나 인터뷰에 나온 시민들이 왜 전부 파업의 부정적인 면에 대해서만 이야기하는지, 그 파업의 긍정적인 면에 대해서, 그 파업이 우리 사회에 미치는 유익한 영향에 대해서 말하는 기자나 시민은 어떻게 한 사람도 없는지, 뉴스 보다가 깜짝 놀랐어요."

우리 언론들은 파업이 발생하면, 그 파업이 시민 생활에 미칠 불편과 경제적 피해에 대해서만 대대적으로 보도하지, 원인이 무엇인지 또 노동자들의 요구가 무엇인지 등에 대해서는 거의 보도하지 않습니다. 철도 노동자들이 파업을 했을 때, 제가 한 방송사 뉴스를 보니까 9분 동안이나 그 파업에 대해서 보도했습니다. 저녁 9시 뉴스에서 한 사건에 대해 9분 동안 설명했다면 굉장히 커다란 비중이지요. 7분 동안은 그 파업이 우리 경제에 미친 손실, 그리고 우리 시민들이 겪은 불편에 대해 설명했습니다. 각종 통계와 자료들과 인터뷰를 인용했는데, 주로 어떤 인터뷰를 보여 줬겠습니까? "내가 지금 급한 일 때문에 지방에 가야 하는데, 파업 때문에 열차가 결행 돼서 못 가지 않습니까! 왜 시민들의 발을 볼모로 파업합니까!" 주로 그런 모습들을 보여 줍니다. 그리고 법과 원칙에 입각한 정부의 강경한 대처 방침에 대해서 2분 동안 설명했습니다. 그러니, 철도노조의 파업에 대해 9분 동안이나 보도했지만 왜 이 파업이 발생할 수밖에 없었는지, 노동조합과 정부가 서로 '상대방이 약속을 어겼다'고 주장하고 있는데 과연 누구의 견해가 옳은 것인지, 노동자의 요구가 무엇인지, 그 요구가 실현되면 우리 사회에 유익한지 해로운지 이런 것들에 대해서는 전혀 설명하지 않은 것입니다.

예를 들어, 철도노조가 파업할 때, 언론의 보도를 통해서 "철도노조의 요구 사항이 받아들여져야 깊은 산속에 사는 사람들도 계속 철도를 이용할 수 있게 된다"라든가 또는 발전노조가 파업할 때 "발전노동조합의 요구 사항이 받아들여져야 서해 바다 외딴 섬에 사는 소년도 전기 등불 밑에서 계속 공부할 수 있다." 이런 걸 들어 보신 적이 있나요? 그런 측면이 분명히 있었거든요.

우리들이 이러한 언론 속에서 수십 년 세월을 살았습니다. '나는 그 수십 년 세월 동안 잘못된 언론으로부터 전혀 영향받지 않았다.' 이렇게 말하기 어려운 상황입니다. 노동문제에 대한 자신의 생각을 의심해 볼 필요가 있습니다. 노동운동을 부정적으로 바라보는 시각과 노동조합을 억압하는 구조가 다른 나라와 비교할 때 너무 심각한 상황입니다.

지금 노동자들이 기업별 노조 체계를 산별노조 체계로 전환하고 있지요? 보건의료노조와 언론노조, 금융노조, 금속노조 들이 대표적인 경우인데, 다른 나라 노동자들은 한국의 노동자들이 기업별 노조 체계를 산별노조 체계를 바꾸고 있다는 말을 잘 이해하지 못합니다. 왜 그럴까요? 다른 나라들은 250여 년부터 지금까지 계속 산별노조였으니까요. 기업별 노조란 개념 자체가 없습니다. 퇴직자들은 가입할 수 없는 이상한 노동조합이 일본하고 우리나라밖에 없다는 거 아세요? 두 나라 모두 대표적인 기업별 노조 체계를 갖고 있기 때문입니다. 필리핀도 그렇다는 말을 듣기는 했습니다.

가톨릭 계통의 병원인데 식당에서 밥하는 아줌마들 30명이 해고된 적이 있었습니다. 100일 넘게 싸워서 결국 복직됐습니다. 어느날, 밤 11시 반쯤에 집으로 열심히 가고 있는데 전화가 한 통 왔어요. 대뜸 저한테 "소장님, 우리 끝났어요! 방금 타결했어요!" 하고 소리를 지르는 겁니다. 누구냐고 물었더니, 지금 보건의료노조 위원장 하시는 분이더군요. 그때는 부위원장을 맡고 있었습니다. 몇 달 동안 끌어온 복직 투쟁이 끝나서 모두 복직하기로 방금 전에 병원과 합의했다는 겁니다. 그런 말을 들었을 때의 기쁨은 겪어 본 사람만이 압니다.

가톨릭 계통의 병원이라 병원장님이 수녀님입니다. 연세가 예순 다섯 정도 되셨고, 굉장히 존경받는 분이고, 국회의장을 역임한 국회의원과 전화를 친하게 주고받을 정도로 사회적 지위가 높은 분이랍니다. 노동부의 관리 한 사람이 실태를 파악하러 방문했다가, 원장 수녀님한테 "노동조합과 협상을 좀 해 보시지요" 하고 권했는데. 그 말에 원장 수녀님이 뭐라고 답했을까요? "예수님도 마귀와 협상하지 않았습니다" 하고 답했다는 거예요. 한국의 교양 있는 사람들이 노동조합을 바라보는 시각이 그렇습니다.

역사 발전 과정과 사회 정체성

우리 사회가 왜 이렇게 노동문제에 대해 굉장히 취약할 수밖에 없을까요? 가장 중요한 이유는 역사 발전 과정이 사회 정체성을 그렇게 규정했기 때문입니다. 한 개인에게도 그 사람의 실천적 경험이 그 사람의 생각을 바꾸는 것처럼, 한 나라가 경험한 역사는 그 나라의 사회의식이 형성되는 데에 결정적인 영향을 미칩니다.

탤런트 박철 씨에 대한 에피소드가 몇 가지 있습니다. 언젠가 한번은 서울에서 농민 10만여 명이 모여서 농민대회를 치르느라고 서울 시내 교통이 온통 마비가 된 적이 있었는데, 박철 씨가 진행하는 방송을 듣다 보니까 이런 말로 방송을 시작합니다.

"다 같이 이해해 줍시다. 농민들도 대한민국 국민입니다. 길 막히신 분들은 짜증나시겠지요. 그렇지만 앞에 있는 농민들이 우리 아버지 어머니 같은 분들이라고 생각하고 조금 참아 주세요. 외국에서 선수들이 와서 마라톤 대회가 열리거나 그랬을 때 길이 막히면 다 이해해 주지 않습니까? 그렇게 생각하고 이해해 줍시다. 그게 좋은 거예요."

참 특이하지요? 또 한번은 박철 씨가 다니는 스포츠 센터에서 운동을 가르치는 트레이너들이 노동조합을 결성하고 파업을 한 적이 있었는데, 로비에 모여서 파업하는 트레이너들에게 다른 회원들은 "우리한테 회비 받아서 월급 받는 사람들이 운동은 안 가르치고 지금 뭐하는 짓이냐?" 하고 불평을 했는데, 박철 씨는 오히려 파업하는 노동자들에게는 "내가 도울 일은 없겠느냐?"고 격려를 했고 경영진에게 가서 "빨리 정상화시키라"고 따졌다는 겁니다. 나중에 그 파업이 끝난 뒤에 노동조합이 작성한 평가서를 보니까 "탤런트 박철 씨가 큰 도움이 됐다"고 적혀 있었습니다. 심지어는 박철 씨가 "이 파업이 일주일 안에 타결되면 이 스포츠센터 CF에 무료로 출연할 수도 있다"고 회사 측에 얘기해 보라고까지 했다는 겁니다.

박철 씨가 노동자들의 파업에 대해서 마치 프랑스 시민처럼 행동한 겁니다. 파리의 환경미화원들이 파업을 해서 온통 쓰레기가 넘쳤을 때, 파리의 시민들이 어떤 운동을 벌였는지 아세요? 쓰레기를 모아서 시장 집

앞에 갖다가 버렸습니다. 국민들 의식 수준이 높은 선진국일수록 파업하는 노동자들을 탓하는 것이 아니라, 노동자들로 하여금 파업하도록 내몬 경영자들을 탓하는 정서가 있습니다. 왜냐하면 그렇게 해야 문제가 더 빨리 해결되고 사회 발전도 이룰 수 있다는 것을 깨달았기 때문이지요. 그러니까 "왜 파업을 해서 시민들을 불편하게 만드느냐?"고 노동자들에게 따질 것이 아니라 "왜 노동자들을 파업하게 만들어서 시민들을 불편하게 만드느냐?"고 경영자들에게 따져야 한다는 겁니다.

저는 박철 씨가 탤런트노동조합의 쟁의부장을 거쳐 부위원장까지 맡았던 경험이 그 사람의 그런 생각과 무관하지 않다고 생각합니다. 노동조합 간부라는 실천적 경험이 그 사람의 생각이 그렇게 형성되는 데에 큰 영향을 미쳤다고 봅니다.

개인의 의식이 변화되는 데에 그 사람의 경험이 영향을 미치는 것처럼, 한 나라 안에서도 그런 현상이 나타난다는 거죠. 그 나라가 거쳐 온 역사 발전 과정이 사회의식이 형성되는 데에 큰 영향을 미치게 됩니다.

우리나라의 자본주의 발달 과정은 다른 나라와 많이 달랐습니다. 일제 식민지라는 비정상적인 방식으로 어느날 갑자기 우리 스스로의 계획과 전혀 무관하게 자본주의 체제로 편입돼 버렸습니다. 자본주의의 사회에 필요한 의식을 깨닫는 과정이 역사 속에 사라져 버린 것입니다.

예를 들어, 양반과 상놈으로 구분되는 불합리한 신분제도를 우리가 스스로 해체하지 못했잖아요. 정상적인 과정이라면 이런 겁니다. 여기 모인 사람들처럼 시대를 조금 앞서가는 사람들이 먼저 깨닫고 주장하겠지요. "인간은 평등합니다. 사람을 차별하는 것을 옳지 않습니다. 태어날 때부터 양반과 상놈으로 인간을 구별하는 신분제도를 없앱시다." 그 주장에 대해서 얼마나 많은 반대가 있었겠습니까? "이런 무식한 놈들, 반상의 법도가 엄연하거늘……" 하면서 500년 종묘사직이 다 들썩거렸겠지요. 작은 제도부터 커다란 제도까지 사회제도가 근대적으로 바뀔 때마다 사회를 구성하는 세력들이 서로 논쟁을 벌이고, 치고 박고 싸우고, 갑론을박하고, 이합집산하면서 깨닫는 과정이 역사 속에 없었던 것입니다. 일본 사람들이 들어와서 하루아침에 해체시켜 버렸습니다.

해방 뒤에 곧 이어진 분단으로 식민지 시대의 모순을 극복할 수 있는 길 또한 상실했습니다. 식민지를 경험한 나라에서 발생하는 비극 외에 분단의 비극이 더해진 겁니다. 동족을 배신했던 식민지 부역자, 매국노, 반민족행위자들이 해방 뒤에도 그 사회의 근대화 과정과 경제 개발의 주역을 계속 담당한 나라는 대한민국과 월남뿐이라고 합니다. 두 나라의 공통점이 있습니다. 식민지였다가 해방되면서 동시에 분단으로 이어졌다는 겁니다.

분단 상황은 노동자의 권리를 심각하게 침해합니다. 예를 들어 "철도노조 파업으로 기차가 멈추고, 공무원까지 파업해서 행정기관이 마비됐을 때 북쪽에서 쳐들어오면 어떻게 할 거야?" 그런 정서가 사회를 지배하게 됩니다. 그래서 우리나라는 세계에서 드물게 공공 부문은 파업을 못하고, 교사와 공무원들은 노동조합을 설립할 수 없는 이상한 제도가 만들어졌습니다. 공무원노조의 주장에 따르면, 국제노동기구(ILO)에 가입한 176개 나라들 중에서 공무원노조가 불법인 나라가 딱 두 나라밖에 없었는데 그 중에 하나가 우리나라였다는 겁니다.

〈태극기 휘날리며〉, 〈쉬리〉, 〈웰컴 투 동막골〉, 〈실미도〉 같은 최대 관객을 동원한 영화들 중에 보면 분단을 주제로 한 영화들이 많았습니다.

분단 정서가 얼마나 심각하게 우리 사회를 지배하는지 알 수 있습니다.

  식민 지배, 분단, 친일 독재, 군사독재로 점철된 역사가 우리 사회에 어떤 부정적인 영향을 미쳤을까요? 한마디로, 도덕적 정당성을 상실한 세력이 사회를 지배한 기간이 너무 길었다는 겁니다. 다른 나라의 근대화 과정 속에서 그런 부정한 시기가 있었다고 해도 어디에선가 그 고리가 끊겨요. 그런데 우리는 좀처럼 안 끊겼어요. 해방이 돼도, 전쟁이 끝나도 떵떵거리며 잘살던 사람들은 계속 잘살았고, 고생하던 사람들은 계속 고생을 할 수밖에 없었습니다. 사회가 바뀌지 않았습니다.

  민주노총의 김진숙 지도위원 아시죠? 《소금꽃나무》 책 내신 분. 그분이 이런 얘기를 해요. 자기가 세상에 태어날 때 박정희가 대통령이 됐는데, 자기가 스무살 될 때까지 그 사람이 계속 대통령이었다는 겁니다. 박정희가 죽었을 때 조카가 걱정스럽게 묻더랍니다. "이모, 앞으로 박정희 대통령은 누가 해?"(웃음) 이런 코미디가 벌어지는 겁니다.

  이승만이 대통령을 할 때 검찰청장, 대법원장, 법무장관, 육참총장, 수도사단장, 서울시장……. 이렇게 쟁쟁한 요직을 지낸 사람들의 공통점이 무엇이었을까요? 이 사람들이 대부분 일제로부터 훈장을 받았습니다. 훈장을 받은 이유는 무엇이었을까요? 독립군을 많이 토벌했다든가, 청년들을 위안부와 학도병으로 많이 내보냈다든가……. 이런 공로로 훈장을 받은 사람들이었습니다. 이런 인간들이 한국 근대사 100년을 지배했습니다. 반면에 독립운동가 후손들 10명 중에서 6명이 극빈자로 분류됐고, 독립운동가 후손 10명 중에 8명이 고졸 학력자들입니다. 독립운동했던 사람들은 자녀들을 학교에 제대로 못 보냈는데, 친일파의 자식들은 어떻게 됐나요? 해외 유학까지 다녀와서 우리 사회 각 분야에 지도층으로 진출했습니다. 정치인, 경제인, 행정 관료들은 물론 학자들, 대학 교수들 중에도 그런 사람들이 많았습니다.

우리 사회 문제점들을 바로 이해하기 위해서는 식민지, 분단, 친일 독재, 군사독재로 이어진 잘못된 역사 발전 과정 전체를 통찰해야 합니다. 그 왜곡된 역사의 끄트머리에 우리가 태어난 것이기 때문에 현재 상황만 봐 가지고는 이해할 수 없습니다. 다른 나라와 달리 우리 사회에 뿌리 깊게 자리 잡은 수구·보수적 사고와 노동운동에 대한 짙은 혐오감은 비정상적인 자본주의의 형성 과정의 결과입니다.

수구·보수적인 사고를 가진 사람들은 자신의 생각이 틀렸을지도 모른다는 의심을 좀 해 봐야 합니다. 그래야 진실이 보입니다. 신문에 실리는 저명인사들 칼럼을 한번 주의 깊게 살펴보시기 바랍니다. 왜곡된 역사 속에서 형성된 그릇된 사고에서 빠져나오지 못한 것처럼 보이는 주장이나 생각들이 그렇게 많습니다. 자신의 생각이나 주장이 잘못된 역사 속에서 일방적으로 주입된 틀린 생각일지도 모르겠다는 의심을 전혀 해보지 않은 내용의 칼럼들이 거의 대부분입니다.

왜곡된 역사 속에서 누렸던 과거의 기득권과 수구·보수적 사고를 연장시키려고 노력하는 세력과 과거의 잘못을 바로잡아 역사를 옳게 세우려고 노력하는 세력이 모든 분야에서 맞서고 있는 것이 현재 우리 사회의 모습입니다. 정당들과 언론들은 물론이고 노동조합들 속에서도 그런 대립 구도가 있습니다. 정치 평론가 정범구 씨는 노무현 대통령에 대해 평가하면서 "노무현 대통령의 가장 훌륭한 업적은 당선됐다는 것이다" 하고 표현한 적이 있습니다. 왜곡된 근대사 속에서는 그것만 해도 엄청난 사건이었던 거죠.

그런 사회에서는 노동자가 행복하게 살기 위해 하는 노동운동이 부당한 세력과 부단히 맞서면서 역사를 바로잡는 정의의 투쟁이 될 수밖에 없습니다. 노동자들의 선택과 무관하게 그런 상황이 돼 버리고 맙니다. 비정규직 노동자들의 생존권 투쟁조차 권력과 자본에 전면적으로 맞서는 투쟁이 될 수밖에 없는 이유는 그 때문입니다.

우리가 지금까지 배운 역사

왜곡된 역사 속에서는 왜 학생들이 제대로 배울 수 없을까요? 사회를 지배하는 세력들이 자신들에게 불리한 내용을 가르치지 않기 때문입니다. 한 가지만 설명해 보겠습니다.

'차금봉'이라는 일제 식민지 시대 노동운동가가 있습니다. 제가 홈페이지에도 방금 쓰고 왔지만, 박준성 선생님 앞에서 주름 잡게 생겼는데, 박준성 선생님이 마침 이분에 대한 글을 제 홈페이지에 올리셨더군요.

3·1만세운동에 철도노동자들을 이끌고 참여했던 지도자입니다. 3·1만세운동이라고 하면 사람들은 대부분 시골 장터에서 남녀노소가 혼연일체가 되어 한마음으로 만세를 부르는 장면을 연상하지만, 가장 조직적으로 강고하게 끝까지 싸웠던 사람들은 노동자 대오였습니다. 우리나라 독립운동사에서 노동자들의 투쟁이 간과된 측면이 있는데, 그것도 왜곡된 역사 때문입니다.

차금봉 씨는 1929년에 서대문형무소에서 고문 후유증으로 옥사했습니다. 부인은 일찍이 사망했는데, 2004년에 노동운동사를 공부한 최규진 씨가 차금봉 씨 부인의 쌍둥이 언니를 만나서 인터뷰를 한 적이 있습니다. 당시 연세가 99세였습니다. 최규진 씨가 그분을 만나 "차금봉 씨 아시죠?" 하고 물었더니 "모르는데요" 하고 잡아떼는 겁니다. 자기 쌍둥이 동생의 남편을 모른다는 겁니다. 그러면서 사진도 찍지 말라고 합니다. 최규진 씨가 딱 눈치를 채고 설명을 했습니다.

"할머니, 저 할머니 잡으러 온 사람 아니에요. 저는 순사나 경찰이 아닙니다. 학교에서 학생들 가르치는 사람입니다. 할머니가 말씀해 주셔야 차금봉 씨의 훌륭한 업적을 기록하고 보존하고 가르칠 수 있습니다."

한참 설명하고 나니까 그때서야 "알지. 그 사람 죽을 때도 알았고…… 그때 일본놈들한테……" 하고 시인하셨습니다. 가족들 중에서 한 사람이 일제시대에 노동운동을 했다는 이유로, 이분이 연세가 99세가 되도록 평생 그렇게 살아온 것이 한국 근대사입니다.

차금봉 씨의 따님이 생존해 계신데, 자기 아버지에 관한 이야기를 하면서 이렇게 표현합니다.

"왜 그렇게 혁명가로 나서서, 그렇게 다닌다고, 어렸을 때는 그런 원망도 많이 했습니다."

노동운동가의 딸이 자기 아버지가 한 노동운동에 대해 이야기를 하는데, 뭔가 이상한 점이 없습니까? 아버지가 하신 노동운동을 뭐라고 표현했어요? '혁명' 이라고 표현합니다. 참 이상합니다. 왜 그랬을까요?

"중국의 독립운동가의 자손들이 귀국했는데 국적 취득이 빨리 안 되는 바람에 불법 체류자가 될 위기에 처했다." 이런 뉴스를 본 적이 있는데, 그때 방송 인터뷰 나온 사람들이 하는 이야기를 들어 보니까, 자기 할아버지, 할머니, 아버지, 어머니가 했던 활동을 '독립운동' 이라고 표현하는 사람이 한 명도 없었습니다. 모두 '혁명' 이라고 표현하더군요.

"우리 할아버지가 그때 혁명하신 이유는, 우리 후손들이 다 잘 먹고 잘 살자고 혁명운동하신 게 아니겠습니까?" 이런 식으로 표현합니다.

이상하잖아요. 왜 일제시대에는 노동운동이나 민족 해방 운동이나 사회주의 혁명운동이 명확하게 구분되지 않았을까요? 우리가 지금까지 배운 역사로는 이 문제가 절대로 풀리지 않습니다. "미국 윌슨 대통령의 민족자결주의 선언이 한국 독립운동에 영향을 미쳐 3·1만세운동을 일으켰다." 이렇게 배운 역사 지식으로는 이 문제의 답을 알 수가 없습니다.

이 자리에 오신 분들은 다 아시겠지만, 한국 독립운동에 영향을 미친 사건이 이것 말고 또 뭐가 있습니까? 3·1운동이 일어나기 1년 5개월 전에 우리나라 작은 땅에 붙어 있는 바로 위 큰 땅덩어리에서 인류 역사에 획을 긋는 엄청난 사건이 터져 버립니다. 그 사건이 옳다 그르다 따지자는 게 아닙니다. 그 사건이 인류 역사에 미친 영향의 절대량이 얼마나 큰지 보자는 겁니다. 그렇게 큰 영향을 전 세계에 한꺼번에 미친 사건은 거의 없습니다. 그 사건 때문에 지구상의 모든 국가들이 두 개의 진영으로 쪼개졌습니다. 자본주의 시장경제 체제의 45%가 한꺼번에 떨어져 나가 버렸습니다. 인류 역사에 몰아친 엄청난 태풍이 있었으니, 다 아시죠? 바로 러시아 10월 혁명입니다. 러시아력으로는 10월이지만 지금 양력으로 11월에 해당합니다. 3·1운동이 일어나기 1년 5개월 전에 바로 위에 붙어있던 큰 땅덩어리에서 터져 버린 그 큰 사건이 한국의 독립운동에 영향을 안 미쳤겠습니까? 물밀듯이 직수입되었을 텐데요. 제가 지금 여러분에게 설명하는 것처럼 수많은 사람들이 와서 전파했을 텐데, 영향을 안 받았겠어요? 저 태평양 바다 건너에 있는 나라의 대통령이 프랑스까지 가서 발표했다는 선언 못지않게 영향을 미쳤을 것입니다. 그런데 우리들은 그렇게 배우지 않았잖아요.

세종대왕이 한글을 창제했다, 이 표현은 뭐가 문제냐? "한글은 세종대왕이 만들었다기보다 집현전 학자들이 만들었다"고 주장하는 분도 계신데, 제가 볼 때 그건 조금 '오버' 한 것 같습니다. 세종대왕은 집현적 학자들에게 "한글을 만드시오." 그렇게 지시만 한 게 아니잖아요. 같이 밤도 새고 고민하고, 요즘 말로 같이 학습하고 토론하면서, 집현전 학자들과 같이 '스터디' 하고 '세미나' 하면서 연구하고 고민했다잖아요.

세종대왕은 정말 훌륭한 임금입니다. 한글을 창제했다는 것 말고도 훌륭한 점이 굉장히 많은 분이셨습니다. 1년에 며칠 동안은 농민과 똑같이 농사지으면서 머슴처럼 살았다잖아요. 궁 안에 실제로 황토바닥 방을 만들어서 머슴처럼 옷 입고 거적데기 깔고 주무시면서, 임금도 1년에 며칠은 반드시 그런 경험을 하도록 규정도 만들고 그러셨다지 않습니까?

한글은 굉장히 우수한 문자입니다. 부인할 수 없어요. 그런데 이것만 강조하면 한글 창제라는 중요한 사건을 몇 분의 일밖에 설명하지 않는 거예요. 우리가 배우지 못한 것들은 예를 들어 이런 겁니다.

당시 조선 사회를 지배했던 양반계급이 왜 백성들을 글자를 모르는 무지한 상태로 내버려 두지 않기로 했을까? 백성들에게 왜 글자를 가르칠 필요성을 느꼈을까? 당시 조선 사회를 지배한 사대부 세력 내에서는 백성들에게 글자를 가르치자는 진보적인 세력과 절대 가르치면 안 된다는 보수적인 세력이 치열한 논쟁을 벌였고, 그 내용은 무엇이었을까? 글자를 모르는 민중이 글자를 깨치고 자신의 생각을 문서로 표현하기 시작했다는 것은 어떤 의미를 가지는 것일까?

'노암 촘스키' 교수가 그런 말을 한 적이 있지요? 언어란 상대방과의 의사소통뿐만이 아니라 두뇌의 사고를 전진시키는 데에도 크게 기여했다고…… . 한글 창제라는 역사적으로 중대한 사건을 그런 명제와 견주어 생각해 볼 기회가 우리 제도권 교육에서는 없었습니다.

그래도 희망은 노동운동

이제 오늘의 이야기를 마무리할 때가 거의 됐습니다. 우리 사회의 노동문제가 여러 가지로 부정적이라는 걸 제가 지금까지 설명했습니다. 그런데 어째서 '그래도 희망은 노동운동' 인가?

아까도 잠깐 설명했던 주한프랑스대사관의 부대사가 텔레비전 인터뷰에서 이런 말을 한 적이 있습니다. "제가 원한다면 노조에 가입할 수 있습니다. 직급에는 제한이 없습니다." 프랑스에서는 부대사도 노조에 가입한다는 겁니다. 그러면 대사는 노조에 가입할 수 있을까요? 또 장관은 노조에 가입할 수 있을까요? 어떨 것 같습니까? 정답은 '가입할 수 있다' 입니다. 실제로 유럽에서는 장관들 중에도 노동조합원이 있습니다. 이게 어떻게 가능할까요? '내가 장관이지만 국가 권력과 맞서는 구조 속에서는 사회적 약자인 피고용자다.' 이런 인식이 있다는 겁니다. 왜 그 사회에서는 200년 넘는 세월 동안 그러한 인식이 용납됐을까요? 사회에 유익하다는 것이 검증되었기 때문입니다.

그 부대사가 또 이런 말도 했습니다. "직급에는 제한이 없고 노조에 가입할 수 없는 공무원 범주가 있을 뿐입니다." 어? 프랑스에도 노조에 가입할 수 없는 공무원이 있다는군요. 누구겠어요? 군인입니다. 군대에는 아직 노조가 없으니까. 경찰은 노동조합이 있습니다. 프랑스의 경찰노조는 파업도 합니다.

선진국에는 경찰노동조합이 있습니다. 그럼 여기서 질문 하나 해 봅시다. "대한민국 경찰노동조합은 설립이 될까요?" 답하기 어렵습니다. 이런 문제에 대해서는 학교에서 배우지 않았기 때문입니다. 이제부터 이 문제에 대한 답을 같이 한번 찾아봅시다.

전교조는 처음 시작할 때 불법이었습니다. 당시의 대통령은 "신성한 교직이 어떻게 노동자인가? 교사가 왜 자기를 노동자로 비하시키는가? 교사노조는 절대 용납할 수 없다"고 고집을 피웠습니다. 그래서 1600여 명의 교사가 해직당했습니다. 1600여 명의 교사를 해직했지만 전교조가 설립되는 것을 권력의 힘으로 막았습니까? 결국 막지 못했잖아요. 지금 전교조 조합원이 9만 명가량 됩니다. 학부형들이 원하든 원하지 않든 자신의 자녀를 학교에서 가르치는 교사 네 명 중에 한 명이 전교조 조합원입니다. 이런 현상을 인위적으로 막을 수가 없습니다. 즉, 자본주의 사회가 계속 변화 발전하는 방향이 있다는 겁니다. 보세요. 10여 년 지난 뒤에 공무원노조가 똑같은 과정을 따라 밟았습니다. 1461명의 공무원을 한꺼번에 징계했지만 그렇게 하면서 권력의 힘으로 공무원노조 설립을 막지는 못했습니다.

여기 공무원이 계신지 모르겠지만, 솔직히 '공무원' 하면 조금 마음에 안 들죠? 이 '철밥통' 들, '복지부동' 들, 대한민국 국민은 누구나 구청이나 동사무소에 가서 공무원과 실랑이를 벌였던 기억들을 갖고 있습니다. 그렇지만 이러한 공무원들이 도청, 시청, 군청, 구청, 읍·면·동사무소마다 노동조합을 설립하는 것을 우리가 도저히 막을 수가 없습니다. 그것이 역사의 순리입니다.

강물이 높은 곳에서 낮은 곳으로 흘러가는 것처럼 자본주의 사회에서도 역사의 강물이 흘러가는 방향이 있습니다. 한마디로, 점점 다양한 노동자들이 노동자 깃발 아래 모이는 현상이 300년 가까운 세월 동안 계속 진행되고 있습니다.

요즘은 석사·박사 학위 가진 직장인들도 노동조합 활동을 많이 합니다. 지금 석사나 박사들이 가입한 노동조합이 민주노총에만 거의 100개 정도 됩니다. 조합원들이 서로 부르면서 '김 박사', '이 박사' 이런 호칭을 사용하는 걸 쉽게 들을 수 있습니다. 이러한 석사·박사 노동자들도 길바닥에 앉아 투쟁합니다. 낙하산 인사에 반대하면서, 잘못된 정부 정책을 비판하면서 투쟁합니다.

아나운서, 피디, 기자들도 대부분 노동조합 활동을 합니다. 손석희 아나운서도 방송사 파업할 때 구속돼서 징역을 한 50일 정도 살았던 것으로 기억합니다. 방송사 파업할 때 찍은 사진을 보면 '백지연을 보고 싶다' 그렇게 써 있는 피켓도 보입니다. 백지연 씨도 파업에 참여했습니다. 방송사 신입사원 교육하러 가서 보면, 아나운서들은 취업 경쟁률이 몇백 대 일입니다. 어느 해엔가는 경쟁률이 700 대 1인가 됐던 적도 있습니다. 얼마나 똑똑한 사람들이 뽑혔겠어요? 실력 있는 사람들 수백 명 중에서 한 명을 뽑으니, 공부 잘한 사람들 중에서도 또 얼마나 잘생기고 출중한 외모를 갖춘 사람을 뽑았겠어요. 그렇게 우수한 사람들이 노동조합 활동을 또 그렇게 열심히 합니다. 한미 FTA에 반대하면서 처음부터 총대 메고 싸운 노조가 바로 언론노조입니다.

탤런트들도 노동조합 활동합니다. 연예인 X파일 사건 기억하세요? 그

때 가장 먼저 성명서 발표하고 기자회견한 조직이 바로 탤런트노조였습니다. 예술인들도 자본주의 사회의 노동자입니다. 한 지방 도시의 시립 예술단 노조가 투쟁할 때 보니까 한 여자 무용수가 들고 있는 피켓에 "법대로 대법원까지 가면 3년. 무용수의 몸은 굳어져 다시는 무대에 설 수 없습니다. 20년 예술 인생의 꿈이 무너집니다" 하고 써 있었습니다. 자본주의 사회에서 예술가로서의 긍지와 가치를 지키기 위해서 예술인들도 노동조합 활동을 할 수밖에 없습니다.

영화 산업 종사자들도 노동조합을 설립하고 얼마 전에 첫 번째 단체협약을 체결했습니다. 그 사람들은 투쟁복에 '1·4·8' 숫자를 새겨 넣고 싸웠습니다. 1 - 일주일에 하루는 쉬게 해 달라. 4 - 4대보험에 가입해 달라. 8 - 8시간 초과하면 연장근로로 인정하라. 그런 뜻입니다. 단체협약 체결될 때 모두 받아들여졌는데, 하루 몇 시간 노동에 합의했을까요? 15시간 노동에 합의했다고 합니다. 그렇게 힘들게 만든 영화를 우리들이 보는 겁니다.

점점 다양한 노동자들이 노동조합의 깃발 아래 모여드는 현상이 300년 가까운 세월 동안 계속되고 있습니다. '화이트 칼라' 노조는 세계적 추세입니다. 프랑스에는 판사노조, 변호사노동조합도 생겼습니다.

우리나라는 그렇게 안 될 것 같습니까? 작년에 벌써 조짐이 보였죠? 우리은행에 지점장노조가 설립되어서 지점장급 조합원들이 수백 명 가입했습니다. 그 다음 달에 설립된 특이한 노동조합이 또 있습니다. 바로 의사노조입니다. 이러한 일들은 이상한 현상이 아닙니다. 다른 나라를 수십 년 뒤늦게 따라가고 있는 것에 불과합니다. 의사들이 아직 노동조합이란 단어에 거부감이 있어서 노동조합 명칭을 '병원의사유니온'이라고 정했다는 것인데, 지금 이 자리에 영어 강사 일을 하는 분도 오셨지만, '유니온(union)'이 단어를 번역하면 무슨 뜻인가? 바로 '노동조합'입니다. 노동조합의 영문 표기가 '유니온'입니다. 그러니 영어 모르는 사람만 속아 넘어가라는 소리지. 이런 코미디가 우리나라에서는 벌어집니다.

왜 우리 사회가 다른 나라보다 이런 현상이 수십 년 뒤늦어졌다고 그랬습니까? 왜곡된 역사 발전 과정 때문이라고 했지요? 식민지와 분단과 독재가 우리 역사를 지체시킨 겁니다. 노동조합을 무시할 수 있는 직장인은 거의 없습니다. '나는 노동조합과 전혀 관계가 없지' 그렇게 생각하려면, 그 사람은 우리 사회에서 의사보다, 지점장보다, 석사, 박사, 아나운서, 피디, 기자들보다, 탤런트보다 더 특권층이어야 합니다. 전혀 그렇지 않은 사람들이 자신의 지위가 약간만 높으면, 공부 조금 많이 했으면 노동자가 아니라고 생각합니다. 자신의 인생이 노동조합이 전혀 관계가 없다고 생각합니다. 노동조합을 무시할 뿐만 아니라 아무런 죄책감도 없이 탄압합니다. 한마디로 제대로 배우지 못했기 때문입니다.

이러한 사회의 변화를 막는 사람과 이러한 변화의 수레바퀴를 밀고 가는 사람들로 구분되는데, 사회가 어느 쪽의 주장대로 변하고 있을까요? '교사가 무슨 노동자야. 공무원이 무슨 노동자야. 교수가 무슨 노동자야.' 이렇게 주장하는 사람과 '교사도 노동잡니다. 공무원도 노동자입니다. 교수도 노동자입니다.' 이렇게 주장하는 사람들 중에 어느 쪽의 주장대로 사회가 점점 변화할 것 같습니까? 제가 굳이 말할 필요도 없겠지요.

"하청 회사 노동자들의 노동조건에 대해 원청 회사는 전혀 책임이 없다"고 주장하는 '포스코'의 경영진과 "하청 회사의 노동자들의 노동조건은 원청 회사가 책임져야 한다"고 주장하면서 포스코 본사를 불법 점 거한 건설 노동자들 중에서 어느 쪽의 주장대로 우리 사회가 변화할 것 같습니까? 다른 나라를 보면 알죠.

우리나라에서도 지난 달에 첫 번째 판례가 나왔습니다. 대구고등법원 에서 "하청 회사에 소속된 건설 노동자들에 대해서는 원청 회사가 노동 법상의 사용자다." 또 그 다음 주에는 서울고등법원에서 "현대중공업 사내 하청 노동자들에 대해서는 원청 회사인 현대중공업이 노동법상의 사용자다. 부당노동행위가 인정된다"는 내용의 판결이 나왔습니다. 제 기억으로는 일본최고재판소의 판례보다 15년쯤 늦었습니다.

해직당한 교사 1600여 명, 징계받은 공무원 1400여 명이 없었다면 전 교조와 공무원노조는 아직도 없었을지도 모릅니다. 이 사람들이 고통당 했지만, 고통당한 노동자의 주장대로 사회가 변화했잖아요. 길게 보면 그렇습니다. 그래서 에드워드 카(E. H. Carr) 같은 사람의 말을 조금 빌리 면 '역사는 노동을 담당하는 계급의 권리가 점차 확대되는 방향으로 발 전해 왔다.' 이렇게 정리할 수 있습니다.

청소년들도 노동문제에 관심 갖기 시작했습니다. 혹시 덕성여고 나오 신 분 계세요? 작년 12월 덕성여고에 가서 '저자와의 대화' 시간을 가졌 습니다. 사실은 제 책이 아니라 박노자 교수의 책을 주제로 하는 시간이 었습니다. 박노자 교수가 해외 있으니 대신 다른 사람을 추천해 달라고 출판사에 부탁했는데, 출판사에서 전화를 받은 사람이 저를 추천해 줬다 고 합니다. 그래서 몇 년 전에 읽었던 박노자 씨의 책을 열심히 다시 읽 고 자료를 준비해서 갔습니다. 학생들에게 "오늘은 '저자와의 대화'가 아니고 '저자 친구와의 대화'입니다" 하고 말을 시작했습니다. 박노자

씨 만나서 밥 한 번 같이 먹고 이메일 몇 번 주고받은 것이 전부이지
만……. 학생들이 질문도 많이 했고, 어떤 학생은 저에게 와서 "나중에
노동자가 돼서 꼭 다시 찾아뵙겠습니다" 하고 말하기도 했고, 나중에 복
도에서 만난 한 학생은 "저도 나중에 소장님 같은 일하면서 살 거예요"
하고 크게 외치고는 부끄러운 듯 달려가기도 했습니다.

요즘 고등학생들이 대학에 가기 위해 논술 공부를 많이 하는데, 그렇
게 확산되는 사회과학 지식도 만만한 게 아닙니다. 논술을 제대로 하려
면 노동문제에 대해서도 최소한 제가 오늘 설명한 것 이상의 지식을 갖
춰야 합니다. 그래야 제대로 논술 문제에 답할 수 있습니다. 사회는 어차
피 많은 사람들의 노력에 의해 진보할 수밖에 없습니다.

사회가 계속 진보적으로 변화하는 것을 막을 수 없다는 것을 이렇게
쉽게 한번 생각해 봅시다. 오늘 끝나고 나가다가 이러한 좋은 시간을 가
졌다는 이유로 아무도 모르는 곳에 잡혀 가 며칠 동안 고문당할까 봐 걱
정하는 분 계세요? 아무도 없잖아요. 그런데 한번 생각해 보세요. 우리
사회가 이렇게 된 지 얼마나 됐습니까? 우리 아직도 생생하게 기억하잖
아요. 이런 이야기하면 감옥에 가게 될까 봐 걱정했던 때가 그렇게 오래
된 옛날 일이 아닙니다. 그래서 제가 《철들지 않는다는 것》 책의 서문을
그렇게 쓴 겁니다.

"연애를 하는 9년 동안, 그리고 결혼한 뒤에도 몇 년 세월 동안 내가
하는 일을 안해에게 말하지 못했다. 새벽에 나가 한밤중에 들어오는 나
에게 한 번도 '오늘은 무슨 일이 있었느냐?'고 굳이 묻지 않았다. 아무
말 없이 나갔다가 며칠만에 들어와도 안해는 '그동안 누구를 만났느
냐?'고 따져 묻지 않았다. 영화에 나오는 무슨 첩보 기관의 요원도 아니

면서, 도적놈은 더더욱 아니면서도 그 시대에는 수만 명의 사람들이 그렇게 살았다. '철들지 않는다'는 것은 그 시절을 완전히 잊어 버리지는 못한다는 뜻이다."

우리나라에 경찰노조가 만들어질까요, 안 만들어질까요? 반드시 만들어집니다. 언제 만들어지느냐 그 시기가 문제일 뿐입니다. 역사의식이 있느냐, 없느냐에 따라 같은 문제를 보는 데에 그런 차이가 있습니다. 제가 장담컨대 아무리 늦어도 우리가 죽기 전에 보게 될 겁니다. 어떤 경찰이 제게 이메일을 보냈는데 제가 미처 답장을 못했습니다. "경찰입니다. 신원은 밝힐 수 없습니다." 그렇게 시작하는 편지였는데, 경찰이 민간인한테 신원을 못 밝히는 편지를 보낸 겁니다.

"경찰은 체제의 수호자라고 생각하시겠지만, 저는 노동자라고 생각합니다. 12시간 맞교대하는 노동자라고 생각합니다." 그런 내용이 써 있었습니다. 이러한 경찰들에 의해서 노동조합의 깃발이 꽂힐 겁니다. 당연히 처음에는 파면당하겠지요. 그러나 막을 수는 없을 겁니다.

이제 남은 문제가 있습니다. 노동자의 임금 인상 투쟁은 사회에 해로운가? 노동자의 임금 인상 투쟁이 사회에 미치는 유익한 영향은 무엇인가? 공무원노조와 전교조가 자신들의 임금 인상 투쟁을 하지 않는 것은 과연 옳은 것인가? 이러한 문제입니다. 전 세계에서 지금 자신들의 임금 인상 투쟁을 하지 못하는 교사노조와 공무원노조는 우리나라밖에 없습니다. 이런 주제에 대해서는 오늘만큼 또 강의를 해야 그 오해를 풀 수 있습니다. 제가 오늘 '노동조합'이란 단어에 대한 오해를 설명하는 데에도 이렇게 오랜 시간이 걸렸습니다. 노동자들의 임금 인상 투쟁에 대한 오해를 푸는 데에도 그만 한 시간이 걸릴 겁니다. "노동자 임금을 인상하면 기업의 노동 비용이 증가하고 기업 경쟁력이 떨어져 국가 경제에 해로운 영향을 미친다"는 주장이 왜 진실이 아닌지, 두 시간 정도의 설명으로 증명할 수 있는데, 다음 기회로 미룰 수밖에 없을 것 같습니다.

비정규직 노동자 문제에 대해서도 마찬가지입니다. 비정규직 노동자의 수를 줄이고 그 차별을 철폐하는 것이 어째서 우리 사회 전체 구성원들에게 유익할까? 비정규직 노동자들의 삶이 고통스럽기 때문에 그 차별을 철폐해야 한다는 것뿐만이 아니라 사회 전체의 올바른 발전을 위해서도 그렇게 해야 합니다. 다만 지금은 그렇게 하는 것이 우리 사회를 지배하는 부자들과 기업 경영자들, 그들과 밀착된 정부 관료들의 이익을 침해하기 때문에 실현되기 어려운 것뿐입니다. 그러한 문제에 대해서도 두 시간쯤의 설명이 필요합니다.

내가 만난 노동자들

민주노동당에서 활동하는 심재옥 씨 아시지요? 이분이 공공연맹 여성 국장이었을 때, 고속도로 휴게소에서 우연히 만난 적이 있습니다. "아휴, 소장님, 오래간만이네요 별일 없으시죠?" 심재옥 씨가 그렇게 간단히 인사하고 지나갔는데, 같이 있던 노동조합 간부가 저에게 말하기를 "소장님 정말 훌륭한 분이군요" 하는 겁니다. 무슨 소리냐고 물었더니 이렇게 말합니다.

"나는 심재옥 동지가 세상의 남자들을 깡그리 다 무시하는 여성인 줄 알았는데, 소장님한테 깍듯이 인사하는 것을 보니까, 소장님은 정말 훌륭한 분이시네요."

물론 농담이지만, 사람들이 그런 농담을 할 정도로 당찬 여성입니다. 서울시의회 의원도 했는데, 102명의 서울시의회 의원들 중에서 유일한 민주노동당 소속 의원이었습니다. 항상 101 대 1로 싸웠습니다. 노동문제에 관한 한 우리 편이 없습니다. 여성 문제, 노인 문제, 장애인 문제 등에 대해서는 가끔 우리 편이 생기는데, 노동문제에 대해서는 철저하게 우리 편이 없습니다.

심재옥 씨와 인터뷰하면서 "어릴 때 자라면서 별로 고생 안 했지?" 하고 가볍게 물었는데 "저 되게 고생했어요. 제가 바로 결식아동이었어요" 하고 대답하는 겁니다. 딸만 넷인 집안의 막내였는데 아버지는 두 살 때인가 돌아가시고 어머니가 궂은 일하시면서 딸들을 다 키웠는데, 자기는 정말 돌봐 줄 사람이 없어서 2, 3일에 한 끼 먹은 날이 많았다는 겁니다. "저는 그래서 '밥 먹듯이 굶는다' 는 말이 무슨 뜻인지 알아요"라고 했습니다. 심재옥 씨가 어린 시절에 항상 머릿속에서 떠나지 않은 생각은 '나는 서른 살 넘기지 못하고 죽을 거야' 하는 것이었답니다. 길을 걸으면서도 늘 그런 생각을 했다는 겁니다.

엄마가 식당 일을 주로 하셨기 때문에 엄마 몸에서는 항상 냄새가 났답니다. "엄마 몸에서 항상 이상한 냄새가 나." 어릴 때 그렇게 말한 적이 있었는데, 젊은 엄마가 얼굴이 빨개지면서 부끄러워하더랍니다. 나중에 두고두고 크게 후회했다고 하더군요.

심재옥 씨가 어렵게 대학을 마치고 영양사가 되어 식품 회사에 취업했는데, 주말에 주문이 밀렸다고 48시간 동안 잠시 쉴 시간 안 주고 계속 일을 시키더랍니다. 잠 자는 시간은 물론이고 단 10분의 휴식 시간도 주지 않은 채 계속 일을 시키면서 그 식품 회사의 전무가 이 젊은 여성 노동자

등을 두드리면서 하는 말이 "너는 학교를 졸업하고 일을 배우러 사회에 나온 거야. 그런데 우리가 돈 한 푼도 안 받고 일을 다 가르쳐 주고 있잖아. 게다가 월급까지 주잖아. 고맙게 생각하고 일해야지" 하더랍니다.

땟국물 흐르는 영양사 가운을 빨지도 못한 채 자취방에 처박아 놨는데, 엄마가 놀러 오셨다가 그 가운을 보시고는 빨래해 주면서 우시더래요. "내가 평생 고생하면서 너를 키웠는데, 니가 자라서 또 나 따라서 이렇게 고생을 하는구나." 엄마가 그 가운을 빨면서 펑펑 우셨다는 얘기를 하다가 심재옥 씨도 막 울었습니다.

그렇게 어렵사리 직장 생활을 하면서 몇 년 동안 모은 전 재산을 구로동에 야학을 설립하면서 몽땅 다 기부했어요. 그리고 활동비 한 푼 못 받으면서 그 야학에서 일했답니다. 가리봉에서 우연히 만난 언니가 심재옥 씨 차림새를 보고는 깜짝 놀라더랍니다. "너 왜 그러고 사냐?" 면서 만 원짜리 한 장인가 주는 걸 받는데 손이 벌벌 떨리더래요. 차비가 없어 2시간 넘게 걸어다니곤 했답니다.

이러한 심재옥 씨의 이야기 속에 뭔가 이상한 점이 없습니까? 어릴 때 지긋지긋하게 가난을 겪은 사람이, 나중에 성인이 되었을 때 스스로의 판단력으로 그것을 다시 또 선택했어요. 세상에 이런 바보가 어디 있습니까? 그런데 이런 바보가 우리 곁에 어디 한둘뿐이겠어요?

조태욱 씨는 직원이 수만 명이나 되는 통신회사 노동자였습니다. '통신공룡'이라는 말을 듣는 그 회사가 직원들을 상대로 불법적인 상품 판매를 함으로써 어마어마한 허위 매출 실적을 올렸다는 사실이 세상에 알려졌고, 이 일 때문에 그 통신회사는 통신위원회로부터 법률상 부과할 수 있는 최고 금액의 과징금 처분을 받았을 뿐만 아니라 '같은 일이 재발

할 경우 개인휴대통신(PCS) 재판매 사업 부문을 KT에서 분리하겠다'는 경고까지 받았는데, 그 일이 세상에 알려지는 데 결정적인 공헌을 한 사람이 조태욱 씨였습니다.

그런데 조태욱 씨가 언론사에 회사의 부정한 행위를 알리기 위해 컴퓨터에서 자료를 다운 받을 때, 회사 전산망에 자기 로그 기록이 남는 걸 알고 있었답니다. 자신이 언론사에 자료를 제공했다는 것이 회사에 알려질 텐데, 그걸 알면서도 그렇게 했다는 겁니다.

결국 회사가 알게 됐고, 기밀을 누출했다는 말도 안 되는 이유로 해고당했습니다. 청와대 앞에서 두 시간, 정보통신부 앞에서 두 시간, 하루네 시간의 일인 시위를 혼자 넉 달 동안 했습니다.

제가 인터뷰하면서 "어린 시절 일 중에 기억나는 게 뭐가 있습니까?" 하고 물었더니 이렇게 답했습니다.

"가난했던 기억밖에 없어요. 초등학교 4학년 때로 기억하는데, 월사금 내지 못한 학생들을 교감선생님이 운동장에 집합시켜서 벌도 세우고 아이들마다 개별적으로 '너는 언제까지 낼 수 있냐?'고 물어봤어요. 나는 어머니가 항상 말씀하신 대로 '고추 다 말려서 팔면 내준다 했다'고 답했습니다. 중학교 3학년 가을에 경주로 수학여행을 갔지만 나는 돈이 없어 못 갔어요. 여행을 못 간 학생들은 1, 2학년 소풍에 억지로 함께 따라가도록 했는데 어머니가 아침에 선생님 드리라고 4홉짜리 소주 한 병을 주시는 거예요. 그런데 소풍 가서 보니까 다른 아이들은 모두 맥주를 꺼내는 거예요. 쪽팔리고 그래서 저는 가방에서 꺼내지도 못했습니다. 끝나고 집에 오다가 소나무 숲에서 제가 다 마셔 버렸어요."

수학여행 못 간 중학생이 해질녘에 숲속에 앉아 소주 한 병을 다 마시면서 그 심정이 오죽했겠어요? 소나무 가지에 목 안 맨 게 다행이지요. 청와대 앞에서 몇 달째 일인 시위를 하는데 자기 딸이 6학년이 되더니 경주로 수학여행 간다고 해서 빚을 내서 보냈대요. 그 얘기를 하면서 "내 꿈이 2대에 걸쳐 이뤄지더라니까요" 하고 농담을 합니다.

이러한 조태욱 씨 이야기 속에서도 뭔가 이상한 점이 없습니까? 어릴 때 뼛 속 깊이 사무치게 가난의 고통을 겪은 사람이 나중에 성인이 됐을 때 스스로의 판단력으로 그걸 또 선택했습니다. 세상에 이런 멍청한 사람이 있을 수가 나.

해직당한 1600여 명의 교사들, 이분들이 무슨 대단한 간부였거나, 뛰어난 활동을 했기 때문에 그렇게 된 것이 아닙니다. 교육부가 전교조에 가입한 교사 명단을 다 파악했어요. 그 명단을 일선 학교로 보냈습니다. 교장선생님이 그 교사들을 교장실로 한 명씩 불러서 "여기 노동조합 탈퇴서에 이름 석자만 쓰세요. 그러면 해직당하지 않습니다" 하고 종용한 겁니다. 형식적으로 탈퇴서를 제출하고 비공개 조합원으로 몇 년 동안 조합비 내면서 활동한 조합원들도 많았습니다. 그런데 굳이 그 탈퇴서에 이름 석 자를 안 쓰고 해직을 선택한 교사가 1600명이었다는 겁니다. 세상에 이런 바보들이 어디 있습니까?

제가 지난 주에 강원도 강릉에 다녀왔는데, 그 지역에서 노동자들의 정신적 지주 역할을 하시는 분이 전교조 해직교사 출신 조합원이더군요. 민주노총이 진행하는 노동학교 교장선생님 역할을 맡고 계셨습니다. 뒤풀이 자리에서 제 옆에 앉아 있던 젊은 교사가 "내가 고등학생 때 저분이 우리 학교에서 해직당하셨거든요" 하고 말합니다. 그 학생이 나중에 교사가 돼서 전교조에 가입해 옛날 스승님과 같이 활동하고 있는 겁니다.

제가 "같이 사진 한 장 찍읍시다." 그러면서 셋이 사진을 찍었습니다. 나중에 홈페이지에 올리겠습니다.

노동자는 선이다

이런 노동자들 이야기를 밤새도록 할 수 있습니다. 제가 지금까지 20여 년 세월 동안 노동상담 일을 하면서 만난 노동자들은 대부분 그런 사람들이었습니다. 도대체 노동조합이란 무엇일까요? 쉽게 기억해 주십시오. 이런 일을 노동자들이 혼자서 하면 너무 어렵고 힘이 드니까, 같이 모여서 서로 도와주며 합시다, 그게 바로 노동조합입니다. 그것이 바로 대한민국 헌법이 보장하고 있는 노동자들의 가장 기본적인 권리입니다.

왜 이런 선한 사람들이 계속 생길 수밖에 없을까요? 그러한 현상에 대해서 많은 연구가 진행됐습니다. 최정규 교수가 그 분야의 권위자인데, 그분의 책 《이타적 인간의 출현》에 포함되지 않은 비교적 최근의 실험 하나를 소개하겠습니다. 학술지 《네이처》(Nature)에 실렸던 논문입니다. 황우석 씨 논문도 여기 실렸다고 난리가 났었잖아요.

미국 에모리대학교의 과학자들이 원숭이를 대상으로 실험을 했습니다. 이해를 빨리 하기 위해서, 죄송하지만 여러분을 잠깐 동안 원숭이로, 저는 사육사라고 가정합시다. 여러분은 태어난 순간부터 이 공간에 갇혔습니다. 훈련과 학습의 경험이 모두 차단당한 채, 아무 것도 배운 것이 없습니다. 숫자 하나, 글자 하나, 어떤 개념에 대해서도 배우지 않은 채 본능만 있는 존재로 사육된다고 합시다. 사육장 가운데 투명한 막이 하나 쳐져 있는데, 제가 먹이를 주면서 이쪽 원숭이들에게는 먹이를 두 개씩 주고, 저쪽 원숭이들에게는 먹이를 한 개씩만 주면 어떤 현상이 나타날까요? 먹이를 한 개씩 받은 원숭이들 중에서 소수의 몇 마리가 자기 먹이를 땅바닥에 패대기치면서, 즉 자기 먹이를 포기하면서 이 불평등에 저항한다는 거죠. 그런 평등의 개념에 대해 한 번도 배운 적이 없는데도 그런 반응을 보이는 소수가 있다는 겁니다.

너무 도식화시켜서 이해가 잘 안 되시는 모양인데, 실제와 조금 더 근접하게 설명해 보겠습니다. 이쪽 절반의 원숭이들한테는 아주 잘 익은 달콤한 포도를 주면서, 저쪽 절반의 원숭이들한테는 오이 조각을 줍니다. 그 뒤의 상황을 짐작할 수 있죠? 오이를 받은 원숭이들 대부분은 그냥 서걱서걱 먹지만 소수의 몇 마리는 자기 오이를 사육사에게 집어던지면서, 자신에게 손해가 되는 선택을 감수하면서 그 불평등에 저항하는 반응을 보인다는 것입니다.

이 실험을 통해 학자들의 얻은 결론이 무엇이었을까요? 평등 의식이나 정의감은 학습 효과 이전에 태어날 때부터 갖고 있는 본능이라는 겁니다. 원숭이들이 불평등에 대한 부정적인 반응을 보이는 방향으로 진화했다는 겁니다. 자연 상태에서 수만 년 세월 동안 공동체 생활을 유지해 온 영장류들에게 왜 그런 유전인자가 형성됐을까요? 누군가는 그런 역할을 담당하는 것이 전체 구성원들에게 유익한 결과를 초래했기 때문일 것입니다. 그렇게 하는 것이 냉혹한 자연환경 속에서 제한된 먹이를 골고루 나눠 먹으면서 최대 다수의 건강한 새끼들을 낳는 데에 도움이 됐기 때문일 것입니다.

인간도 마찬가지입니다. 흔히 '인간은 사회적 동물'이라고 말합니다. 항상 어딘가에 소속될 수밖에 없는데 그 소속된 사회에서 문제가 발생하면 바로 여러분처럼 누군가 나서는 사람들이 생깁니다. 자신의 손해를 감수하면서……. 왜? 그래야 인류 사회가 올바로 발전하기 때문이라는 거죠.

이와 유사한 원리를 수학적으로 정리한 학자가 있습니다. 그 수학 이론으로 1994년에 노벨경제학상을 받았습니다. 이 분야에 대해서는 정태인 씨가 전공인데, 이 학자가 수학 이론을 발표하고 노벨상을 받을 때까지 50년 세월의 간격이 있었습니다. 수학자가 왜 경제학 상을 받았을까요? 그 사람의 수학 이론을 50년 세월 동안 경제학자들이 자본주의 경제를 분석하는 중요한 도구로 사용했기 때문입니다. 아직도 생존해 있는 '존 내쉬'라는 수학자입니다. 이 사람을 주인공으로 한 영화가 있습니다. 〈뷰티플 마인드〉입니다. '러셀 크로우'가 주연을 맡았죠?

그 영화의 거의 마지막 장면에 자막이 하나 올라옵니다. "내쉬 균형이론은 국제무역 협상, 국가 노사관계, 진화 생물학에 영향을 미치고 있다." 옳게 번역했는지 모르겠지만, 자 이제 봅시다. 국제무역 협상은 강대국들과 약소국들의 갈등이고, 노사관계는 자본가들과 노동자들의 갈등이고, 진화 생물학 역시 약육강식 곧 강자와 약자의 갈등 관계입니다. 강한 존재와 약한 존재가 얽혀 있는 공동체 내에서 전체 구성원에게 가장 유익한 선택을 수학적으로 찾아낸 것입니다. 경영학과에 다니시는 분은 게임 이론으로 간단히 배우고 넘어가죠. 본질은 이거예요.

결론을 도식적으로 단순화하면, 경제적 효용 가치의 크기는 구성원들이 나누어 가진 몫을 곱한 값에 비례한다는 겁니다. 저에게 이렇게 딱 부러지게 설명해 준 사람이 천재 경제학자 양신규 씨입니다. 이 친구가 살아 있었으면 제가 더 많이 배웠을 텐데, 아깝게도 얼마 전에 하늘 나라로 갔습니다.

똑같은 재화를 자본과 노동이 9 대 1로 나눠 가지면 그 곱한 값이 9×1=9밖에 안 되잖아요. 8 대 2로 나눠 가지면 8×2=16이 되겠지요. 5 대 5로 나눠 가지면 그 값이 5×5=25나 됩니다. 결국 평등해질수록 전체에 유익하다는 거지요. 그 복잡한 이론을 간단히 설명하면 이렇습니다. 너무 간단히 도식화한다는 것은 섬세한 다른 요소들을 사장시킨다는 단점이 있지만, 하여튼 그렇습니다. 내쉬 균형이론의 교훈은 개인의 이기적 행동이 사회 전체적으로는 바람직하지 못한 결과를 가져올 수 있다는 것인데, 이에 대해서는 조금 더 설명이 필요합니다.

이 영화를 보시면 아시겠지만, 주인공이 그 수학 이론의 기초를 처음 어디에서 발견합니까? 예, 맞습니다. 술집에서 발견합니다. 남학생들이 술집에 모여서 놀고 있는데 그 대학에서 제일 예쁘다고 소문난 여학생이 들어서는 순간, 복잡한 갈등 관계가 형성됩니다. 부자 남학생과 가난한 남학생, 우등생과 열등생, 예쁜 여학생과 못생긴 여학생들 사이에 팽팽한 긴장 관계가 만들어집니다. 주인공이 머릿속으로 골똘히 계산하다가 결론을 낸 뒤, 동료들을 모아 놓고 설득합니다.

"제일 예쁜 여학생한테는 아무도 가지 마. 제일 예쁜 여학생을 아무도 넘보지 않으면 그것이 결국 모두에게 가장 유익한 선택이 될 거야."

그 이유를 시청각적으로 설명하는 장면이 영화에 나옵니다. 이 대사에서 연상되는 우리에게 익숙한 다른 표현을 한번 생각해 봅시다. "제일 예쁜 여학생한테는 아무도 가지 마라." 속된 표현으로 하면 "가장 강한 놈부터 집단 따돌림시킨다"는 겁니다.

그럼 이 장면에서 생각나는 우리 주변의 비슷한 현상이 뭐 없나요? 힌

트를 드리겠습니다. 제가 노동문제와 관련된 이야기를 한다는 것을 생각해 보시기 바랍니다. 이러한 상황을 회사에 대입해 보십시오. 바로 노동조합입니다. "제일 힘센 사장한테는 아무도 가지 마." 즉 "사장 빼고 나머지 다 모여라.", "공장장 빼고 나머지 다 모여라.", "팀장 빼고 나머지 다 모여라.", 이 자리에 지금 지점장 하시는 분도 오셨지만 "지점장 빼고 나머지 다 모여라." 이러한 시스템이 결국 전체 구성원들에게 가장 유익한 결과를 초래하는 순환 구조를 갖는다는 것입니다. 그렇게 만들어지는 것이 바로 노동조합 아닙니까? 노동조합이 사회 전체에 유익한 영향을 미친다는 것을 수학적 원리로도 설명할 수 있다는 거지요.

줄 타는 광대의 부채

제가 1974년에 대학에 들어갔습니다. 2학년 때인가 학생처장이, 나중에 우리 학교 총장이 되신 분인데, 이분이 저하고 입씨름을 벌이다가 대뜸 이렇게 말씀하시는 겁니다.

"자네는 말이야. 박정희 나쁘다는 이야기는 그렇게 열심히 하면서, 왜 김일성에 대한 욕은 한마디 안 하나? 불공평한 것 아닌가?"

여러분은 그런 질문 받았을 때 뭐라고 하시겠어요? 한국 근대사를 다 설명할 수는 없잖아요. 저는 이렇게 답하는 수밖에 없었습니다.

"김일성 나쁘다는 얘기는 지금 우리 사회에 흘러넘치고 있지 않습니까. 학교에서도 다 배우고 있지 않습니까. 그렇지만 박정희가 나쁜 짓을 얼마나 많이 했는지는 사람들이 너무 모르고 있지 않습니까?"

제가 고등학교 다닐 때는 교실에 붙어 있던 시간표에 '반공'이라는 과목이 있었습니다. 국정교과서 이름이 '승공통일의 길'이었습니다. '한 강의 기적'에 대해서는 별도의 단원이 있었던 것으로 기억합니다.

그 무렵에 터진 사건이 있었습니다. 대학 다닐 때 학생운동을 하기도 했지만 무사히 졸업해서 회사원으로, 또 교사로 일하고 있던 친구들 여덟 명을 중앙정보부가 조직 사건으로 엮었습니다. 그 사람들은 중앙정보부에 잡혀 와 고문당하면서 자기들 조직 이름을 처음 들었다고 합니다. 조작된 사건이었지요. 바로 '인혁당재건위 사건'입니다.

〈우리들의 행복한 시간〉 소설이나 영화 많이들 보셨지요? 실제 사형 제도는 그 소설이나 영화에 나오는 것처럼 그렇게 빨리 집행하지는 않습니다. 사형 선고를 받고 10년, 20년 징역 살다가 대통령 바뀔 때 무기징역으로 감형되기도 하고 그러는 게 사형 제도입니다. 그런데 박정희 정권이 '인혁당재건위 사건' 관련자 여덟 명에게 사형 판결을 하고 다음날 새벽에 다 집행해 버렸습니다. 전날 법정에서 재판을 지켜본 가족들이 '아이쿠, 사형이네. 내일 아침에 일찍 가서 위로해야지' 하고 새벽에 면회 갔다가 벌써 사형이 집행됐다는 말을 듣고는 실성해 길바닥에 나뒹굴었습니다. 그 무렵 종로5가 기독교방송 2층 강당에서 열린 기도회에 가족들이 와서 피맺힌 절규를 단 두어 마디도 못하고 질질 잡혀 끌려가던 모습이 지금도 눈에 선합니다. 제 안해 유명선 씨가 지금 저 뒤에 앉아 있는데, 혹시 그때 나랑 같이 그 기도회에 같이 가지 않았었나요? 그때는 그분들이 다 젊은 새댁이었는데, 요즘 텔레비전에 나올 때 보니까 할머니들이 다 되셨더군요. 30년도 더 지났지만, 그분들이 기도회에서 "인혁당 사건은 조작이에요!" 하고 외치던 쉿소리 같은 음성이 아직도 귀에 생생합니다. 하루 아침에 여덟 명의 귀한 목숨이 형장의 이슬로 사라졌는데 언론은 거의 보도하지 않았습니다. 그럼 누군가 대신 알려야 하지 않겠습니까?

동일방직 여성 노동자들 400여 명이 옷을 벗고 알몸으로 나체 시위를 벌였는데, 언론이 단 한 줄도 보도하지 않았습니다. 그럼 누군가 대신 알려야지요. 학생들에게 또 시민들에게 지금 이런 일이 벌어지고 있다고 알려야 하지 않겠습니까? 그래서 제가 그 교수님에게 그런 이야기를 하면서 이렇게 말할 수밖에 없었던 겁니다.

"그러니까 저 같은 사람이 전심전력을 기울여 박정희 나쁘다는 이야기만 열심히 해도, 우리 사회에 균형이 맞지 않잖아요."

그러면서 이런 이야기를 했습니다. 남사당패의 줄 타는 광대가 줄 위에 올라갈 때는 손에 부채 한 개만 들고 올라갑니다. 광대의 부채는 언제나 광대의 몸이 기울어지는 반대편으로만 펼쳐져야 합니다. 어느 쪽에도 치우치지 않겠다고 똑똑한 척하면서 부채를 가운데로만 펼쳤다가는 바로 떨어져 버리고 맙니다.

"저는 저의 말과 행동이, 우리 사회가 지나치게 기울어진 반대편으로 펼쳐지는 부채와 같은 역할을 해야 한다고 생각합니다."

그런 말을 했고 지금까지 그렇게 살려고 무던히 애를 썼다고 말씀드릴 수 있습니다. 한쪽은 권력과 자본으로 100년 동안 무장해 온 세력이고 다른 한쪽은 몸뚱이밖에 없는 노동자와 학생들인데, 그 사이에서 공정한 입장에 서겠다? 저는 불가능하다고 봅니다. 그러한 생각은 결국 강한 쪽 편을 들겠다는 것과 마찬가지입니다. 자신에게 손해가 되는 선택은 하지 않겠다는 입장과 대개 일치합니다.

어떤 사람들은 우리 조상님들이 중요하게 생각해 온 '중용'이란 이쪽 저쪽 어느 편도 들지 않는 것이라고 생각합니다. 제가 볼 때는 그렇지 않습니다. 바늘 끝만큼이라도 옳은 편이 있으면 그쪽 편에 서되 지나침이 없어야 한다는 것이지요. 그럼에도 '나는 냉철한 지성으로서 객관적 시각을 유지하기 위해, 노동운동에 대해 노동자 편향적인 이야기를 두 시간 정도 들었으니까 그 반대편의 부정적인 이야기도 좀 들어 봐야 되겠다.' 그런 열망을 제어할 수 없는 분들은, 끝나고 가시는 길에 〈조선일보〉를 보시면 됩니다. 거기에 마구 흘러넘칩니다.(웃음) 조금 더 자세히 공부하고 싶다면 경제신문까지 보세요. 거기 있는 내용들에 대해서는 말이 안 나올 지경입니다. 우리 언론들은 자본가들로부터 막대한 금액을 받으면서 '대한민국은 노조 공화국인가' 그런 특집 기사들을 마구 써 댑니다. 그렇기 때문에 이 귀한 시간에 제가 여러분을 만나 공정한 척하면서 "민주노총도 잘못이 많습니다." 이런 얘기까지 할 짬이 없는 겁니다. 그렇게 이해해 주시기 바랍니다.

서울에 사는 수많은 시민들 중에서 오늘 여기에 모인 소수의 사람들 정도라면 우리 사회가 지나치게 기울어지는 반대편으로 펼쳐지는 부채와 같은 구실을 했으면 좋겠다는 것이 저의 바람입니다. 노동조합에 대해서, 또 노동운동에 대해서, 좀 더 나아가 노동자들의 파업에 대해서 좀 더 긍정적인 시각을 가져 달라는 부탁을 드리면서 이만 마치겠습니다.

고맙습니다.